희생양 박해와
서초동 십자가

희생양
박해와
서초동
십자가

이범우 지음

**조국 사건, 집단폭력과
희생양 메커니즘**

동연

1.

2019년, 문재인 정부의 검찰개혁은 정치검찰의 대대적인 저항과 공격에 직면했다. 개혁을 좌절시키기 위한 표적은 정조준되었다. 검찰개혁의 지휘자 '조국'은 정치검찰의 사격 개시와 함께 언론의 공모를 통해 도덕적 파렴치한과 범죄자로 낙인찍혔고, 결국 검찰개혁 전선에서 퇴진하지 않으면 안 되게 되었다. 반개혁 카르텔의 1차적 승리였다.

사실 여부는 중요하지 않았다. 언론이 만든 '무허가 법정'에서 내린 유죄판결이면 되는 것이었다. 조국의 명예는 실추되고 개혁 동력에 요구되는 그의 권위는 무너졌다. 그러나 그것이 곧 개혁 전선의 후퇴로 이어진 것은 아니었다. 반개혁 카르텔의 승리는 대단히 취약한 것이었다. 도리어 정치검찰 혁파를 위한 시민들의 동력은 집결되었고, 조국에 대한 방어 전선이 펼쳐졌다.

반개혁 카르텔과의 치열한 접전이 전개되기 시작한 것이었다. 정치검찰과 언론의 기만행위가 폭로되었고 이 모든 것은 '거대한 폭력'과 그로 인한 '희생'이라는 사실이 뚜렷해져 갔다. 억울한 희생자가 된 조국과의 연대는 보다 강력해졌으며, 이는 개혁의 진로를 놓고 우리 사회의 진영을 정리했다. 그것은 분열이 아니라 누가 진실의 편에 있는가, 누가 미래의 역사를 향해 가는가를 판가름하는 문제였다.

이후 법정에서 진실이 하나하나 입증되어갔다. 정치검찰과 언론의 거짓이 드러났으나 이들은 그 어떤 반성과 성찰 없이 여전히 다른 희생자들을 찾아 돌아다니는 악의에 찬 사냥꾼이 되고 있을 뿐이다. 이런 현실을 그대로 놓아둘 경우 우리는 끊임없이 새로운 희생자들이 나올 수밖에 없다는 것을 예감하게 된다. 아니나 다를까, 윤미향, 박원순, 추미애로 이어지는 상황은 이 거대한 폭력이 하나의 체제로 기획, 작동하고 있음을 알게 해주고 있다.

이범우의 『희생양 박해와 서초동 십자가 : 조국 사건, 집단폭력과 희생양 매커니즘』은 이 사안에 대한 깊숙한 분석이자 논쟁적 현안에 대한 차분한 성찰이다. 얼마나 다행스러운지 모르겠다. 새로운 사건이 터지면 그 이전의 사안은 금세 망각되고 언론이 설정한 의제에 끌려 흥분한 나머지 주체적 판단 능력이 훼손된 채 본질적 규명의 길은 실종되고 마는 상황에 대한 정밀한 대응이다.

2.

저자는 르네 지라르(René Girard)의 이론을 이 현실에 적용하고 있다. 르네 지라르 연구는 우리 사회에서 낯설다. 하지만 기독교 인문학 영역에서는 오래전부터 굳건한 위치를 차지하고 있다. 희생과 박해, 폭력과 진실의 반격 그리고 역전의 서사는 히브리 성서(구약)와 예수의 삶과 죽음에서 그대로 투영되고 있기 때문이다.

인문학이 특정 종교와 관련한 논의를 하게 되는 것은 대개의 경우 머뭇거려질 수 있으나 르네 지라르는 인류 문명의 기원과 관련한 분석으로 십자가와 관련된 예수 사건에 대해 그의 성찰을 심화시키고 있다. 아직 국내에서는 번역이 되지 않은 『창세 이래 숨겨져 온 사실』(*Things Hidden Since the Foundation of the World*)을 비롯해서 『희생양』(*Sacrifice*), 『그를 통해 스캔들이 왔다』(*The One by Whom Scandal Comes*), 『나는 사탄이 번개처럼 추락하는 것을 본다』(*I See Satan Falling Like Lightning*), 『폭력과 성스러움』(*Violence and the Sacred*) 등을 통해 인간사에서 저질러진 희생제의와 폭력, 그걸 고통스럽게 통과해서 회복되어야 할 진실의 세계를 말하고 있다.

그것은 저자 이범우가 다음과 같이 말하는 것과 그대로 이어진다.

> 결국 폭력과 희생의 본질은 폭로되어야 한다. 거짓의 신화는 사람들을 죽음에 이르게 한다. 박해자의 의식은 폭력에 기원을 두고 있는 희생제의적 성격을 가지고 있기 때문에 아주 끈질기다. 희생양 제의의 메커니즘은 희생양의 인격살인에 그치지 않고 결국 실제적인 죽음으로 귀결되기를 바라고 있다.

3.

저자는 르네 지라르의 이론 자체에 대한 현학적 논의를 하자는 것이 아니다. 이러한 인식을 바탕으로 우리의 현실을 바라볼 때 우리가 미처 깨닫지 못했던 본질이 규명될 수 있다고 믿고 있기 때문이다. 폭력과 무고한 희생은 어떤 경우에도 저지되어야 하며 그 희생이 죽음에 이르도록 열망하는 어떤 세력의 기획에 의한 것이라면 더욱 가로막고 나서야 하는 것이다.

> 봉하마을을 비추던 카메라, 조국 교수의 집과 딸의 집을 비추던 카메라는 죽음을 기다리고 있었다. 윤미향 의원이 의원실 앞의 카메라를 향해

"나 죽는 거 찍으러 왔냐"라고 외친 것은 그런 의미를 가지고 있다.

사실 박해자는 무의식적으로 노무현의 죽음, 조국의 죽음, 정경심의 죽음, 윤미향의 죽음으로 막이 내리기를 의도하고 있었다. 비극의 카타르시스를 위한 절정은 희생양의 처형인 것이다. 박해자들은 감시 카메라로 비극의 절정, 죽음을 촬영하는 영화제작자들이다. 시나리오의 결말은 의도하지 않더라도 죽음으로 막을 내려야 하는 것이다.

이것은 한 개인의 의도가 아니라 거대한 폭력의 신이 지배하는 구조화된 의식의 살인극이다. "

그는 정치검찰, 그리고 이들과 손잡은 언론은 "스스로 신과 같은, 정의의 심판관이 되어 사람들을 정죄"하고 있으며 "사법부가 내려야 할 판결을 기자회견이나 언론 기사를 통해 내리고 있다"라고 말하고 있다.

희생자를 위한 발언대는 없다. 오로지 유죄판결이 내려지는 무대 아래 군중의 환호만 선동될 뿐인 것이다. 이것은 종교재판이 지배한 중세 마녀사냥의 현장이며 율법학자와 바리새파에 의해 선동되어 예수를 죽이라고 외친 군중을 닮아 있다.

4.

르네 지라르는 사회적 갈등을 해결하기 위해 기득권 세력들의 담합에 의해 희생양이 선택되고 이 과정에서 동원되는 폭력은 대단히 신성한 행위로 떠받들어지면서 도전의 대상이 되지 못하게 만든다고 본다. 희생자는 악마화되고 폭력을 휘두르는 박해자는 도리어 성스러운 존재로 군림하게 된다. 모든 책임은 표적이 된 희생양이 뒤집어쓰고 구조와 진짜 책임자들은 은폐된다. 거짓이 압도하는 것이다.

그런 까닭에 저자는 "폭력이 집단을 획일화시키는데 성공하면 사회는 내부의 경쟁자, 적대자들을 단 하나의 희생물로 대체할 수 있는 조건을 가지게 된다"며 "위기에 처한 공동체에서 충동적으로 미쳐 날뛰는 집단의 발길질은 단 하나의 사람에게 초점을 맞추고, 희생양의 약점을 최악의 범죄행위로 둔갑시켜 그 폭력을 정당화한다"라고 갈파한다.

결국 이들은 "희생양에 대한 집단살해라는 넓고 쉬운 탈출구를 찾아냈"고 그로써 희생양은 집단적 비난 속에서 괴물화 되고 만다. 이런 사회에서는 조롱과 비난, 혐오와 능멸의 언어가 지배하기 마련이다. 오늘날 우리 사회가 겪고 있는 현실이 바로 그렇지 않은가? 이성의 언어는 소멸되어가고 있으며 정체불명의 분노를 일으킬 담론만 횡행한다.

사회 전체가 언어의 흉기로 채워지고 있는 셈이다. 이런 곳에서는 누군가 걸리면 걸리는 것이 일상이 된다. 박해자들은 사회적 모순과 위기를 해결하는 자로 위장하고 있으며, 정작 자신들이 저지르고 있는 범죄는 이 과정을 통해 감추면서 결국 자신들의 기득권을 유지하는 쪽으로 사회 구성원들을 동원하는 것이다. 당연히 정보 조작과 기만, 거짓과 날조의 방식은 체질화되어간다.

이것은 악마적 사태다.

5.

그런 까닭에 저자는 희생양 메커니즘의 악마적 속성을 폭로하고 있다.

집단폭력과 추방이라는 희생양 메커니즘은 악마적인 속성을 가지고 있다. 종교적인 의미에서 악마는 살인자, 거짓말쟁이, 고발자, 비난하는 자로 나타난다. 악마는 의식적인 거짓으로 남을 비난하여 살인에 이르게 하는 자를 의미한다. 악마는 모방의 천재이다. 그는 신을 모방하다가 신의 세계, 진리의 세계에서 추방당하여 악마로 전락한 자이다.

악마의 탁월한 모방 능력은 희생양에 대한 무고한 비난이 급속하게 모방될 수 있도록 한다. 따라서 악마성은 거짓을 모방하게 함으로써 사람들 사이에서 "욕망과 증오, 선망과 질투"를 만들어내는 어떤 힘이다. 정치검찰이 무고한 사람을 고발하는 것, 언론이 무고한 사람을 비난하는 것은 악마성이 나타난 것이다.

에덴 동산에서 사탄은 신을 의심하도록 만든다. 진실을 짓밟고 자신이 진실의 독단적 주재자가 되면 세상의 모든 것을 거머쥘 수 있다고 꼬드긴다. 진실과 뒤섞은 거짓으로 인간의 판단능력을 흐리고 신과 인간, 인간과 인간 사이에 분열을 조장한다. 악마의 원초적 행태다. 결국 이로 인해서 인간은 에덴에서 추방당한다. 사탄은 행복을 약속했지만 불행을 맛보도록 한 것이다. 기만당한 결과다.

그래서 이범우는 이렇게 말하고 있다.

인간의 악마성은 거짓과 폭력으로 드러난다. 박해자가 어떤 정치적, 사회적 명분을 제시하더라도 무고한 희생양을 거짓으로 무고하고 박해한다면 그 본질은 악마적이다. 신화와 달리 역사적 기록은 언젠가 거짓말을 찾아낸다. 전두환 전 대통령의 거짓말, 이명박 전 대통령의 거짓말과 같이 조국 박해 사건에서 박해자들의 거짓말은 모두 폭로될 것이다.

그래서 이러한 신념을 밝힌다.

박해자의 기록에서 은폐되었던 사건의 진실은 희생양의 기록에서는 박해와 희생의 사건이 진실로 밝혀진다. 제주 4.3 사건처럼, 한국 현대사에 드리워진 신화적인 기록은 하나, 하나 진실의 기록으로 수정되고 있다. 조국 사건이라는 신화도 폭력과 희생의 본질이 드러남으로써 해체될 것이다.

6.
물론 이렇게 되는 과정은 만만치 않다.

언론은 오랫동안의 희생양 박해 경험을 통해서 스캔들의 파괴력에 대한 감각이 탁월하다. 언론은 그들의 정치적 목적과 상업적 목적에 따라 주기적으로 스캔들을 생산하여 유통시킨다. 정치검찰과 정치 세력 또한 이러한 언론과 결탁하여 스캔들을 만들어낸다. 이들이 협력하여 만들어내는 스캔들은 결국 언론에 의해 최종적으로 가공되어 유통된다. 스캔들은 서로 경쟁하고 흡수하여 하나의 강한 스캔들로 통합된다. 검찰개혁의 과제, 남북평화 문제, 언론개혁의 문제 등 중요한 이슈들은 표창장 사건에 묻혀 버린다.

뿐만이 아니다.

박해자들은 언어의 마술을 이용하여 희생양을 조작하고 모방욕망을 자극하여 그것을 쉽게 퍼트릴 수 있다. 조국 사건에서 검찰과 언론의 조작은 사실의 조작, 사실의 삭제, 부분적 사실의 상징화, 사실들의 의도적 편집, 사실의 의미를 과장하거나 무시, 사실의 중복적 표현, 배경과 맥락의 생략, 가짜 전문가 또는 명망가의 의견을 동원하는 것으로 나타난다. 그리고 이러한 요소들을 부분적, 통합적으로 결합해서 거짓 뉴스를 만들어낸다. 무엇보다도 사실을 왜곡하는 제목을 만드는 것은 상징 조작의 예술적 수준을 보여준다.

감당하기 쉽지 않다. 하지만 이에 대한 반격이 등장했다.

조국의 무고함을 주장하는 깃발, 희생양을 대변하는 목소리가 서초동에 나타났다. 서초동에 모인 시민들의 저항은 보수카르텔에 대한 정치적 반격의 모습을 띠고 있지만, 본질적으로는 이제 더 이상 무고한 희생양이 박해자의 뜻대로 그냥 처형되는 것을 볼 수 없다는 시민들의 신성한 분노가 폭발한 사건이다. 시민들은 이제 희생양 메커니즘이 박해자들의 의도대로 반복되는 것을 더는 방관하지 않는다. 희생양이 부활하는 사건은 항상 박해자 집단에 대항하는 변호인 집단의 투쟁의 결과였다. 희생양을 변호하고 지지하는 무리들의 지치지 않는 저항과 항의, 박해 권력의 전복을 통해서 희생양의 진실은 땅에 묻히지 않았다.

결국 누가 이기게 될까? 르네 지라르가 "나는 사탄이 번개처럼 떨어지는 것을 본다"라고 했던 것처럼 이들은 승리했다고 여기겠지만 진실이 드러나는 순간, 사태는 역전된다. 4.3 제주항쟁이 그랬고, 5.18 광주항쟁이 그랬으며, 노무현의 오늘날 위상이 그걸 말해준다. 그것이 바로 부활의 진정한 의미다. 악마는 얼핏 이기는 듯 싶지만 마침내 패배하고 만다. 이들은 역사에서 진실의 힘을 확증하는 수단이 될 뿐이다.

7.

이 모든 작업의 주체는 역시 "깨어 있는 시민들"이다. "거짓의 감옥을 파괴하고 희생양과 인류를 해방시키는" 임무를 수행하는 것이다.

하여 저자가 말하고 있듯이 "박해는 일시적으로 사람을 해치지만 그 사건에 대한 서술과 해석은 죽이지 못한다. 진실은 계속적으로 세계를 변화시킨다. 힘을 가진 자들은 자신의 권력과 영광을 알리지만, 희생양의 수난은 박해자들이 자신들의 체제와 권력을 유지하기 위해 은폐하는 더러운 폭력의 기원과 실체를 폭로하고 있다."

긴 안목으로 보자면 "인류의 역사는 희생양의 권리 회복의 역사"이다. 아직도 우리의 싸움은 끝나지 않았다. 더는 억울한 희생자가 생기지 않도록 진실이 광장의 언어가 되고, 폭력이 무력해지는 세상을 만들어가는 과정 자체가 역사의 위력이다. 십자가는 고난이기도 하지만 궁극적 승리다. 이 책의 제목이 『희생양 박해와 서초동 십자가』로 되어 있는 이유는 이로써 명백하다.

우리가 진정 어떤 시대를 갈망하고 있는지 알고 있다면, 이 책은 우리의 의지에 새로운 조명등을 달아줄 것이다. 박해자들의 폭력을 두려워하지 않게 될 것이며, 결국 촛불시민이 이기는 길을 여는 감격을 믿게 될 것이다.

희생양은 그래서 자기도 모르게 구원의 길을 연다. 희망은 그렇게 태어난다.

2020년 10월 6일

경희대학교 미래문명원 교수

김민웅

  코로나19 재난 상황은 공동체의 건강과 평화를 위한 새로운 과제를 던져주고 있다. 우리 민족의 광복을 기념하는 지난 광복절에 일어난 보수집회는 수개월 동안 정부와 국민들이 고통과 인내로 지켜온 방역의 성과를 한순간에 파괴하였다. 공동체의 평화를 위해서는 먼저 어떤 수단을 이용해서라도 개혁을 저지하고 기득권을 유지하려는 반사회적인 행위의 본질을 규명하지 않을 수 없다.

  최근 들어 정치, 언론, 종교, 사회의 모든 영역에서 상식을 뛰어넘는 일들이 일상처럼 계속되고 있다. 작년 조국 장관에 대한 검찰과 언론의 여론 재판에서 보여주는 것처럼, 사실에 기초하지 않은 비난으로 개혁에 앞장선 정치인과 그 가족에 대한 마녀사냥, 인격살해가 거리낌없이 진행되고 있다. 한국 사회는 경제적, 문화적으로 이미 선진국 수준에 진입했지만, 정치와 인권 문제에서는 후진적이고 퇴행적인 모습을 보여주고 있다. 과거 독재정권이 저지른 물리적 폭력이 더욱 다양한 형태의 폭력으로 바뀌어 한국 사회의 발목을 잡고 있다. 이러한 상황은 정치적 영역을 넘어서, 의료계와 종교계로 확산되어 사회의 분열을 심화시키고 공동체의 안정 자체를 위협하는 수준에까지 이르게 되었다. 특히, 최근 사회적 물의를 일으키고 있는 극우적인 개신교 현상은 개신교 자체에 대한 집단적인 혐오에 이르게 될지도 모르는 심각한 문제로 대두하고 있다. 이들은 기독교 복음의 본질, 교회의 원형에서 이탈하여 정치 이념과 신앙을 혼합한 기형적인 모습을 보여주고 있다. 사회 각 분야에서 개혁에 저항하는 정치적 목적의 행동이 폭력적인 양상을 띠게 됨으로써 민주 사회의 본질을 훼손하고 있다.

이러한 상황은 최근 정치적 의제의 이면에 존재하는 역사적인 본질을 깊게 들여다볼 필요를 느끼게 한다. 이 책은 저자가 한 시민의 입장으로 조국 사건을 경험하면서 느낀, 그 사건의 집단폭력적인 본질을 밝혀내고 있다. 저자는 프랑스 출신의 세계적인 인문학자인 르네 지라르의 '집단폭력과 희생양 메커니즘' 이론을 한국 현대사의 사건 해석에 적용하고 있다. 조국 사건의 본질에 접근하기 위한 논의의 하나로서 이러한 시도는 매우 환영할 만한 일이다. 저자는 '폭력과 희생'의 관점에서 최근의 정치인 탄압 문제를 해석함으로써, 사건들을 한국 현대사의 맥락 속에서 이해할 수 있도록 돕고 있다. 이 책의 관점에서 보면, 조국 사건, 노무현 전 대통령의 죽음과 최근의 정치 사회적 사건들은 일관된 하나의 역사적 흐름으로 이해할 수 있다. 또한 인류 역사와 문화의 배후에 작용하는 폭력과 희생의 메커니즘을 통해서 상식적으로는 도저히 이해하기 어려운 집단폭력 현상의 본질을 파악할 수 있다. 폭력과 희생의 문제를 좀 더 깊게 이해할 때, 우리 사회는 희생양을 보호하고 폭력을 억제할 수 있는 더 큰 용기를 가질 수 있게 될 것이다. 평화를 이루기 위해서는 폭력의 실체를 파악하고, 모든 위선으로부터 벗어나야 한다.

사회의 개혁과 평화를 지키기 위한 마지막 보루는 깨어있는 시민들이다. 작년 가을, 시민들은 자발적으로 조국 장관에 대한 부당한 탄압에 대하여 항의하고 검찰개혁의 대의를 지키기 위한 행동에 나섰다. 거짓된 정보에 현혹되지 않는 깨어있는 집단지성의 힘은 한국 사회의 퇴보를 막아내고 개혁과 혁신을 견인할 것이라고 믿는다. 개혁을 통하여 특권과 반칙이 사라진 민주적이고 공정한 사회제도와 문화를 만드는 것은 민주시민의 권리이자 의무이다. 사회의 다양한 분야에서 활동하고 있는 시민들이 공동체를 이끌어 가는 주인으로서, 지혜를 모으고 함께 실천할 때, 평화로운 한반도와 건강한 공동체라는 민족의 꿈은 앞당겨질 것이다.

정치평론가/김용민TV 진행자
김용민

2019년 여름에 시작되어 겨울까지 한국 사회를 태풍처럼 쓸고 간 조국 사건은 시민들에게 이상한 의문을 던지고 있다. 물론 조국 사건은 아직 현재진행형으로서 어떠한 매듭도 지어지지 않았다. 이 사건은 검찰개혁을 둘러싼 정치투쟁이나 촛불혁명에 대한 보수 세력의 반동과 같은 정치적 해석에 머무르기에는 풀리지 않는 의문이 많다. 정치검찰과 언론이 제기한 조국 교수의 범죄혐의에 대하여 실증적, 합리적 논쟁을 불가능하게 만든 반지성적인 카오스는 어디에서 연유한 것일까? 거의 모든 언론이 마녀사냥 방식으로, 한 사람을 범죄자로 만들고 이에 군중들이 동조하여 처형하는 모습은 역사 속 어디선가 많이 본 듯한 장면이다. 그것이 어떻게 2019년 민주공화국 한국 사회에서 발생했을까? 이 현상을 단지 오랫동안 한국 사회를 지배해왔던 보수 세력의 대중지배력을 보여준 것이라고 치부할 수 있겠는가? 과연 조국 사건을 지배하고 움직이는 동력은 무엇일까?

조국 사건의 초기에, 상식 밖의 상황을 지켜보던 민주시민들은 당혹감과 분노를 느낄 수밖에 없었다. 거짓과 진실이 뒤섞여서 결국 거짓이 인간의 정신을 지배하는 것을 목도하였다. 거짓의 압도적인 힘은 어디에서 나오는 것일까? 조국 사건에서 나타난 기괴하고 우스꽝스러운 장면에서 사람들은 서늘하고 섬뜩한 느낌을 받는다. 그것은 아주 오래전부터 내려온 폭력과 희생의 기억이다. 폭력은 역사의 진보에도 불구하고 끈질기게 남아서 개인과 사회를 지배하고 있는 것 같다. 물론 합리적 이성에 기초한 정치 경제적 분석이나 정신분석학에 기초한 사회 심리적인 조명이 필요하다. 그러나 우리가 지켜본 이 기괴한 사건들은 오히려 종교의 제의를 닮은 것 같다. 따라서 인류사적 영감과 직관의 도움을 받는 합리적 이성의 무기가 필요하다.

조국 사건을 겪으면서 직관적으로 먼저 떠오르는 것은 노무현 전 대통령의 죽음이고, 멀게는 유신독재정권에서 억울하게 사형당한 인혁당 사건의 피해자들이다. 모든 사건은 역사적으로 연결되어 있다. 역사적 사건에는 우연과 필연이 교차하고 있다. 그 필연의 법칙을 찾으려는 모든 노력이 지금의 인류문화를 건설했다. 조국 사건은 다시 좀 더 본질적인 질문으로 우리를 인도한다. 이데올로기와 정치투쟁을 넘어서, 인간의 정신과 행동을 지배하고 있는 본질적 원인에 대한 탐구가 이루어져야 한다.

인문학자 르네 지라르는 인류사를 '폭력과 희생'의 메커니즘으로 해석하였다. 조국 사건을 겪으면서 생긴 의문을 해소하기 위해서는 르네 지라르의 책을 잡지 않을 수 없었다. 이 책은 르네 지라르가 '집단폭력과 희생양 살해' 메커니즘을 규명한 저서들 *Violence & The Sacred*(폭력과 성스러움, 1979년), *The Scapegoat*(희생양, 1989년), *I See Satan Fall Like Lightening*(나는 사탄이 번개같이 떨어지는 것을 본다, 2001년), 『문화의 기원』(2006년)*을 읽으면서 느낀 단상들을 정리한 것이

---

* 네권의 저서는 *Vioence & The Sacred* (Rene Girard/Translated by Patrick Gregory, The Johnes Hopkins University Press Baltimore, 1979), *I See Satan Fall Like Lightening* (Rene Girard/Translated by James G. Williams, Orbis Books, 2001. 이하 *Satan*이라 표기한다), *The Scapegoat* (Rene

다. 이 책은 르네 지라르의 이론과 해석방법에 거의 전적으로 의존하고 있으며, 많은 부분에서 그의 이론과 해석을 일반인들이 이해하기 쉽도록 풀어서 설명하였다. 그러나 르네 지라르의 이론을 있는 그대로 전달하지 못하는 한계가 있을 수 있으며 저자의 미숙함으로 인하여 내용이 다소 정확하지 못할 가능성이 있다는 것을 밝혀둔다. 이 책이 르네 지라르의 사상을 세부적으로 소개하거나 이론적 흐름을 그대로 따라가지 않는 이유는 이 책의 목적이 최근 한국에서 발생한 몇몇 사건의 본질적 성격을 밝히려는 것이기 때문이다. 만약 조국 사건이 가지고 있는 폭력과 희생의 구조적 기능에 관심을 기울이지 않으면 사건은 단지 사악한 집단의 권력투쟁이라는 의미로 국한되고 만다.

현대인들이 쉽게 잊어버리고 있는 폭력, 저 멀리 있는 듯하지만 언제나 낯익은 서늘함으로 우리 삶에 깊숙이 들어와 있는 그것을 제대로 마주할 때가 되었다. 이 책은 우리 옆에 가깝게 존재하지만 존재하지 않는 것처럼 위장하고 있는 폭력의 얼굴을 드러내고자 하는 의도로 썼다. 폭력의 본질을 드러냄으로써 희생양의 인간성을 복원하는데 조금이라도 기여하고 싶었다. 폭력과 희생이라는 주제는 불편하지만 감춰진 것을 드러내는 것이다. 그것은 우리의 무의식 속에 존재하는 악마적 속성을 의식의 세계로 끌어올리고자 하는 노력이다. 또한, 음침한 곳에 있는 것들을 따뜻한 햇빛 아래 펼쳐놓는 용기이다. 현대인의 오만함에 대한 반성 속에서 모두가 깨닫기를 두려워하는 진실을 찾아나가는 겸손한 성찰이기도 하다. 이 작업은

Girard/Translated by Yvonne Freccero, Johns Hopkins University Press, 1989. 이하*The Scapegoat*로 표기), 『문화의 기원』(르네 지라르/김진식 옮김, 에크리, 2004)이다.

누구에게 모든 책임을 전가하기 위한 것이 아니라 자기 스스로를 돌아보고 작은 책임이라도 나누고자 하는 성실함에서 출발해야 한다. 그리고 그것을 가로막는 불의한 구조와 집단에 대한 용감한 예언자적 고발로 나타날 수밖에 없다. 희생자를 변호하는 우리의 예언은 집단폭력과 희생양 메커니즘은 언젠가 종말을 맞이할 것이고, 희생양은 부활할 것이라는 진실이다.

> 그 예언의 핵심은 인간역사의 시대와 관계없이, 또한 희생양들의 민족적, 종교적, 문화적 특성과 관계없이, 모든 집단적 박해가 만들어낸 수난과 깊게 연결되어 있다(*Satan*, 128).

르네 지라르의 해석을 가급적 충실히 따르기 위하여 이 책에서는 이념적, 정치적, 종교적 논의를 최대한 배제하기 위하여 노력했다. 물론, 독자들은 주요한 의제들을 통하여 민주주의와 개혁을 지지하는 한 시민의 입장이 깔려 있음을 쉽게 알아차릴 수 있을 것이다. 그러나 조국 사건을 비롯한 주요한 사회 정치적 의제들을 정치적인 관점에서 해석하는 일반적인 경향을 넘어서, 좀 더 근원적인 문제에 접근하고자 하는 것이 이 책의 목적이다. 그 근원에 도달할수록 한국 현대사를 지배해온 보수카르텔의 폭력적인 본질에 귀착되는 것을 볼 수 있다. 폭력과 희생의 메커니즘 속에서 무고하게 희생당한 억울한 희생양의 진실을 복원하는 것은 더 이상 미룰 수 없는 과제가 된다. 또한 우리는 도저히 납득되지 않는 현상들과 해답 없는 상황의 전개에 절망하고 분노하는 시민들과 공감하면서, 조금이라도 고민을 나누고 문제해결의 실마리를 찾을 수 있을 것이라고 기대한다.

만약 이 문제의 원인을 찾지 못한다면, 같은 유형의 사건은 계속 반복된다. 그 질병은 다양한 양상으로 우리의 세포와 장기와 인체 시스템을 공격하게 된다. 유전적인 이 질병은 보수와 진보, 좌파와 우파, 부자와 가난한자를 가리지 않을 것이며, 작은 공동체와 큰 사회집단을 가리지 않는다. 더구나 이 질병은 사회에서 개인으로, 개인에서 사회로 상호적으로 영향을 미치게 된다. 개인으로 전이된 폭력은 개인의 내면과 인간관계에서 분열과 박해와 희생의 메커니즘을 작동하게 하여 자신과 가까운 사람들의 삶을 파괴할 것이다.

집단폭력의 유령은 다시 우리가 사는 마을을 주변을 맴돌며, 사실상 마을사람들의 영혼과 정신을 지배하고 있다. 예전 원시 시대 조상들이 그러했던 것처럼 사람들은 숲속에서 마을사람들을 감시하고, 처벌하는 악마와 정령의 손아귀에서 살아갈 것이다. 본질적인 폭력은 저 먼 역사의 지평으로부터 잊지 않고 우리에게 되돌아오고 있다. 그 폭력의 북소리는 이제 우리가 폭력의 본질과 역할을 합리적 이성의 빛으로 명확하게 밝혀내야 한다는 절박함으로 몰아가고 있다.

이 책을 써야겠다고 결심한 날은 정경심 교수에 대한 구속영장이 발부된 날이다. 희생양을 변호하기 위해 모인 시민들의 절망과 탄식 속에서, 이 문제의 본질을 밝히는데 조금이라도 기여해야겠다는 결심을 하게 되었다. 조국 사건의 진실을 밝히기 위해 노력한 민주적인 언론인과 유투버들로부터 받은 위로와 영감을 통하여, 이 책을 끝까지 마무리할 수 있는 힘을 얻었다. 연구와 상관없는 직업에 매여 있느라 책을 집필하는 것이 쉬운 일은 아니었고, 끝까지 출판을 망설였다. 그러나 부족하지만 이 책이 꼭 필요하다는 생각이 든 것은 윤미향 의원에 대한 비난이 채 끝나지도 않은 시점에서, 고인이 된 박원순 시장을 부관참시하는 사회현상을 보면서였다. 부족하지만 용기를 내어 발간한 이 책이 집단지성에 작은 기여라도 할 수 있게 되기를 기대해 본다. 이 책은 특정인이나 집단을 비판하기 위한 목적이 아니라 르네 지라르의 시각에서 한국 현대사의 일부를 해석함으로써 사건의 메커니즘을 규명하기 위한 것임을 밝혀둔다. 따라서 일부 사실의 해석에 이론이 있을 수 있다면 비판을 경청하고자 한다.

다양한 분야의 많은 사람이 관행적 편견에서 벗어나 르네 지라르의 사상에 대하여 관심을 가짐으로써 현대 사회를 대표하는 인문학의 거장이 주고 간 유산의 터 위에 한국 사회에서도 그 씨앗이 자라나 진실과 평화의 꽃으로 피어나길 소망한다. 이 책은 오래전부터 르네 지라르의 저서들을 번역, 출간하거나, 학문적으로 소개해온 분들에게 크게 도움을 받았다는 것을 밝혀둔다. 또한 조국 사건, 박원순 시장 사건의 진실을 밝히기 위해 노력하고 있는 많은 분에게도 연대의 마음을 전하고 싶다. 마지막으로 이 책을 내기 위해 수고한 도서출판 동연의 편집진에게 감사를 드린다.

2020년 8월
지은이 씀

차 례

조국 사건과
희생양 메커니즘

파르마코스

"폭력은 맹목적 난폭성과 불합리성을 가지고 있다. 희생양은 내부공동체를 파괴하는 폭력에게 만족할만한 먹잇감을 던져주어 폭력이라는 적을 속이고 다른 곳으로 유인하기 위하여 만들어졌다."

"인류가 찾아낸 방법은 위기가 절정에 달한 사회의 위기를 한 사람 또는 한 집단에게 만장일치적 폭력을 행사함으로써 해결하는 것이다."

"가짜뉴스 공장에서 생산되는 디지털 정보가 순식간에 퍼져나가는 것은 온라인의 전자파와 인간의 뉴런을 움직이는 전자파가 폭력을 매개로 신속하게 결합되기 때문이다."

"폭력과 죽음의 충동을 운명이나 본능 또는 신의 섭리로 보는 것은 폭력에 대한 인간의 책임을 회피하게 만드는 대대로 내려온 환상이다. 인간들이 환상에 빠짐으로써 폭력은 쉽게 인간을 지배할 수 있게 된다."

왜 르네 지라르인가?
: 모방인류학과 희생양 메커니즘

르네 지라르는 현대 사회의 대표적인 사상가이다. 그는 사실주의적 해석에 기초하여 인류문명과 역사, 문화의 기원을 밝혀냄으로써 '인문학의 다윈'이라고 불린다. 1923년 프랑스에서 태어나 대학을 졸업한 후, 미국으로 건너가 인디애나주립대, 듀크대 등을 거쳐 오랫동안 스탠포드대학에서 교수 생활을 하였다. 2015년 작고할 때까지 30여 권의 인문학 저서를 발표하였으며, 2005년 아카데미 프랑세즈 종신회원으로 선출되었다.

그는 유명한 모방욕망 이론을 기초로 폭력과 희생양 메커니즘을 규명함으로써 인류문화의 기원을 밝혀낸다. 르네 지라르는 문학비평을 시작으로 역사학, 인류학, 신화학, 종교학, 사회학, 철학, 신학의 방대한 영역을 하나의 인문학 이론으로 통합해낸다. 그는 포스트모더니즘을 미국에 처음으로 소개한 장본인이지만, 포스트모더니즘의 방법론과 거리를 두고 있다. 그는 포스트모더니즘과 과학적 실증주의의 한계를 넘어 인류 역사에 감추어져 있는 원인을 해석하였다. 르네 지라르 본인이 주장하는 대로 '과학적인 인문학 방법론'에 따라 해석해낸 그의 이론들은 세상에 매우 불편한 진실을 알려주게 된다. 그것은 인류의 기원에 존재하는 '모방', '경쟁', '갈등', '집단폭력'과 '희생'의 이야기를 규명했기 때문이다. 그가 종교, 문화 및 제도의 핵심적 기원으로 제시하는 "집단폭력"과 "희생양 이론"은 실증주의와 포스트모더니즘 학계의 비판을 받을 수밖에 없었다. 왜냐하면, 그의 이론은 실증주의와 포스트모더니즘으로는 도저히 접근할 수 없는 영역에 존재하고 있기 때문이었다.

911 테러가 발생했을 때, 미국의 언론과 학계는 미국 땅에서 일어난 참혹한 폭력의 본질을 찾기 위해 르네 지라르에게 다시 관심을 보였다. 그러나 그의 사상적 탁월함에도 불구하고 아직 그의 이름은 많이 알려져 있지 않다. 그 이유는 그의 이론이 지적하고 있듯이 폭력과 희생양 메커니즘 이면에 그 본질을 은폐함으로써 인식을 가로막고 있는 인지불능의 강력한 힘이 작용하고 있기 때문은 아닐까라고 생각된다.

폭력이라는 회피할 수 없는 불편한 진실과 마주하기 위해서는 르네 지라르를 이 사회에 초대할 수밖에 없다. 원시 고대 사회의 인간 공동체에서 벌어진 사건들로부터 형성된 인류의 유전자를 역추적함으로써 지금 인간 사회의 역사적 조건을 냉정하게 다시 살펴보아야 한다. 폭력으로부터 무고한 희생양을 보호하기 위한 인류 사회의 지난한 투쟁은 르네 지라르 사상이라는 무기를 보유함으로써 질적으로 비약할 수 있다. 폭력이라는 교활한 상대방을 넘어서기 위해서는 폭력과 희생의 메커니즘을 알아야 한다.

오늘날, 기술적 무기의 두려움과 공포의 형태로 나타나는 폭력의 지배는 너무 명확하다. 전문가들은 마치 아무 일 없는 것처럼 그러한 폭력이 세상을 휘어잡고 있다고 말하고 있다. 현학적인 서구인들이 오랫동안 냉소적으로 무시했던 무제한적인 폭력이라는 명제는 갑자기 우리 앞에 나타났다. 신의 특권이었던 복수가 이제 과학의 날개를 가지고 정확하게 계산되고 측정되어서 우리에게 되돌아 왔다(*Violence and The Sacred*, 240).

르네 지라르는 인류의 파멸을 불러올 수 있는 과학적 무기들이 준비되어 있는 세계에서, 인류에게는 폭력의 본질과 양상에 대한 공감대와 깊은 논의가 절박하게 필요하다고 말하고 있다. 인류는 폭력의 포기 또는 전면적인 파괴의 기로에 서 있다.

이 책에서 르네 지라르의 이론은 최근 한국의 정치 사회 현상을 해석하면서 부분적으로 소개된다. 르네 지라르를 깊이 있게 이해하기 위해서는 당연히 그의 책을 직접 읽는 것보다 좋은 방법은 없다. 서론에서 밝힌 것처럼 이 책의 목적이 현실에 나타난 불가사의한 사건을 이해하기 위한 것인 만큼, 르네 지라르의 사상을 제대로 이해하기 위해서는 그의 저서를 읽을 것을 추천한다.

파르마코스(pharmakos), 무고한 희생양

한 개인의 인권을 훼손하는 모든 곳에 집단폭력의 어두운 그림자가 드리워져 있다. 인류의 역사는 무고한 수많은 희생양들의 피와 땀 위에 서 있다. 희생양에 대한 박해는 본질적으로 집단적인 폭력의 형태로 나타난다. 집단적 차원의 폭력은 강력한 원심력을 가지고 분노의 에너지를 흡입하여 마치 태풍처럼 휩쓸고 간다. 그것이 지나간 후, 잠시 고요한 평화, 정적이 찾아온다. 그러나 그 태풍은 또 다른 태풍으로 변하여 언제든지 다시 찾아올 준비를 하고 있다. 사회와 가정의 모든 곳에서 일상적으로 벌어지는 폭력, 그곳에도 희생양이 존재한다. 무고한 희생양에 대한 박해뿐 아니라 사람들의 실수, 과오에 비해 지나친 형벌이 있는 모든 곳에도 음습한 폭력의 그림자가 드리워져 있다.

고대 그리스 아테네에서는 기원후 5세기까지 파르마코스[pharmakos]라는 희생양이 있었다. 이들은 도시에 재앙이 닥치거나 갈등이 고조되면 희생제의나 축제를 열어 희생당하는 사람들이었다. 시민들은 평상시에 노예, 장애인, 노약자, 포로, 정적들을 감금하고 있다가 희생제의의 제물로 사용했다. 파르마코스를 재앙의 원흉으로 만들어 시민들이 집단적으로 처형함으로써 민심을 수습하고 사회의 안정을 추구했다. 파르마코스는 사회의 독으로서 그 사회가 가진 모든 독성을 전가하는 수단이었다.

그들이 희생됨으로써 사회가 평화를 회복하였고 상처가 치유되었기 때문에 그들은 사회의 약으로서 효과도 가지고 있었다. 파르마코스는 독이자 약으로서 양가성, 즉 양면적 가치를 가지게 된다. 근대 사회의 약, 파마슈틱스pharmaceutics라는 용어는 고대 사회 희생양을 가리키는 파르마코스pharmakos에서 유래한다. 실제로 약은 일정 정도의 독성으로 몸의 질병을 다스리고 인체에 평화를 가져온다. 희생양은 그리스 사회의 재난을 치유하는 약으로써 기능하였다.

그리스의 데모크리투스 장군은 페르시아와의 전쟁 전날에, 병사들의 요구에 따라 가두고 있던 페르시아 포로 전부를 집단살해토록 하였다. 전쟁의 공포를 이기는 수단으로 포로에 대한 희생양 살해가 일어났다. 그리스 사회의 정치 사회 운영에 있어서 희생제의는 하나의 중요한 근간이었다는 것이 밝혀지고 있다.

희생양의 흔적들

그리스의 희생양에 대한 집단살해는 단지 그리스 사회만의 전통이 아니었다. 르네 지라르의 인류학 및 신화학 연구에 따르면, 거의 모든 원시 부족 및 고대 사회에서 희생양에 대한 집단살해가 일어났다는 것을 밝히고 있다. 인간 희생양에 대한 집단살해는 원시 종교의 인신공양으로 이어졌다. 일반적으로 인신공양을 종교적 관점에서 해석하지만 실제로는 희생양 살해의 전통이 인간 희생제물을 바치는 종교제의의 형태로 이전되었다고 해석하는 것이 훨씬 합리적으로 보인다.

고대 사회의 인간 희생제도는 중남미의 아즈텍제국이나 고립된 부족사회에서 최근 수백 년 전까지 지속되었다. 수천 년 전부터 희생양 박해와 인간 희생제의는 지역에 따라 동물 희생이나 다른 형태로 대체되고 있다. 이를 '희생대체'라고 부른다. 그러나 희생이라는 본질적인 면에서 볼 때, 인간 희생물과 동물 희생물은 의미상으로 분리할 수 없다. 종교적 제의에서 일반적으로 이루어지던 동물의 희생은 인간의 희생을 대체한 것이다. 원시 종교뿐 아니라 고등 종교에서 행해지던 동물 희생제물은 인간의 죄를 대신 지고 가는 희생양이다. 성대한 종교행사 또는 그와 유사한 축제에서 죽어간 양, 소, 염소, 돼지와 닭들 그리고 고사상에 올라온 돼지 머리는 고대 사회 인간 희생물의 흔적이라고 볼 수 있다. 삼국지에서 제갈공명이 남방 정벌 시 인간의 머리를 대신하여 희생제물의 상징물로 만든 '만두'의 기원에 대한 이야기는 인간 희생물의 희생대체를 보여준다. 이것은 우리가 먹고 있는 음식에도 희생의 상징이 존재한다는 것을 의미한다. 또한 이 전설은 아시아에서도 인간 희생제의가 성행했다는 것을 알려준다.

문제는 인류 역사에 존재하는 희생제의의 역사적 유산들이 단순하게 문화인류학적인 흥미의 대상을 넘어서 있다는 진실이다. 희생양 살해, 희생제의는 시대적 환경에 따라 그 형식을 달리하면서, 정치, 경제, 사회, 문화, 생활의 모든 영역에서 아직도 작동하고 있다. 희생양의 역사적 유산에 대한 해명을 꺼려하고, 이에 대한 연구조차 미진한 것은 인류 문화에 잠재되어 있는 인간들의 인지불능 메커니즘과 무관하지 않다. 현대 사회에서 폭력은 물리적 폭력뿐 아니라 정신적 폭력, 성적 폭력, 구조적 폭력 등 더욱 다양하고 교묘해진 형태로 진화하고 있다. 따라서 르네 지라르가 말하고 있는 희생양에 대한 집단살해의 메커니즘이 현대 사회에서 어떻게 작동하며 그것이 인간들에게 어떤 영향을 미치고 있는지를 규명하는 것은 매우 중요한 것으로 보인다. 이 책은 최근에 한국 사회에서 일어난 사건들을 통하여 인간 희생의 현상이 지금 우리 사회에서도 나타나는 것을 보여주고자 한다.

백악관의 협상과 중학생의 일기장

한국 사회에서 희생양에 대한 집단살해 메커니즘이 다른 얼굴로 나타난 사건이 있었다. 과도기적 민주주의 사회에서 개혁을 둘러싼 정치투쟁과 사회적 분쟁의 성격을 띠고 나타난 이 사건의 이면에는 무엇이 동력으로 작용하고 있는 것일까? 그것을 밝히기 위해서는 먼저 그 현상 자체에 대한 상식적인 의문을 제기하지 않을 수 없다.

2019년 여름, 한반도를 둘러싼 남·북·미 간의 긴박한 협상이 진행되고 있었다. 안타깝게도 한반도의 운명을 스스로 결정해나갈 수 없는 한국의 외교적 줄타기는 아슬아슬했다. 한국의 중재 노력으로 한반도 정세의 물줄기가 평화의 방향으로 전환하는 중대한 시점에 처해 있었다. 그러나 미국과 북한 간의 종전선언, 핵무기 동결, 북한에 대한 제제 완화라는 한반도 평화 로드맵은 교착상태에 빠져 있었다. 볼턴 회고록에서 밝혀진 내용이지만, 일본 또한 한반도 분단의 고착화와 긴장의 유지라는 자신의 이익을 위해 모든 외교적 수단을 이용하여 평화의 정착을 방해하고 있었다. 한국 정부의 지난한 노력이 결실을 거둘지에 대한 기대와 불안이 교차되는 시기였다. 한반도 평화의 문제는 그 어떤 다른 과제들보다 거시적, 역사적으로 중요한 국가적 문제이다. 정상적인 나라라면 사람들의 모든 관심이 집중되고 언론은 시민들에게 이와 관련한 국내외의 다양한 정보와 의견을 제공하는 것이 상식일 것이다. 그러나 상식을 넘어선 반전이 일어났다.

민주세력의 시대적 개혁과제의 최우선 순위는 검찰개혁이다. 검찰개혁을 주도하는 조국 민정수석이 개혁의 완성을 위해 법무부장관으로 지명되었다. 조국 장관 지명자에 대한 일부 범죄 혐의가 언론을 통해 흘려졌다. 통상적으로 장관 지명자에 대한 검증은 당연한 일이고, 더군다나 보수 언론을 비롯한 개혁을 반대하는 집단의 반발은 충분히 예상할 수 있는 일이었다. 다수의 시민들은 서울대 교수 출신으로 진보개혁운동의 아이콘처럼 여겨졌던 조국에 대한 신뢰를 가지고 있었다. 그의 개혁성과 준수한 이미지는 청렴함을 보장한다고 믿고 있었기 때문에, 그에 대한 문제제기는 청문회가 끝나면 사라질 정치 이벤트의 성격일 뿐이라고 생각했다. 그러나 많은 사람의 예상은 순진한 것으로 판명되었다. 조국 교수와 그의 가족에 대한 범죄 혐의가 실시간 검찰 발 뉴스로 방송과 신문과 인터넷 커뮤니티를 도배했다. 단일 사건으로 거의 백만 건이 넘는 관련 기사가 생산, 유통되었다. 조국에 대한 뉴스는 기사의 물량면에서 볼 때, 한국 현대사에서 가장 언론의 주목을 많이 받은 사건이다. 모든 시민의 관심은 한반도 평화에서 조국 사건으로 전환되었다. 한국의 대통령이 한반도의 평화와 관련한 긴박한 의제를 가지고 미국의 대통령과 회담을 하는 당일, 검찰은 조국 가족의 자택을 압수수색하였고, 이 장면은 사실상 모든 언론에서 생중계되다시피 했다.

백악관에서 최강대국 미국의 대통령을 설득하기 위해 한국의 대통령이 진땀을 흘리고 있을 때, 대한민국의 사실상 최고 권력인 검찰은 중학생의 일기장을 뒤지고 있었다. 십여 년 전 중학생 시절 쓴 소녀의 노트에서 어떤 입시 부정의 단서를 찾으려 한 것일까, 아니면 누구도 모르는 가족의 비밀 또는 부모의 비리를 찾으려 했던 것일까, 그것도 아니면 검사와 수사관들이 관음증 환자인 것일까? 언론들은 검사와 수사관들이 어떤 메뉴로 점심을 시켜 먹었는지 취재하여 인터넷 포털 뉴스의 헤드라인을 장식했다. 특종이었다. 국민들은 그것이 짜장면인지 한식인지를 두고 논쟁하고 있었다. 모든 국민이 관음증에 빠진 것처럼 상상으로 타인의 안방을 훔쳐보게 되었다. 이 희화적인 장면은 두고두고 블랙코미디 정치드라마나 영화의 소재가 될 것이다. 대통령의 방미는 국민의 뇌리에서 사라지고 컴퓨터와 소녀의 일기장에 대한 압수수색이 사람들의 시야를 채웠다. 평범한 아버지의 입장에서는 어느 소녀의 일기장을 압수수색했다는 뉴스를 듣는 것 자체가 매우 불쾌하고, 그 소녀에게 어른들을 대신하여 미안함을 느끼게 만드는 일이다. 향후 재판 진행 상황을 보면서 추론해 보면, 그날 검찰은 그 압수수색을 통해 얻은 소득이 거의 아무것도 없었던 것 같다.

조국 교수에게서 소위 공인이라는 신화의 가면을 제거하면, 우리와 유사한 한 명의 아버지, 남편의 얼굴로 남는다. 내가 만약 조국 교수라면, 나의 가족이 만약 그의 가족의 입장이라면, 이것이 폭력이 아니라면 무엇이 폭력이란 말인가?

집단적 희생의 경험

　폭력의 피해자들이 폭력에 대한 더 높은 감수성을 가질 가능성이 크다. 물론 불행하게도 지속적으로 폭력을 당하거나, 저항하기 어려운 상태에 빠진 많은 피해자들이 오히려 폭력에 둔감해지고 박해자의 의식으로 세뇌되는 경우도 있다. 그러나 일반적으로는 폭력을 당한 사람들이 체험을 통하여 진정한 감각을 보유하게 된다.

　일반 시민이 가진 폭력의 일상적인 경험치는 소위 사회 엘리트 계층의 경험치보다 훨씬 높을 것이라고 가정할 수 있다. 사법기관, 정부, 언론기관, 학교 안에서도 폭력의 피해는 존재하지만 검찰 조직과 같은 예외적 경우를 제외하면, 그 정도와 빈도는 일상생활에서 시민들이 당하는 폭력과 비교하기 어렵다. 소위 사회 엘리트 계층은 성장 과정에서 겪는 경쟁에 대한 압력을 제외한다면 폭력에 노출되는 확률이 일반 시민에 비해 매우 낮은 편이다. 따라서 일반적인 엘리트 집단의 폭력에 대한 감각은 추상적, 간접적인 차원에 머무는 경우가 많다. 따라서 그들은 폭력의 피해에 대해 둔감할 가능성도 높다. 군대와 전쟁을 경험하지 않은 정치인들이 오히려 쉽게 전쟁을 결행하는 것처럼, 엘리트 집단은 그들의 부당한 권력 행사가 가진 폭력적 성격에 대해 무지할 가능성이 높다. 그들은 폭력에 대한 무지로 인하여 동시에 더욱 폭력에 대한 공포감을 가지고 있다. 쉽게 말해 겁은 많은데 잔인해진다는 말이다. 정작 자신이 행사하는 폭력이 실제로 무엇을 의미하는지 잘 알지 못한다. 이들은 경험적 한계에 갇혀있기 때문에 희생과 폭력에 대한 감수성이 낮을 수밖에 없다. 따라서 어떤 사안에 대하여 폭력성을 고발하는 것은 주로 깨어 있는 시민들과 이들을 대변하는 전문가, 정치가의 몫이 된다.

평화로운 시대에는 폭력에 둔감한 경향이 있다. 특히, 최근 한국 현대사에서 전쟁과 학살과 독재라는 극한적 폭력을 경험한 한국의 시민들은 폭력의 문제를 물리적인 폭력의 문제로 받아들이는 경향이 있다. 폭력의 결과는 육체적, 정신적, 구조적, 또는 복합적인 성격을 불문하고 치명적이다. 특히 한 개인의 인생을 송두리째 부정하는 인격살해는 신체적 위해危害, 성적 학대와 동일한 수준의 폭력으로 간주되어야 한다. 사회적인 존재성의 부정, 인생의 부정은 죽음과 같은 고통을 수반하며 많은 경우 육체적 죽음으로 이어진다. 폭력에 대한 일반 시민들의 분노는 소위 엘리트 집단보다 훨씬 직접적이며 깊다. 대부분의 지식 노동자, 소위 지식인들이 폭력의 문제에 대하여 비판과 행동이 치열하지 않는 것도 최종적으로는 그들의 경험적 한계 때문이다.

군사독재 시절, 민주인사, 학생, 노동자에 대한 혹독한 탄압은 많은 희생자를 만들어 냈다. 고문, 살해, 자살, 구속과 수감, 강제징집, 추방은 집단적 희생의 경험으로 남아있다. 이 중 일부가 개혁 정권의 정치가로, 시민운동가로 성장해 한국 사회의 개혁을 이끌고 있다. 폭력 집단에 항거한 공동의 경험을 가진 집단이 정치적 권력과 시민적 방어진지를 구축한 채, 함께 개혁을 주도하게 된 것은 한국 역사에서 유례가 없는 중요한 기회이다. 희생의 경험을 가진 세대가 현실에 안주하지 말고 폭력을 종식시키는 것이야말로 그들에게 맡겨진 역사적 과제라고 할 수 있다.

직관의 힘, 집단지성

비극과 예언적 영감의 힘은 역사적 또는 철학적인 원천으로부터 나오는 것이 아니다. 오히려 이 힘은 문화적 무질서뿐 아니라 질서 속에서 그리고 희생위기와 신화 속에서 폭력의 역할에 대한 직접적인 직관에서 나온다(*Violence and The Sacred*, 66).

2019년 8월 주요언론의 검찰 발 단독뉴스는 돌아가면서 뉴스의 헤드라인을 장식하고, 다른 언론들은 경쟁적으로 조국 교수에게 불리한 소식들을 홍수처럼 쏟아냈다. 마치 청와대의 엄청난 비리와 같이, 국가적 차원의 큰 사건이 발생한 것 같았다. 조국 교수에겐 과연 무슨 일이 있었던 것일까? 쏟아지는 단편적인 사실들을 종합해 보면 조국 교수 가족의 혐의는 두 가지로 압축된다. 첫 번째는 사모펀드 투자를 통하여 자본시장에서 부당한 이익을 취하려고 했다는 의혹이고 두 번째는 딸이 입시 부정으로 대학과 대학원에 입학했다는 의혹이다.

두 가지 혐의에 대한 기사들을 참고하여 파편적인 사실과 그 이면을 잘 살펴본다면 직관적으로 사건의 줄기와 문제의 본질을 알아차릴 수 있다. 전문가의 통찰이나 시민들의 집단지성이 올바로 작동한다면 그런대로 문제의 진실에 바로 접근할 수 있다. 전문가의 통찰과 집단지성은 일차적으로 직관에 의존하고 있다. 직관은 경험을 통하여 사실, 정보를 즉각적으로 해석하는 능력이다. 경험은 사람들과의 접촉을 통하여 취득한 '종합적인' 정보와 업무 등을 통하여 취득한 '종합적인' 정보로 구성된다. 여기서 '종합적인' 정보라고 표현한 것은 경험이 사실들과 그것을 해석하는 방식, 태도, 감정을 포괄하는 개념이기 때문이다.

경험은 다시 개인적인 차원과 집단적인 차원으로 나누어진다. 개인적인 차원의 경험은 집단적인 차원 속에서 경험의 양과 질이 강화된다. 투자금융업계의 전문가들은 자본시장 특히 코스닥 시장에서 일어나는 일들에 대한 개인적 경험을 가지고 있고, 또 그것을 집단적 경험으로 공유하고 있다. 보통 업계의 상식 또는 메커니즘에 대한 기본적 이해는 집단적 경험에서 나오는 것이다. 직관은 그러한 두 가지 경험을 바탕으로 새로운 사실을 해석하고 문제와 해답을 찾아낸다. 유능한 자동차 정비공은 오랜 경험을 통하여 직관적으로 자동차의 문제점을 찾아낸다. 그는 일반적으로 수리 대상 자동차의 구조와 작동원리를 이해하고 있다. 그는 그러한 지식을 바탕으로, 고객이 의뢰한 차의 연혁과 드러난 문제점을 알게 되면 문제의 원인과 해결책을 쉽게 찾아낸다. 자동차 수리공의 경험적 직관은 구조에 대한 이해, 운영 원리에 대한 이해, 역사적 사실과 현상적 사실을 통합해내는 능력으로부터 나온다.

물론 개인의 경험 또는 개별 집단의 경험은 시간적, 공간적 제약으로 인하여 주관적 한계를 가질 수밖에 없다. 이러한 한계에도 불구하고, 특정 개인 또는 집단은 다른 개인이나 집단에 비해 많은 경험과 학습을 통하여 상대적으로 우월한 경험적 직관을 가지게 되며, 이것을 사회적으로도 존중하게 된다. 사회적으로는 이러한 사람들을 전문가라고 부른다. 조국 가족의 의혹은 조금이라도 전문가들에게 물어보면 금방 해답이 나올 수 있는 사안이다.

깨어 있는 시민들의 집단적 힘은 시민 각자에게 축적된 경험, 인생의 시간들이 하나로 모여서 생성된다. 이것은 무엇과도 바꿀 수 없는 사회적 자원이다. 시민들의 정보와 직관이 모이면 집단지성을 만들어낸다. 상대적으로 모방에 빠지지 않는 깨어 있는 시민들의 집단지성은 모방에 빠진 군중이나 특정 분야의 전문가들보다 진실에 더 가깝다. 조국 사건을 통하여 우리는 모방적 군중의 집단폭력에 대응하여 행동하는 집단지성의 힘을 확인할 수 있다. 이 책은 부조리한 폭력에 저항하며, 조국수호를 외쳤던 일련의 행동이 철폐하고자 했던 근본적인 악의 실체가 무엇인지에 대하여 하나의 화두를 제시하려고 하는 시도이다. 이 책에서 사건을 해석하는 또 하나의 접근법을 제시하는 것은 집단지성의 용광로에 작은 불쏘시개를 보태고자 하는 노력이다.

조국 사건에 대한 상식적 시민의 직관

정치검찰과 언론이 주장하는 사모펀드의 줄거리는 조국 교수 부부가 조카와 공모하여 사모펀드를 통하여 특정 기업의 부적절한 코스닥 우회상장을 주도함으로써, 부당한 자본이익을 취하려고 했다는 혐의이다. 검찰은 조국 교수 가족이 19억을 투자하여, 실제 소유주로서 사실상 코스닥 우회상장을 주도하였다고 주장한다.[*]

우선, 투자가 사실이라고 하더라도 최근 한국의 코스닥 시장에서 19억 원을 투자하여 실제 소유주가 되는 것은 불가능하다. 일반적으로 코스닥 우회상장은 비상장기업이 상장기업과 합병하는 형태로 추진된다. 우회상장의 주도권은 사업을 가지고 있는 비상장기업이나 자금 투자자가 가지고 있다. 투자 자금은 최소 100억 원 이상이 필요하다. 조금만 조사해보면 누가 비상장기업 또는 그것을 소유한 펀드의 주인인지, 누가 100억 원 이상을 투자했는지 쉽게 알 수 있다. 검찰과 언론은 그 제3의 인물이 누구인지는 이미 알고 있을 가능성이 아주 높다. 100억 원 이상의 자금을 투자한 주체 또는 비상장기업의 소유주가 우회상장 프로젝트의 주인이다.

혹시 무자본 M&A를 한 것이 아니냐는 의문을 가진다면, 그것 또한 상식적으로 불가능하다. 무자본 M&A 전문가들은 그 분야에서 오랜 경험과 네트워크를 가진 사람들이다. 조국 교수의 조카도 그러

---

[*] 19억 원 투자는 검찰의 주장이며, 실제로는 대여금으로 밝혀지고 있다.

한 네트워크에 들어갈 만한 수준의 경력을 가지고 있지 않은 것으로 보인다. 금융, 투자 분야의 전문가 중 누구도, 지방 소재 어느 대학교의 영문과 교수가 고도의 경험이 필요한 이러한 투자금융 프로젝트를 주도하거나 사주했다는 주장을 믿지 않을 것이다. 검찰과 언론이 어떤 스토리를 쓰던지 이것은 도저히 벗어날 수 없는 업계의 상식이다. 한국의 사모펀드는 2019년 6월 말 현재로 600개, 약 400조 원이 투자되고 있으며, 많은 기업과 일반인들이 투자에 참여하고 있다. 주식 투자나 보험 가입이 불법이 아니듯이 사모펀드에 투자한 것이 사실이라도 범죄가 아니다. 우회상장 프로젝트가 실패로 끝났다면 조국 교수 가족은 피해자일 가능성이 아주 높다는 것이 직관적인 결론이다.

두 번째로 딸의 입시 비리 문제이다. 조국 교수의 딸은 조국 교수의 영국 유학 시 현지에서 수학하던 중, 귀국하여 한영외고에 입학하였다. 일부 언론이 초기에 한영외고 입학에 부정이 있는 것처럼 가짜 뉴스를 보도하였으나 허위임이 밝혀졌다. 조국 교수의 딸은 정상적인 입시과정을 거쳐 한영외고에 입학했다. 한영외고는 당시 수도권에서 두 번째로 유명한 인문계 특목고로서 중학교 최우수 졸업생들이 입학하는 학교였다. 그 졸업생 대부분은 소위 SKY대학교, 해외 유수 대학에 입학하였다.

조국 장관 딸의 SAT 성적, TOEFL 성적, AP(미국대학과목) 성적은 잘 알려진 UCLA, UC Berkley, UPEN 등 미국 최고의 주립대학뿐 아니라 일부 아이비리그 대학에 입학할 수 있는 성적이었다. 한영외고를 졸업한 학생이 고려대학교에 입학하는 것은 너무나 자연스러운 일이어서 어떤 부정한 방법을 동원할 동기가 없다고 보는 것이

상식에 부합한다.

그리고 부산대 의학전문대학원 입학을 위해 유명하지 않은 대학의 총장 표창장이 필요하다고 생각하는 것은 억지에 가깝다. 그리고 우연히 수년 후에 오직 부산대의전원에서만 쓸 수 있는 표창장을 미리 위조할 동기가 있을까? 서울대 환경대학원 석사과정에서 수학하던 학생에게 그 대학의 표창장은 무슨 큰 의미를 가지고 있을까? 더구나 엄마가 그 대학에서 영어 봉사활동을 총괄하는 교수로 재직하고 있다면 굳이 표창장을 위조할 필요가 있겠는가? 통상적으로 표창장을 위조하기 위해 문서와 직인 파일과 압인을 모두 위조해야 하는데, 이런 수고를 하는 교수가 있겠는가? 사기를 치기 위해 저축은행 잔고증명서를 위조하는 동기는 합리적이지만, 본인이 주관하는, 충분히 통제가능한 일에서 가치가 불투명한 문서를 위조한다는 발상은 너무 비합리적이다. 조금이라도 규모 있는 조직에서 일을 해 본 경험을 가진 사람들은 통상적으로 그런 일은 일어날 확률은 제로에 가깝다는 것을 알고 있다. 도대체 이러한 현실을 초월하는 발상은 어디에서 나온 것일까?

조국 교수 딸이 입학하던 시절 학생들을 지도했던 선생들과 입시 컨설턴트들은 이러한 사실을 경험적으로 알고 있다고 믿는다. 조국 교수 딸의 입시 비리 의혹은 조금만 입시에 대해 아는 사람들이라면 상식 밖의 일이라는 것을 알고 있다. 조국 교수와 유사하게 자녀를 대학에 보낸 경험을 가진 사람들이 직관적으로 볼 때, 조국 교수 딸의 입시 의혹은 무고하다고 판단할 수밖에 없다.

조국 사건에서 제기된 입시문제는 그것을 둘러싼 제도와 사회적 현상의 공정성의 문제이다. 따라서 조국 교수의 딸이 그 십자가를 지는 것은 오히려 불공정하다. 물론 개인의 경험적 직관은 한계를 가지고 있을 수 있지만, 관련 업계의 전문가들이 보유한 집단적 경험은 보편성의 기반을 가지고 있기 때문에 그 누구보다 진실에 접근할 확률이 높다고 할 수 있다. 그런데 왜 조국 사건에서 이들 업계 전문가들의 의견은 완전히 무시되거나, 아예 들어볼 생각도 하지 않는 것일까?

정치검찰과 언론이 쏟아낸 정보들의 대부분은 가짜이거나 가치가 전혀 없는 허위정보였다는 것이 밝혀지고 있다. 결국 표창장 위조 사건을 소재로 거의 일 년 동안이나 국사범에 준하는 재판이 계속되고 있다. 재판정의 쓸쓸한 풍경은 그동안 전문성과 성실성을 가지고 있다고 믿었던 모든 집단들의 권위가 가을 낙엽처럼 떨어지는 것을 보여주고 있다.

상식적인 질문들

　상식적인 시민으로서, 조국 사건의 엉뚱한 사건 전개에 대하여 큰 충격을 받지 않을 수 없다. 처음에는 예상을 벗어난 상황의 압도적인 지배력에 당혹감과 무력감을 느낀다. 그러나 정신을 조금 차리고 보면, 검찰과 언론의 정치적 동기는 충분히 예측할 수 있는 것이다. 그래서 객관적인 눈으로 상황을 해석하고자 노력하지만, 다른 많은 사람이 의구심과 풀리지 않는 의문에 휩싸여 혼란의 늪에 빠지는 것을 보면서 다시 무력감을 느끼게 된다. 개혁과 보수진영 간의 정치 투쟁으로 보기에는 벌어지는 상황이 황당하지만 무섭고, 우스꽝스럽지만 잔인하다. 무엇보다도 소수의 시민을 제외한 사회 전체가 한 사람, 한 가족을 해부하고 비난하는 현상이 버젓이 벌어지고 있다는 것이 이해되지 않는다. 중세의 마녀사냥과 같은 일이 2019년 민주공화국에서 벌어지고 있는 이 현실을 어떻게 설명해야 할 것인가? '개인의 권리와 의무, 인권에 기초한 민주공화국의 질서는 허구인가'라는 근본적인 질문을 던지지 않으면 안 되는 상황이다.

　한 시민의 입장에서 던질 수 있는 많은 질문 중 일부를 간추려 보면 다음과 같다.

　왜 민주공화국 법률에서 보장하는 무죄추정의 원칙은 쉽게 무시될까?
　왜 정치인과 정부와 법원은 기본원칙이 무너지는 것을 방치하고 있을까?
　왜 조국 교수와 가족의 인권 문제는 쉽게 무시되고, 진지하게 취급되지 않을까?

공직자나 유명인은 일반인과 다르게 인격적 차별을 받아도 되는가?

왜 객관적으로 증명되거나 확인되지 않은 사실들이 쉽게 진실로 둔갑하는가?

왜 거의 모든 언론이 일시적으로 동조화하여 선동적 보도를 하게 되는가?

왜 다수의 시민이 비상식적 보도를 의심 없이 수용하고 확신할까?

왜 다수의 시민이 적극적으로 비난에 동참할까?

왜 법률가와 전문가들과 시민단체들도 동조하거나 침묵할까?

조국 가족을 비난하는 사람들은 어떠한 동정심이나 도덕적 고민이 없는가?

왜 집권세력은 주춤거리고 인내하는 걸까, 여론의 눈치를 보는 것인가?

왜 당사자는 당시에 제대로 방어할 방법을 찾지 못하는가?

왜 학생을 보호해야 하는 학교와 선생들은 침묵하는가?

왜 언론을 포함한 정치집단은 끊임없이 스캔들을 만들어 내는가?

단순히 조국 교수에 대한 정치적 입장이 사건을 대하는 태도와 입장을 결정하는가?

왜 많은 사람이 조국 교수의 개혁을 지지하지만 조국 개인에 대해 쉽게 실망하는가?

내가 알고 있는 사실과 믿고 있는 진실은 올바른가?

나 또한 어떤 모르는 것에 의해 영향을 받아 편견을 가지고 있지 않은가?

이외에도 다양한 문제를 제기할 수 있겠지만, 핵심은 '이 사건이 검찰개혁, 언론개혁과 관련한 정치적 권력투쟁의 틀로만 해석할 수 있는가'라는 질문이다. 우선 정치권력 투쟁의 이면에 있는 사회 경제적 동력뿐 아니라 정신적인 배경을 보아야 하겠지만, 그것만으로는

해석하기 어려운 기이한 현상들을 이해하기 위해서는 다른 통찰력
이 필요하지 않을까?

조국 집단박해 사건이라는 가설과 용어 정의

학자들은 1920~30년대 당시 가장 민주주의가 발전했다고 평가 받았던 독일 바이에른공화국에서 파시즘이 태동한 것에 대하여 아직 완전하게 설명하지 못하고 있다. 당시 독일은 민주적인 정치체계, 다양한 철학적, 학문적 기반, 사회민주주의, 이상주의로 상징되는 나라였다. 독일은 헤겔의 역사철학, 마르크스주의, 한스 켈젠의 법철학으로 상징되는 인문학과 사회과학의 산실이었다. 그런 독일에서 히틀러가 출현한 이유는 무엇일까? 역사가들은 제1차 세계대전 후 독일이 처한 열악한 경제 상황, 세계경제대공황, 취약한 정치적 리더십, 사회심리적 문제, 니체 철학에 기초한 낭만주의 등을 종합적으로 해석함으로써 그 원인을 찾고 있다. 그러나 소수 정파에 불과했던 나치당이 합법적인 과정을 통하여 집권하고 대중들의 열광적인 지지를 받아 나가는 과정과 폭력적인 결과를 단지 정치, 경제, 사회, 문화적 관점으로는 완전하게 설명하지 못하고 있다.

한 단계 나아간 답을 찾기 위해서는 나치당과 지지자들 그리고 피해자들과 방관자들 모두를 관통하고 있는 근원적인 메커니즘을 찾아야 할 것이다. 더구나 나치 파시즘 정권이 저지른 대량의 종족과 민족 학살의 이면에 존재하는 근본적인 요인을 찾기 위해서는 정치, 경제, 사회적인 해석과 함께, 종교, 철학, 정신분석학과 인류학의 도움을 받아야 한다. 조국 사건에 대한 질문과 유사한 질문들이 존재한다. 왜 독일 국민들은 나치에 열광하면서 광란의 폭력 잔치에 동참했을까? 독일 민족주의 및 인종주의가 관철될 수 있는 숨겨진 메커니즘은 무엇인가? 미국 사회에서 벌어지고 있는 인종주의와 쇼비니즘 현상, 일본 사회에서 극우파의 득세 또한 한국에서 벌어진 조국 사건과 본질적인 유사성을 가지고 있지 않을까?

이 질문은 조국 사건의 본질을 해명함으로써 간접적으로 그 해답을 구할 수 있을 것으로 기대한다. 2020년의 한국 사회와 당시 독일 사회를 직접 비교하기는 힘들지만, 한국의 민주개혁 정부가 바이마르공화국으로부터 교훈을 얻을 부분이 있다고 보는 것은 쓸데 없는 우려일까?

2019년에 발생하여 현재진행형인 조국 교수 사건을 어떻게 정의할 것인가? 한편에서는 이 사건을 소위 보수카르텔의 정치공작으로 이해한다. 이 책에서 사용하고 있는 보수카르텔이 의미는 일제 강점기 때부터 조선 또는 한국 사회의 지배층을 이루면서 기득권을 유지해 온 집단의 연합을 말한다. 넓은 의미의 보수카르텔은 약 100년의 기간을 거쳐 형성된 기득권 세력 전체를 의미한다. 이들은 군부 엘리트, 정치집단, 언론, 재벌, 검찰, 사법부, 행정관료, 시민단체, 학교재단, 종교집단, 의료집단, 지역 토호 세력, 문화계 인사 등 사회 각계에 포진해있다. 이 책에서 이번 사건의 핵심 주체로서 등장하는 보수카르텔의 의미는 '기득권을 지키기 위해, 민주적 개혁에 저항하면서, 적극적으로 정치 사회적 행동에 나서는 집단들의 연합체'이다. 구체적으로는 정치검찰, 보수 언론, 보수정당, 일부 사법부 인사, 극우파 시민세력의 연합체를 의미한다.

이 책에서 보수카르텔에 참여하고 있는 언론은 일반적으로 강력한 영향력을 미치고 있는 보수 언론을 지칭하고 있지만, 집단박해의 상황에서 박해에 참여하는 다른 언론도 포함하는 개념이라는 것을 밝혀둔다. '정치검찰과 언론'이라는 용어에서 언론은 정치검찰 및 기득권 정치집단과 연합하여 박해에 어떤 형태로든지 가담하는 언론과 인터넷 포털을 의미한다. 따라서 폭력과 희생양의 진실을 밝히기 위해 노력하는 언론이 이 책의 박해자 개념에 포함되지 않는 것은 당연하다.

조국 사건을 정치적인 맥락으로 해석하는 경우, 보수카르텔, 즉 검찰, 언론 및 정치집단과 그 배후의 이해관계 세력이 사회의 개혁을 저지하거나 지연시키기 위하여 개혁의 상징성을 가지고 있는 조국 교수를 정치적으로 박해한 사건으로 규정할 수 있다. 박해의 주체가 단지 보수카르텔이며 그들이 대중을 선동하고 동원한 것으로 본다면, 박해에 참여하고 동조한 대중들을 대상화하게 된다. 사건의 진행 과정을 면밀하게 살펴보면 대중들은 단순한 객체라기보다는 적극적인 참가자로서 상황을 같이 주도하고 있다고 보는 것이 합리적이다. 그들은 앞서가는 리더들을 지원하고 심지어 견인하는 주체라고 볼 수 있다. 따라서 정치적, 사회문화적인 동기에 의하여 발생한 집단적 박해로 보는 것이 더 포괄적인 정의가 될 것이라고 가정한다.

이 책에서는 조국 사건을 '집단폭력에 의한 조국 교수 박해 사건' (줄여서 조국 사건)이라고 가정하면서 그 정의의 타당성에 대하여 논의하려고 한다. 과연 조국 사건의 밑바탕에 흐르는 사건의 본질적 역학은 무엇인가? 그것의 규명에 따라서 사건을 정의하는 이름이 올바른지 알 수 있다. 만약 조국 사건의 본질적 역학이 보편성을 가진다면 그 메커니즘은 단지 조국 사건만이 아니라 다른 역사적 사건에도 적용할 수 있다. 또한 다른 유사한 사건이 언제라도 일어날 수 있다는 것을 예측할 수 있으며, 이 책에서 부분적으로 다루고 있지만 노무현 전 대통령, 손혜원 전 의원, 윤미향 의원, 박원순 전 시장, 추미애 장관의 사례에도 적용될 수 있다. 그리고 개혁에 앞장서는 또 다른 사람을 대상으로 일어날 집단적 박해에 대해서도 예측할 수 있다. 그리고 많은 시민이 우려하는, 노무현 전 대통령과 같은 사건이 다시 반복되는 시도를 예측하고 예방하여야 한다.

집단폭력과 희생양

르네 지라르는 원시 및 고대 사회의 지속과 보존을 위하여 집단폭력과 희생양 메커니즘이 작동한다고 주장한다. 사회 내부의 갈등 또는 자연적 재앙이 발생하면, 폭력과 보복의 악순환에 빠지게 되며, 내부의 폭력이 절정에 달하면 결국 종족 자체가 사라질 위기에 처하게 된다. 근대에 들어서도 실제로 아마존의 어떤 원시 부족은 폭력과 보복의 악순환을 통해 거의 멸종되었다. 사회 내부의 폭력으로 인한 위기를 극복하기 위해 발견하게 된 방법이 어떤 하나의 대상, 한 사람, 한 가족 또는 소수 집단에 대한 집단살해이다.

> 사람들은 근본적으로 다른 유형의 폭력, 진정으로 단 한번에 모든 폭력을 근절시키는, 결정적이고 자급적인 폭력을 추구하고 있다(*Violence and The Sacred*, 27).

공동체의 위기 상황을 진정시키기 위해 집단의 모든 잘못, 질병과 같은 외부적 위기를 전가할 수 있는 신비하고 효과적인 방법이 필요했다. 인류가 찾아낸 방법은 위기가 절정에 달한 사회의 위기를 한 사람 또는 한 집단에게 만장일치적 폭력을 행사함으로써 해결하는 것이다. 만장일치적 폭력은 희생양에 반대하는 다른 사람들을 하나의 적대감, 유대감으로 통합해낸다. 희생양은 사회의 통합을 위해 무고하게 희생될 뿐, 폭력과 어떤 관련이 없다. 이들을 우리는 희생양이라고 부른다.

폭력은 맹목적 난폭성과 불합리성을 가지고 있다. 희생양은 내부 공동체를 파괴하는 폭력에게 만족할만한 먹잇감을 던져주어 폭력이라는 적을 속이고 다른 곳으로 유인하기 위하여 만들어졌다. 집단폭력은 만장일치로 하나의 희생양을 지향한다. 희생양을 옹호하거나 보호하려는 사람들은 같은 범죄자로 비난받거나 사회에서 배제된다. 집단폭력의 만장일치적 속성은 그 메커니즘 자체의 본질적인 속성이다. 르네 지라르의 이론에 따르면, 폭력은 어떤 성스러운 힘, 즉 알 수 없는 강력한 힘으로 사람들을 지배한다. 폭력은 희생물만을 향하므로 애초의 불만과 분노의 대상이 시야에서 사라진다. 실제 갈등의 원인이 아닌 다른 대상으로 폭력을 이전시키는 것을 희생대체라고 말한다. 희생대체에는 항상 인지불능이 전제되어 있다. 즉, 당사자들은 폭력의 역할을 알 수도 없고 알아서도 안 된다. 희생물을 요구하는 자는 마치 신과 같은 존재이며 폭력을 행사하는 박해자들은 그의 대리자가 된다. 때때로 희생자를 요구하는 자는 정의로운 국가, 공동체이다. 대리자들은 환상에 빠진 "신화의 포로"가 된다.

조국 사건에서 박해자들은 정의로운 검찰이라는 신화, 공정한 언론이라는 신화를 믿는 신자들이다. 극단적인 사람들은 민주개혁 정부가 사회주의와 북한을 추종하는 집단이라는 신화를 만들어내고 신봉한다. 희생제의는 집단 내부의 내적 갈등, 경쟁심, 숨은 원한, 좌절과 분노 등 집단 안에 있는 상호공격 의사와 에너지를 희생물에게 집단적으로 전이한다. 또한 집단폭력은 도처에 퍼져있는 분쟁의 씨앗을 희생물에게 집중시키고 만족감을 주어 방향을 딴 데로 돌려

버린다. 박해자들은 사회적 불만뿐 아니라 사적인 갈등을 희생양을 통해서 일시에 분출시킨다. 직장 상사에게 당한 스트레스를 가족에게 전가하는 사람이나, 고참에게 당한 폭력을 부하 병사에게 분풀이하는 군인처럼 희생양은 손쉬운 폭력의 대상이 된다. 더구나 희생양에게 조금이라도 결점이라도 있으면 그럴듯한 명분을 가진 최선의 대상이 된다.

현대 사회 들어와서 폭력의 양상은 원초적인 물리적 폭력뿐 아니라 정신적 폭력, 심리적 폭력, 사회문화적 폭력으로 급속히 진화하고 있다. 이러한 폭력들은 직접적으로 신체적 위해를 가하지는 않지만, 한 사람의 인격 자체를 말살하거나 훼손시키는 방식으로 나타나고 있다. 희생자들이 느끼는 공포와 수치에 대하여 폭력을 가하는 사람들은 무지하거나 애써 무시하기 때문에, 그들 스스로가 폭력의 가해자라고 생각하지 않는 경향이 있다. 또한 모방적인 집단폭력의 경우, 가해자들은 집단의 위장막 뒤에 존재하기 때문에, 그들은 정의로운 투사라고 착각하며 전혀 죄의식을 느끼지 못하게 된다. 정보화 시대에 사는 대중들은 정보의 소비자일 뿐 아니라 생산자로서 적극적으로 사회에 관여할 수 있는 기술적 수단을 가지고 있다. 자동차가 손쉽게 흉기로 변할 수 있듯이, 스마트폰이 다른 사람을 해치는 무기로 변하는 것은 운전 사고보다 훨씬 쉬운 일이 되었다. 다른 말로 표현하면, 모든 사람이 즉각적으로 싸울 준비를 갖춘 전사가 되었다.

모방폭력

폭력은 모방에 의한 강력한 전염성을 가지고 있다. 르네 지라르는 폭력이 물리학의 법칙을 따르는 일종의 유체와 같은 성격을 가지고 있다고 표현하고 있다. 폭력은 물리적으로 전기자기장이나 태풍처럼 움직이는 실체와 같이 작동한다. 즉, 어떤 개인이나 집단에게 고정된 개체적 성격을 가지는 것이 아니라 개인과 집단의 내부와 외부의 경계를 자유롭게 넘나드는 성질을 가지고 있다. 이렇게 내부와 외부의 경계, 개인의 담장을 무너뜨리는 힘은 모방이다. 모방의 힘에 의해 전파력을 가진 폭력을 모방폭력이라고 한다.

1994년 아프리카의 르완다에서는 역사상 가장 짧은 기간에, 가장 많은 사람이 살해되었다. 1994년 4월 7일부터 3개월 동안 총과 마테체(밀림용 칼)를 든 후투족 사람들에 의해 백만 명이 죽었다. 놀라운 것은 이러한 대량 살상의 범인들 중 다수는 군인, 경찰이 아니라 평범한 국민이었다는 사실이다. 어제까지도 인사를 나누고 밥을 같이 먹던 이웃을 살해한 자들 중에는 의사, 선생과 종교인도 있었다. 살해의 대상은 벨기에 식민지 지배자의 분할통치에서 특혜를 누린 투치족이었다. 역사적 원한에 사무친 후투족은 경쟁 부족인 투치족과 투치족에게 우호적인 후투족 전부를 살해하여 인종을 청소할 계획이었다.

집단적인 살해를 정치적으로 기획하고 주도한 집단은 '아카주'라는 기득권 세력이었고, 물리적 폭력조직은 '임트라함웨'라는 민병대였다. 그러나 이 사건의 진짜 주범은 언론이었다. 집단 증오를 확산시키고, 사람들을 평범한 시민에서 살인자로 둔갑시킨 것은 '아카주'가 장악하고 있던 국영 라디오 방송이었다. 국영 라디오 방송의 "바퀴벌레를 박멸하라"는 선동을 신호탄으로 다수의 후투족은 살인마로 변신하였다. 백만 명을 3개월 만에 죽일 수 있었던 것은 엄청난 전염성을 가진 '모방폭력이라는 바이러스'에 그들이 감염되어 평범한 살인자로 나섰기 때문이다.

집단폭력은 전염병처럼 모든 접촉자들을 불순하게 만드는 성격을 가지고 있다. 폭력이라는 바이러스는 방송 전파와 소셜미디어를 통해 광범위하게 전파되며 안방과 지하철과 온라인 공간에서 면역을 가지지 않은 사람들을 쉽게 전염시킨다. 이것은 인간이 가지고 있는 모방욕구가 강력한 소용돌이를 만들면서 퍼져나가기 때문이다. 폭력은 모방되어 순식간에 증폭된다. 모방폭력은 집단폭력을 만들어내는데, 집단폭력은 개인 수준의 폭력과 비교할 수 없는 강력한 에너지를 가지게 된다.

르네 지라르는 폭력을 모든 것을 삼키는 불의 속성에 비유하고 있다. 폭력은 사람들이 그것을 억제하려고 할수록, 그 장애물들을 자신의 작용수단으로 바꾸어, 오히려 활활 타는 에너지원으로 바꾸어 버린다. 사실을 조명하거나 희생양 박해의 부당성을 외치는 목소리는 오히려 불쏘시개가 되고 만다. 한편, 폭력이 확장되는 양상은 바이러스가 태풍처럼 휩쓸고 가는 것과 같다. 집단적 대의의 명분하에 진행되는 희생양 만들기는 태풍처럼 사회를 휘몰아친다. 태풍의 핵이 한번 만들어 지면 에너지가 소멸하기 전까지 그치지 않는다.

이 태풍은 구성원의 지적 감각을 마비시켜 인지불능의 상태로 만든다. 태풍이 다가오면 대부분의 사람은 거기 휩쓸리거나 움츠릴 수밖에 없다. 가짜뉴스 공장에서 생산되는 디지털 정보가 순식간에 퍼져나가는 것은 온라인의 전자파와 인간의 뉴런을 움직이는 전자파가 폭력을 매개로 신속하게 결합되기 때문이다. 군중은 모방을 통하여 폭력적 메시지를 받아들이고 다시 강력한 전자파를 발산하는 주체가 된다. 특히 언론 미디어의 메시지는 자양분이 되어 군중의 바다에서 강력한 전자파 태풍의 에너지가 생성된다.

희생양에 대한 박해 정보를 적극적으로 취득하고 전달하는 결정과 행동의 이면에는 강력한 동기가 은폐되어 있다. 그것은 집단적 폭력성이라는 원시적 사회성이다. 원시적 사회성은 현대 문명사회 시민의 정치 사회적 관심이라는 가면을 쓰고 있다. 폭력의 에너지는 어디에서 오는가? 그것은 사회구성원의 모방욕망으로 인한 온갖 불만들이다. 모방폭력에 빠진 사회에는 잠재되어 있는 사회적 위기를 집단폭력, 희생제의적 방식으로 전환시켜 폭력을 방출시키는 원리가 작동한다.

집단폭력이라는 바이러스

폭력이라는 바이러스는 숙주의 면역체계를 교란시키는 탁월한 능력을 가지고 있다. 지성과 이성, 공감과 동정이라는 면역세포, NK세포와 T세포의 면역 기능은 억제, 마비된다. 인간성이라 부르는 정상적인 인체의 기능은 잠시 정지된다. 바이러스의 작동은 마치 종교집회의 엄숙한 합창과 클럽의 열광적인 춤사위를 섞어놓은 듯 현란하고 교묘하며 한편 기괴한 방식으로 진행된다. 이들은 성스러우면서도 열광적인 종교적 축제를 벌이고 있는 것 같다. 축제가 절정에 이르면, 결국 신자의 손에 처형 도구를 쥐어주는 것은 언론이다. 언론은 의식적, 무의식적으로 바이러스를 배양하고 확산시키는 기술을 체득하고 있는 과학자들이다. 현대 사회에서 바이러스에 감염된 시민들은 칼이나 돌 대신 스마트폰 또는 입을 무기로 살육에 참가한다. 그들은 희생양을 무덤으로 보내고 나서야 안도한다.

현대 사회에서 그들은 희생양을 초월적인 심판의 장소, 재판정으로 보내면서 사회의 공정성을 실현했다고 믿고 있다. 그러나 그들은 희생양이 재판정 문 앞에 가기도 전에 사실상 그를 땅에 묻어 버렸다. 박해자들은 법적 심판 이전에 집단 처형을 끝내버렸다. 이들은 스스로 무엇을 했는지 인지불능의 상태에 빠져 있는 것이다. 따라서 그들은 죽은 자의 재판에 관심이 없다. 희생양은 고졸로 추정되는 총장이 주인으로 있는, 어느 대학교의 표창장을 이용하여, 딸을 대학원에 보냄으로써 국가의 기강을 무너뜨리고, 집단의 평화를 깨뜨렸다. 그는 이미 유죄판결을 받아 대역죄인이 되었고, 사회에서 추방되어 무덤에 유폐되었다.

이제 사법재판은 묘지에 비석을 세워주는 절차일 뿐이다. 기자들이 조국 가족의 오전 재판에만 참석하는 이유는 오전에 나오는 옛 사형집행인의 목소리를 통해 희생제의를 기념하기 위한 것이다. 그들은 오후에 나오는 희생자를 변호하는 목소리에 관심이 없다. 희생양의 목소리는 이미 심판 받은 죽은 자의 공허한 메아리라고 믿고 있다. 왕의 시종에 대한 집단폭력의 희생제의는 끝났고, 사법적 판결은 그들의 관심사항이 아니다. 역사적으로 면역이 의심스러운 재판관들이 바이러스의 숙주 역할을 할 것인가라는 문제가 남아있긴 하지만, 태풍은 바이러스를 전역에 뿌려놓고 지나갔다. 작은 바이러스로부터 펜데믹이 실현되었다. 사회의 모든 방역장치는 성공적으로 무력화되었다.

법률과 사법제도는 바이러스의 감염을 억제하고 치유하는 최소한의 사회적 장치이다. 민주적 헌법을 가진 현대적 사법제도하에서 모든 국민은 법으로부터 보호를 받을 권리를 가진다. 그리고 변호인의 지원하에 세 번의 숙고를 거친 법적 결정이 내려지기 전까지는, 어떤 국민도 죄인으로 취급되지 않는다. 그리고 이러한 무죄추정의 원칙이 사회적 문화로서 정착된 정도가 그 사회의 문명적 개화의 척도이다. 왜냐하면 근대 사법제도는 인간 사회가 빠지기 쉬운 폭력의 유혹을 제어하기 위한 장치로서 사적인 집단린치가 아니라 사법적 대리제도를 두고 있는 것이기 때문이다.

그러나 희생양에게 폭력을 행사하는 박해자들은 스스로 심판관이 된다. 박해자들은 그들이 가지고 있는 사회적 권력을 최대한 이용하여 희생양의 조작, 판단, 집행을 위해 유기적으로 협력한다. 사실상 정상적인 사법적 절차는 하나의 형식적 명분에 불과하다. 희생양에 대한 집단박해는 현대적 사법질서를 초월하여 다른 차원에서 움직이고 있기 때문이다. 그들은 희생양 살해 그 자체가 목적이기 때문에, 어떤 방법을 동원해서라도 살해의 정당성을 찾아낸다. 박해자들은 애초부터 수년이 소요되는 사법적 판단을 기다릴 여유가 없다. 그렇게 될 경우, 아예 시작도 하지 않았을 것이다. 사법부의 판단이 내려져, 아주 작은 혐의라도 유죄가 된다면 희생양의 죽음은 정당화될 것이고, 희생양이 모든 면에서 무죄가 된다면 판사를 비난하고 그 판사를 다음 희생양의 목록에 추가하는 것으로 만족할 것이다.

폭력과 인지불능

르네 지라르에 따르면, 인간은 폭력적 본능의 포로이다. 거의 모든 동물들은 폭력에 대한 제어 메커니즘을 가지고 있어서 싸우더라도 동족을 죽음에까지 이르게 하는 일이 거의 없다. 이는 종족 보존을 위한 기본적인 본능이다. 그러나 인간은 이와 유사한 메커니즘이 없다. 인간은 같은 종족을 대량 살상하는 거의 유일한 동물이다. 동물과 달리 인간은 사회적 욕망으로 인하여 동족을 살해한다. 이 폭력을 근원적으로 제어할 수 있는 메커니즘이 없는 것으로 인하여 인류사의 비극이 시작되었다. 한편, 인류는 최선은 아니지만 무서운 폭력의 두려움으로부터 탈출하기 위하여 폭력을 억제하거나 부분적으로 발산할 수 있는 장치들을 만들어 왔다. 그러한 고민과 노력으로부터 인류 사회의 문화가 만들어졌다. 종교, 정치, 사회제도의 초점은 폭력으로 인한 공동체의 몰락을 방지하고 사회적 갈등을 통제하기 위한 것이다.

르네 지라르가 주장하는 희생양 집단살해의 메커니즘은 폭력으로 폭력을 억제하는 메커니즘으로서, 근원적으로 인류 사회문화의 본질에 영향을 미치고 있다. 이 메커니즘은 인간 사회의 모든 영역에서 영향을 미치고 있다. 평화로운 것처럼 보이는 시대에 사는 사람들은 살인, 강도와 같은 폭력의 개인적인 양상에 초점을 맞춘다. 마치 일부 개인의 일탈이 문제인 것처럼 기능적으로 문제를 해석한다. 그러나 그것은 착각이다. 폭력은 역사적 전승과 사회 구조를 통하여 인간의 삶에 깊게 뿌리내리고 있다. 어떤 선량한 사람도 폭력의 그물로부터 벗어날 수 없다. 정치, 경제, 사법, 문화, 학문, 종교의 모든 영역에서 폭력과 비폭력의 전쟁이 벌어지고 있다. 구조, 제도, 법령, 여론, 관습을 둘러싸고 폭력적인 문화의 지속과 변화의 힘겨루기가 진행되고 있다.

좁은 텃밭에서 식물들을 키워보면, 겉으로는 햇빛을 많이 차지하기 위하여 경쟁하는 것처럼 보이지만 진정한 전쟁은 땅 속에서 진행되고 있는 것을 알 수 있다. 뿌리들의 전쟁이다. 보이지 않는 곳에서 식물의 생존과 성장이 결정되는 본질적인 전쟁이 벌어지고 있다. 개인적 범죄도 직접적 또는 간접적으로 희생양에 대한 집단폭력과 밀접한 연관성을 가지고 있다. 개인적인 폭력은 집단적인 폭력으로부터 학습되고, 동력과 정당성을 얻는다. 폭력의 포로인 인간들은 스스로를 자유인으로 착각하며 살고 있을 뿐이다. 폭력을 발생시키는 뿌리를 탐구하지 않으면, 폭력을 근절시킬 수 없다. 르네 지라르의 업적은 폭력이 세계와 인간의 의식 속에 뿌리를 내리는 메커니즘을 찾아서 폭로한 것이다.

사람들은 사나운 짐승의 공격, 자연 재난 그리고 사회적 갈등을 통해서 폭력을 경험한다. 이러한 경험을 통하여 폭력은 사람에게 내재된 속성으로 보기보다는 외부의 어떤 힘으로 인식된다. 특히 폭력의 강도와 충격이 큰 집단폭력의 경우, 사람들은 폭력이 집단의 초월적인 힘으로 존재한다고 착각할 수밖에 없다. 사람들이 집단폭력에 쉽게 가담하는 이유도 외부의 힘에 의존함으로써 개인적 차원의 성찰과 판단의 수고를 쉽게 회피할 수 있기 때문이다. 더구나 외부에 환상적인 명분이 있다면 그것은 거스를 수 없는 운명과 같은 것이

되어 버린다. 폭력과 죽음의 충동을 운명이나 본능 또는 신의 섭리로 보는 것은 폭력에 대한 인간의 책임을 회피하게 만드는 대대로 내려온 환상이다. 인간들이 환상에 빠짐으로써 폭력은 쉽게 인간을 지배할 수 있게 된다.

폭력의 집단 전이가 위험한 것은 사람들로 하여금 그것이 폭력이라는 사실을 모르게 한다는 것이다. 폭력은 인간의 바깥에 있는 그 무엇이 되어 다른 것으로 용해된다. 그 다른 것은 성스러움, 죽음, 질병과 같은 신비로운 것이다. 집단폭력과 희생양 살해의 진실은 신화와 진화된 제의, 이데올로기의 콘텐츠에서 은폐되어 사라지며, 사람들은 폭력에 관한 한 무지의 상태에 빠진다. 폭력에 대한 인지불능이야말로 폭력의 순환을 위한 전제조건이기 때문에 폭력은 그 얼굴을 교묘하게 숨기고 있다. 르네 지라르는 역사적으로 볼 때 불행하게도 인류 사회가 폭력에 대한 해석에 게으르고 자주 망각하는 것은 저주에 가까운 현상이라고 한탄하고 있다. 박해자의 역사책에서 집단폭력의 흔적들은 제거되어 왔으며, 무고한 희생자는 사라지거나 왜곡되어 왔다. 역사의 기록은 직접적이든, 간접적이든 주로 박해자의 기록이다. 근대에 들어서야 희생양과 그의 변호인들은 종교와 같은 권위를 빌리지 않고도, 그 실체를 밝힐 수 있는 자유를 얻게 되었다.

만장일치적 폭력과 연좌제

예전의 개인 상호간의 적대관계는 한 사람에 대항하는 모든 사람의 일치된 적대관계로 바뀌어버린다(*Violence and The Sacred*, 78).

르네 지라르의 해석에 따르면, 폭력은 만장일치를 지향한다. 집단폭력은 이견을 용납하지 않는다. 다른 의견, 상반된 비난들은 급속하게 득세하는 단 하나의 비난으로 수렴된다.

모든 비난을 한 곳으로 집중시키는 것, 만장일치는 어디에서 오는 것일까? 어떻게 그것이 가능하게 되는 것일까? 르네 지라르 이론의 한 축을 이루는 것은 '모방에 의한 차이의 소멸'이다. 집단적 차이의 소멸은 사회구성원들이 가지고 있는 각자의 지위, 입장이 해체되어 사라지고 집단에 동일화되는 것을 의미한다. 사회 안에 모방경쟁이 일어나면 갈등과 비난이 고조되고, 개인 간의 차이가 소멸하는 방향으로 진전된다. 차이의 소멸은 분쟁의 원인이자 결과로서 동시에 기능한다. 개인 또는 집단 간의 차이가 소멸되는 것은 강력한 모방의 결과이다.[*]

사회에 갈등이 고조되면 출구를 모색하게 된다. 그 출구로서 사회는 모든 비난을 안고 희생되는 한 사람을 찾게 된다. 선택된 희생양에 대한 비난은 강력한 모방의 회오리를 만들어서, 개인적 불만은

---

[*] "3장_ 차이의 소멸과 모방욕망" 참조.

하나의 지점, 희생양 비난으로 수렴된다. 조국 교수를 범죄자로 낙인을 찍은 후에는 어떠한 이의제기도 용납되지 않는다. 그 신성화된 진실은 토론의 대상이 되지 않는다. 합리적인 휴머니스트들이 조국을 범죄자로 주장하는 사람들과의 토론에서 이길 가능성은 없다. 조국 사건은 논리, 진실의 문제가 아니라 모방의 문제이다. 문서의 복사기에는 진위판별, 수정, 보완의 기능이 없다. 계속해서 만들어진 복사본들은 원본의 진위를 따지지 않고 퍼져나간다.

집단폭력의 만장일치적인 속성은 정치적으로는 전체주의의 본질과 유사하다. 대부분의 전체주의 사회에서 정치경제적 경쟁자, 저항세력 및 소수집단에 대한 집단박해가 일어난다. 전체주의 사회의 정치적 기반이 집단폭력에 동조하는 광범위한 대중에게 있다는 것은 잘 알려진 역사적 사실이다. 조국 교수에 대한 비난을 주도하거나 동조하는 핵심세력이 독재정권에 그 뿌리를 두고 있다는 것은 시사하는 바가 크다. 희생양 박해에 반대하는 사람은 살해의 위험에 빠질 수밖에 없기 때문에, 저항하는 사람들은 죽음을 무릅쓰는 모험을 감수해야 한다.

원시 고대 사회에서 결국, 모든 사람이 집단폭력에 가담하게 되는 경우, 희생양 박해에 대하여 마지막까지 저항하는 것은 그의 가족이다. 그래서 고대 그리스 사회는 연고가 별로 없는 노예, 노약자들을 파르마코스로 만들었다. 그러나 만약 희생양에게 가족이 있는 경우, 박해자들은 가족을 협박하거나 회유하여 희생양 처형의 만장일치적 정당성을 확보하기 위하여 노력한다. 그러나 남편 또는 아내가 끝까지 저항하는 경우 그들 또한 함께 처형되었으며, 그들의 아이들도 같은 운명을 겪는다.

희생양 가족의 살해는 복수를 예방하기 위한 대책이다. 이러한 고대의 전통은 근대까지 이어진 연좌제의 기원이라고 볼 수 있다. 전체주의 사회에서 자녀들이 부모를 고발하는 현상은 집단폭력의 만장일치적 성격 및 가족 처형 관습에서 유래한다. 독재정권에서 경쟁자와 저항하는 시민들을 이데올로기적으로 정죄하여 제거하는 가장 일반적인 방식도 적대 국가 또는 단체의 간첩, 즉 넓은 의미의 가족이라는 혐의를 씌우는 것이다. 가족을 함께 살해하는 전통은 조국 사건에서 동일한 현상으로 나타난다. 희생양 조국 교수의 가족은 현대판 연좌제가 적용되어 같이 처형되었다.

현대 민주주주의 헌법의 기초는 집단이 아닌 인간, 즉 개인의 권리와 의무이다. 현대 국가의 법률은 한 개인을 가족이나 집단으로부터 분리하여 폭력으로부터 보호하는 기능을 가지고 있다. 보도에 따르면 스스로 헌법주의자라고 주장하는 검찰총장은 '부부동일체'라는 기상천외한 논리를 내세워 장관 지명자의 사퇴를 주장하였다. 연좌제의 정신은 집단폭력을 주도하는 박해자의 정신과 맞닿아 있다.

희생양의 징후

　르네 지라르에 따르면, 희생양은 본질적으로 우연하게 선택된다. 그러나 희생양은 몇 가지 필요한 조건을 충족해야 한다. 희생양은 사람이든 동물이든 가능한 한 집단의 구성원과 많은 유사성이 있어야 한다. 동물의 경우 집단 주변에서 인간과 함께 생활한 가까운 가축이 대상이 된다. 한편, 기초적인 유사성과 함께, 보편적인 집단과는 다른 예외적인 면도 존재해야 한다.

　사람의 경우 몇 가지 사례 집단이 있다. 첫 번째는 전쟁포로, 노예, 장애인, 체류 외국인, 어린이 등 사회에서 배제되었거나 배제할 수 있는 주변인이다. 두 번째로는 왕과 그의 신하들처럼 높은 직위 자체로 인하여 일반 사회로부터 분리된 사람들이다. 현대 사회에 이르면 정치인, 연예인 등 대중에게 잘 알려져 있는 유명인이 그 대상이 되기도 한다. 또한, 희생양 선택의 기본적인 기준은 희생양으로부터의 보복 가능성이 없거나 적어야 한다는 것이다. 노예, 외국인과 같은 주변인들은 그들의 특수한 신분으로 인하여 보복의 위험이 적은 반면, 왕의 경우는 어떤 아프리카의 왕처럼 관습적, 제도적인 희생장치가 있거나 권력이 취약한 경우이다. 특히 왕의 측근에서 보좌하는 궁정 가신의 경우 그의 특수한 위치로 인하여 왕을 대신하는 희생양, 또는 질투의 대상으로서 희생양이 될 수 있는 가능성이 높다.

　복수의 위험이 적은 희생양을 선택하는 것은 일종의 강박관념과 유사하여 희생양의 선택과 살해는 보복 가능성을 없애는 방향으로도 진행된다. 이를 통하여 노무현 전 대통령과 조국 교수에 대한 인격 살해, 가족과 지인에 대한 박해가 그토록 잔인하고 무차별적으로 진행되어 결국 저항할 수 없는 상태로 만들려고 한 이유를 추론해볼 수 있다. 그러나 희생양 선택은 궁극적으로는 이해하기 어려운 기이하고 변화무쌍한 현상으로 밑바닥의 선택 논리는 은폐되어 있기 때문에 어떤 일관성 있는 현상으로 보이지 않을 수 있다.

르네 지라르는 오이디푸스 신화를 해석하여 신화의 오이디푸스가 실제로 테베왕국의 희생양이었으며, 희생양의 전형적인 징후를 가지고 있다는 것을 밝히고 있다. 어떤 사람이 희생양 징후를 많이 가질수록 그가 희생의 목표물이 될 확률은 높아진다. 오이디푸스는 업둥이라는 불행한 태생의 비밀, 이방인이라는 신분과 갑자기 왕이 된 이력으로 인하여 많은 희생양의 징후를 가지고 있다. 오이디푸스는 기구한 운명에 따라 테베왕국에서 버려지지만, 테베로 돌아와 왕이 된다. 그는 전염병이 창궐하자, 친부살해와 근친상간의 범죄자인 것이 밝혀져 도시에서 추방된다.

그런데 신화에 감추어져 있는 진실은 오이디푸스 왕으로 표현되는 어떤 왕이 테베의 위기 속에서 희생양으로 추방된 사건이다. 당시의 위기상황과 희생양 추방이 사회에 준 충격이 아주 컸기 때문에 그 사건은 설화와 신화의 형태로 각색되어 전승되다가 결국 소포클레스의 〈오이디푸스 대왕〉이라는 문학작품이 되었다. 프로이드가 친부살해와 근친상간의 메타포를 이용해서 정신분석학의 오이디푸스콤플렉스 이론을 정립함으로써, 오이디푸스는 '희생과 폭력'의 메타포가 아니라 심리학 콤플렉스의 메타포가 되었다.

노무현과 조국은 왜 희생양이 되었는가?

　왜 조국 교수는 희생양으로 선택되었는가? 조국 교수 이전에 유사한 메커니즘에 의하여 박해 받은 희생양이 있었다. 그는 21세기 초반, 한국 정치사의 주인공으로 등장한 노무현 전 대통령이다. 한국 현대 정치사에서 노무현 전 대통령만큼 극적인 인생을 산 사람도 드물다. 노무현 전 대통령은 가난한 집안에서 태어나 부산상고를 졸업하였다. 대학을 다니지 않았음에도 사법고시를 합격하여 판사로 재직하다 변호사가 되었다. 능력 있는 세무전문 변호사에서 인권 변호사로, 무명 정치인에서 청문회 스타 국회의원으로, 비주류 국회의원에서 대통령이 된 인물이다. 학력의 위계질서가 강한 한국에서 고등학교만 졸업한 사람이 법조인으로 출세를 하는 것도 어렵지만, 대통령이 된 것은 기적과도 같은 일이다. 이러한 입지전적인 삶은 마땅히 존경과 경외의 대상이 될 수 있다. 그러나 그의 특이한 이력은 기존 집권세력 입장에서는 이방인이 갑자기 행정 권력을 장악한 충격적 사건이었다. 기득권 사회의 입장에서 그는 고학력 사회의 무단 침입자로 보였다. 어느 무법자 같은 이방인이 갑자기 왕이 된 것이다. 노무현 전 대통령의 등장은 가까운 미래에 학력과 권력과 재력의 복합체인 기존 사회질서가 붕괴될 수 있다는 신호탄이었다.

　새로운 왕을 제거하고자 하는 탄핵이 실패하자 사회를 지배하는 세력들의 위기의식은 증폭되었다. 모든 유치한 비난이 노골적으로 쏟아져 나왔다. 비난은 경쟁적인 모방으로 가속화되었다. 박해자들의 유치한 우월감과 열등감, 모욕감, 수치심, 초조함, 질투, 냉소와 무시는 보수와 진보를 가리지 않고 거의 만장일치적 비난으로 나타난다. 사회의 모든 문제의 근원은 대통령이었다. 장사가 잘 안되어도 대통령 탓, 몸이 아파도 대통령 탓이었다. 당시 야당이던 한나라당은 의원들이 직접 출연한 환생 경제라는 코미디 같은 연극까지 만들어서 노골적으로 당시 대통령을 조롱하였다. 여론을 장악한 언론 권력의 노골적인 비난과 멸시는 전염병처럼 군중들에게 퍼져나갔다. 군중에게 퍼진 전염병은 역으로 모든 언론에게 동력을 제공하여 이제 군중들에게 계속 바이러스를 공급하지 않으면 안 되는 유기적인 순환구조가 만들어졌다. 소비자 마케팅 기법으로 중무장한 언론의 노무현 전 대통령 죽이기 광고는 임기 내내 지속되었으며, 퇴임 후 그 피날레를 장식한다.

가족과 지인들에 대한 연좌제 방식의 탄압은 막 퇴임한 대통령에 대한 직접적인 공격으로 이어졌다. 논두렁 시계와 같이 전혀 근거 없는 거짓 선전과 선동은 영화적인 효과를 발휘하여 입지전적인 인물의 인격에 비수를 꽂는다. 이 모든 처참한 상황에서 그는 스스로 목숨을 끊기로 결단한다. 이제 집단폭력에 의한 물리적인 희생양 처형이 완성된다. 그의 죽음에는 당시 정보 권력, 검찰 권력, 언론 권력, 국회 권력 그리고 디오니소스 축제에 빠진 군중들이 모두 관여했다. 모두 공범자들이다. 그리고 또 하나의 범인은 침묵했던 방관자들이며, 예수의 수제자 베드로처럼 비겁하게 주군을 부인하거나 방치했던 동료와 제자들이다.

노무현 전 대통령이 희생양으로 지목된 원인은 오이디푸스 왕과 유사하다. 그는 비주류 출신의 왕이었다. 그리고 고졸 출신이라는 약점을 가지고 있어서, 입지전적인 신화를 무능의 신화로 만들기에 적절했다. 오이디푸스 왕이 중범죄자로 비난 받은 것처럼, 노무현 전 대통령은 부패와 무능의 범죄자로 비난 받았다. 그리고 그는 통치 과정에서 보복의 가능성이 없다는 것을 보여주었다. 권력을 상실한 후, 고향으로 돌아간 그의 행적과 지지층의 이완은 보복 가능성을 거의 없는 것으로 보기에 충분했다. 노무현 전 대통령은 전형적인 희생양의 징후를 가지고 있었다.

조국 교수는 노무현 전 대통령과는 다른 면에서 희생양의 징후를 가지고 있다. 조국은 기득권력 집단의 관점에서 보면, 자기 집단의 사생아처럼 보인다. 그는 기득권 주류 사회와 잘 어울리는 출신과 인상을 가지고 있다. 조국 교수는 비교적 유복한 가정에서 태어나 한국에서 최고로 평가 받는 서울대학교 법학과를 졸업했다. 학생 시절 진보운동에 참여했던 그의 비판적 지성은 교수가 된 후에도 시민운동 참여로 이어졌다. 일반적으로 서울대 법대를 졸업한 대부분의 학생이 사법부와 행정부와 대기업의 주류 사회에 편입된 것과는 달리 그는 주류 사회의 개혁을 외치는 소수자의 자리에 남았다. 그러나 그는 새로운 개혁 정부의 기획자로서 대통령의 신임을 받아 민정수석이 되었다. 그의 탁월한 지적 능력, 적절한 부유함, 지위, 귀족적 풍모는 부러움의 대상이 되기에 충분했다. 기득권 집단에게 장관 지명자로서의 조국은 직접적인 위협이자 질시의 대상이 되었다. 그는 대통령의 강력한 신임을 받는, 분신과 같은 상징성을 가지고 있었다. 희생양의 징후는 부족함뿐 아니라 예외적인 완벽함에서도 나온다. 너무 아름다운 미녀는 질투의 대상이 된다. 아름다움의 신화를 위협할 수 있는 조그만 인간적 약점이라도 발견되면 질투가 박해로 전환될 수 있다.

한편 조국 교수는 그가 권력을 행사할 수 있는 지위에 있었음에도 불구하고 복수의 위험이 상대적으로 적어 보였다. 일반적으로 공적 사법체제를 옹호하고 민주적 과정을 지지하는 집단이나 인물은 복수의 위험이 적다는 약점 때문에 희생양으로 선택되기 쉽다. 이와 대조적으로 희생양을 박해하는 자들의 사고는 사실상 사법체제를 초월한 영역에 있기 때문에 그들에게 사법체제는 희생양을 박해할 수 있는 하나의 수단에 지나지 않는다. 즉, 모든 시스템과 힘은 박해와 방어의 무기가 되기 때문에 사실상 박해자는 사법체제의 보호 하에서 사법체제를 자유롭게 이용하면서도 실제로는 이를 부정하고 있다. 박해자들은 모든 폭력의 무기를 취득하고자 하며, 사법 권력도 폭력을 위한 사유화의 대상이 되고 박해의 정당성을 부여하는 울타리가 된다. 민주주의를 지지하는 집단은 보복의 위험이 적다고 보기 때문에 오히려 박해자들은 손쉽게 그들이 지지하는 희생양을 선택하고 돌무덤에 묻어버릴 수 있었다. 박해자들은 사법체제라는 방어벽으로 조국 교수에 대한 박해에 수반되는 복수를 막을 수 있다고 생각했다. 그러나 그것이 오산이었다는 것을 알게 되는 것은 그리 오래 걸리지 않을 것이다

마지막으로 결정적인 요인은 조국 교수가 대통령의 분신으로서 인정받고 있었다는 사실이다. 조국 교수는 대통령과 집권세력을 대신하는 상징성을 가지고 있었다. 그는 왕을 대신하는 가신이었다. 그는 왕에 대한 모든 반감을 흡수할 수 있는 위치에 있었다. 그것으로 조국 교수는 희생양이 될 수 있는 최상의 조건을 충족하였다.

희생양 메커니즘의 필요 조건

어떤 사건이 있을 때 그것이 진짜 희생양 메커니즘이 작동하는 것인지를 어떻게 알 수 있는가? 르네 지라르는 집단적 폭력과 희생양 이야기를 결정하는 전형적인 요소로 네 가지를 들고 있다. 첫 번째는 이야기의 배경을 이루고 있는 사회 문화적 위기이다. 희생양 메커니즘은 우연이 아니라 사회적 필요에 의해 결정된다. 따라서 희생양 박해가 절실하게 필요한 사회적 동기가 존재하는가를 잘 살펴야 한다. 두 번째는 희생양에게 사회적 질서를 훼손한 혐의를 두고 있는가 하는 점이다. 희생양이 사회의 질서, 법률, 금기를 무너뜨림으로써 사회적 위기의 원인을 제공한 것이 되어야 하기 때문이다. 세 번째는 앞 장에서 얘기한 희생양으로 선택되는 전형적인 징후가 있는가 하는 점이다. 네 번째는 실제로 희생양에 대한 폭력이 실행되었는가 하는 점이다.

르네 지라르의 오이디푸스 신화 해석은 희생양 살해라는 전형적이고 상투적인 이 네 가지 특징을 보여주고 있다. 전염병이 테베를 덮는다. 전염병은 공동체를 뒤덮는 위기의 먹구름이다. 오이디푸스는 전염병의 용의자로 지목된다. 왜냐하면 그는 예언자가 지목한 근친상간과 친부 살해범이다. 범인을 처형해야 전염병이 물러갈 것이다. 오이디푸스는 왕이지만 절름발이이며 실질적인 이방인이다. 또한 업둥이다. 오이디푸스는 사회에서 추방된다. 우리는 집단폭력의 진실을 최대한 숨기고자 하는 신화 속에서도 희생양 집단박해라는 진실의 실마리를 찾아낼 수 있다. 이 오이디푸스의 전형적 사례는 희생양 메커니즘의 필요조건이 모두 충족되고 있으며, 신화는 오이디푸스가 무고한 희생양임을 암시하고 있다.

희생양에게 모든 죄가 있다는 신화는 사회적 갈등이 증폭되는 곳에서 만들어진다. 2017년에서 2020년까지 한국은 박근혜 전 대통령 국정농단 사건, 최초의 대통령 탄핵 사태, 개혁 정부의 탄생, 지방 정부의 교체, 검찰과 언론의 개혁이라는 숨 가쁜 흐름으로 전개되고 있다. 해방 후, 사실상 권력을 지키고 있는 기존 권력의 위기가 가시화되고 있다. 국정농단과 탄핵이라는 우연으로 보이는 사건은 역사적 필연의 흐름이 되었다.

소위 보수층은 노령화되어 사회에서 실무적으로 중요한 지위에서 은퇴하고 있다. 가장 실제적으로 기존 권력을 보호하던 검찰이 수술대에 올랐다. 스마트폰의 보급과 뉴미디어의 약진으로 기존 언론의 영향력은 퇴조하고 있다. 물론 아직도 경제 권력과의 관계는 견고하지만, 그들은 본질적으로 최종 소비자인 시민들의 눈치를 보지 않을 수 없다. 75년 지배체제에 결정적인 위기가 찾아온 것이다. 1960년대 초반과 1980년대 초반의 정치적 위기는 강력한 군부 엘리트 집단이 민중의 저항을 억압함으로써 해결해냈다. 그러나 2019년의 위기는 힘의 균형추 자체가 흔들리는 국면으로 나타나고 있다. 특히 기존 권력 집단의 정당성을 보증하던 한반도의 냉전체제가 흔들리기 시작했다. 특히 기존 권력 카르텔을 전면에서 떠받치고 있는 검찰과 언론 권력의 위기의식은 폭발 직전이다.

위기상황을 돌파하기 위해서는 위기의 무차별적인 사회화가 필요하다. 모든 사람이 그들의 위기의식에 공감하게 하기 위하여 지속적으로 정치, 경제, 안보, 사회문제를 제기하였다. 그러나 그러한 의제들은 본질적으로 정치 진영 사이 논쟁의 성격을 가질 수밖에 없기 때문에 파급력은 제한적이었다. 그들이 조국 교수를 선택한 것은 먼저 검찰개혁에 대한 견제에서 시작했지만, 사태는 예상 밖의 결과로 진행되었다. 조국 교수가 입시 비리와 금융사기의 범죄자라는 의혹이 폭발했다. 입시라는 교육 문제와 빈부격차라는 경제 문제는 국민들의 잠재된 불만이 누적된 화약고와 같다. 그 문제들의 역사적 원인과 대책에 대한 논의는 설 자리가 없다. 모방적 경쟁은 합리적인 근대적 정신을 넘어 고대 사회의 본능에 호소한다. 어차피 조국 교수가 범인이 되어야 하는 상황이 도래했다.

조국 교수는 희생양이 될 수 있는 많은 징후를 가지고 있었다. 조국 교수에 대한 유례없는 인신공격이 퍼부어졌다. 그는 폭력적으로 탄압받았고, 공직에서 추방되었다. 결국 그의 인생은 돌무더기 아래 묻혔다. 한국 사회의 특수성에도 불구하고 조국 교수가 오이디푸스와 마찬가지로 희생양이라는 가설은 진실에 가깝다.

그는 누구에게도 전염병을 퍼트리지 않았지만, 전염병으로 인한 군중의 편집증적 의심을 받을 수 있는 특징들, 즉 텍스트에 나와 있는 모든 희생양의 특징들 때문에 희생양으로 선택되었다(*The Scapegoat*, 26).

2장

희생제의와
변형

바카스 축제

"한국 사회에서 박해자들이 원하는 것은 희생양의 사회적 자살, 더 나아가 물리적 자살 그 자체이다. 그들은 사실상 일차적 인격살해를 통해 이차적 자기희생을 강요한다."

"시민들은 온갖 비난과 저주를 퍼부으면서 카타르마를 도시 구석구석으로 끌고 다녔다. 카타르마는 마치 도시의 청소도구가 되어 도시의 온갖 쓰레기, 오물들을 온몸으로 받아들이면서 가장 비참하게 살해되었다."

"조국 사건과 박원순 사건은 또 다른 형태의 디오니소스 제의이자 축제의 성격도 보여주고 있다. 맨손 대신 펜으로 황소를 해체하여 살해하고 그 살점을 뜯어 먹는 현대판 바카스의 사제들이 민주공화국 언론의 가면을 쓰고 축제의 술잔을 들고 있다."

"스마트폰으로 무장한 원시 부족이 등장하고 있다. 이 새로운 현대의 원시 부족은 폭력과 희생 문제의 새로운 지평을 열게 될 것이다."

아즈텍 인간 희생제의*

　영화 〈아포칼립스〉를 본 사람들은 아즈텍 주민들의 집단적인 인신공양에 충격을 받지 않을 수 없을 것이다. 아즈텍왕국은 주변 식민지에서 주기적으로 사냥해온 사람들을 제의의 희생물로 바치고, 그 인육을 음식의 재료로 사용했다. 인간의 식인 문화에 대해서, 영양학적 관점의 해석과 반론을 포함하여 다양한 인류학적 논쟁이 있다. 그러나 원시 고대인들에게 인간 희생물과 동물 희생물이 큰 차이를 보이지 않았던 사실을 보면, 식인 문화는 영양학적인 요구보다는 희생제의적 필요성의 결과로 보인다. 또한, 식인 문화가 종식된 것도 희생제의의 변화에 따른 것으로 보는 것이 합리적이다.

　인간이 희생제물을 먹는 이유는 희생자가 보유하고 있는 속성의 일부를 흡수하고자 하기 때문이다. 그것은 희생양을 모방하고자 하는 모방욕망의 결과이다. 이 모방욕망은 폭력에 대한 두려움과 폭력에 대한 갈망을 동시에 가지고 있다. 식인 풍습은 세계에서 거의 사라졌으나, 식인과 유사한 욕망은 희생양에 대한 인신제의적 비난과 폭력에 담겨있다.

---

* 인간 희생제의는 메소포타미아, 유럽, 중국, 일본, 아메리카 대륙, 아프리카의 모든 지역에서 희생제물, 순장, 집단매장 등 다양한 형태로 존속하였다. 특히 역사적으로 가장 잔인한 희생제의로 꼽히는 것은 고대 페니키아왕국에서 몰렉신에게 장자 아기를 번제로 바치는 인신 제사였다. 중국은 청나라 중기, 일본에서는 몇백 년 전까지 인신제의가 계속되었다.

아즈텍왕국의 희생제의에 대한 인류학자들의 연구에 의하면, 1440년부터 1524년까지 왕국의 지속기간에 하루 평균 약 40명씩, 전체적으로 거의 120만 명의 사람들이 희생양으로 살해되었다. 아즈텍왕국이 이렇게 많은 희생양을 살해한 사회 경제적 배경에 대한 다양한 논의가 있지만 아직 명쾌한 설명은 없다. 단지 확실한 것은 인간 희생제의가 원시 고대 사회부터 인류의 보편적인 제도였다는 것이다. 아즈텍왕국의 사례는 그 규모가 크고 상대적으로 최근의 일이었기 때문에 충격이 큰 것이다.*

기본적으로는 이들 희생제의는 신화에 그 기초를 두고 있다. 테오티와칸신화에 따르면 아즈텍 사람들은 많은 신을 숭배하고 있었는데 그중 가장 중요한 신은 태양신, 나나와친이다. 나나와친은 거룩한 희생을 통해 태양신이 되었다. 태양을 멈추지 않게 하기 위해서는 사람의 심장이 필요하기 때문에 아즈텍왕국은 수많은 희생제의를 통해 태양신 나나와친에게 인간을 바치는 것으로 왕국을 유지했다.

아즈텍신화에 따르면 나나와친은 곰보라는 이름으로 불리던 신으로 그리 강한 신은 아니었다. 해와 달이 빛나기 위해서는 신들을 희생시켜야 했다. 불을 둘러싸고 있던 신들 중 누구도 불 속에 뛰어들

---

* 백성 민(民)이라는 한자는 매우 잔인한 유래를 가지고 있다. 고대 중국의 상나라는 건물을 지을 때, 기둥마다 수십 명을 희생시켜 매장하는 등 인신제의가 만연하였다. 그들은 주로 노예나 다른 민족의 포로를 잡아다가 죽여서 제사를 지냈다. 그런데 천재지변이나 흉년이 들면 왕이나 제사장조차도 제물로 바쳤다. 자국민도 인간제의의 대상이 되었는데, 희생양이 될 사람들의 눈을 찔러 눈을 멀게 한 후, 무릎 꿇린 뒤에 밧줄로 묶어서 처형했다고 한다. 백성을 뜻하는 민(民)은 원래 제물로 바치던 노예를 뜻하던 문자였다. 그 어원인 상형 문자 민(民)은 눈(目)을 상처 내어 멀게 하는 모양을 뜻한다는 학설이 있다. 이 민(民)이라는 한자의 기원은 너무 잔인한 것이다.

기를 망설이고 있을 때, 나나와친이 가장 먼저 불 속에 뛰어들어 태양이 되었다. 그러자 미래에 달이 되는 텍시스테카틀 신이 불길 속에 뛰어들어 해와 달이 만들어졌다. 이러한 신화를 통해 아즈텍의 희생이데올로기와 인신 희생제의가 만들어졌다. 나나와친이 불 속에 뛰어든 것은 용감한 결단으로 포장되지만, 그 밑바닥의 동기는 집단적 압력과 경쟁 욕망이 만난 결과로 볼 수 있다. 르네 지라르는 자발적 의지가 최면술적인 힘의 강박에 의한 것이라고 해석하고 있다. 그리고 추정하자면 그는 화형당한 희생양이었을 가능성이 아주 높다. 달의 신, 텍시스테카틀은 나나와친이라는 모델을 따라 모방욕망이 작동한 것을 보여주고 있다.

아즈텍신화는 사실상 스스로 희생하기를 강제하는 구조, 모방적 경쟁관계를 보여주고 있다. 한국 사회에서 박해자들이 원하는 것은 희생양의 사회적 자살, 더 나아가 물리적 자살 그 자체이다. 그들은 사실상 일차적 인격살해를 통해 이차적 자기희생을 강요한다. 이와 같은 죽음을 부추기는 욕망의 근저에는 휴브리스, 즉 확장된 오만이 자리 잡고 있다. 보수카르텔은 오만함에 사로잡혀서 자신들의 지위를 위협하는 존재들을 인정할 수 없다. 그들의 휴브리스는 모방적 경쟁관계에서 독점적 지위를 유지코자 하는 욕망 때문이다. 박해자는 궁극적으로 경쟁자, 즉 다른 모델의 제거를 통해, 스스로가 유일한 모델이 되기를 바라고 있다. 르네 지라르는 휴브리스를, 자신 외에는 어떤 모델도 인정하지 않는 독점의 욕망, 모방욕망이 마지막까지 확장된 형태로 정의하고 있다. 이것은 보수카르텔의 욕망이 정치적으로 독재체제를 지향할 수밖에 없는 이유를 설명해준다.

테오티와칸 신화의 불안한 아름다움은 유혈이 낭자한 대향연으로 나타난다. 희생자와 사형 집행자에 대한 목가적이고 낭만적인 시각은 결국 대량 살육의 정신적 토대를 제공할 뿐이다. 이것이 노무현과 조국 사건에 대하여 적당한 수준의 낭만적 해석으로 넘어갈 수 없는 이유이다.

희생제의, 초석적 폭력의 재현과 신성화

르네 지라르는 원시, 고대 사회의 집단폭력과 희생양 살해가 희생제의, 종교, 정치, 경제, 사법제도로 변형되거나 그 기원을 제공했다고 해석한다. 앞에서 설명한 바와 같이, 고대 사회의 희생양 집단 살해는 일시적으로 사회적 위기를 진정시키고 공동체에 평화를 가져온다. 르네 지라르는 이것을 초석(礎石)적 폭력이라고 부른다. 다르게 표현하면 공동체의 기초를 놓은 폭력이라고 할 수 있다. 원시 공동체에 따라 이러한 원초적인 형태의 폭력은 지속적으로 발생하였을 것이다. 초석적 폭력의 결과, 공동체 위기의 원인 제공자로 지목된 희생양이 죽음으로써 공동체는 평화를 얻었다.

희생양이 죽은 후, 현대인의 사고로는 이해하기 어려운 기이하고 역설적인 현상이 발생한다. 죽은 희생양이 신성화되는 것이다. 사람들은 희생양에게 모든 책임을 전가하여 살해한 후, 사회가 평온해진 것이 희생양이라는 위기의 원인을 제거했기 때문이라고 자연스럽게 생각한다. 그런데 시간이 조금 지나면서 사람들은 그 희생양의 죽음 자체가 평화를 가져왔다는 다른 생각에 이르게 된다. 그 희생양이 무고하다는 진실은 집단의 무의식 속에 도사리고 있다가 폭력의 회오리가 지나간 후 사람들의 의식에 변화를 주고 있는지도 모른다. 희생양은 위기를 가져온 자이면서 평화를 가져온 자로서 이중성을 가지게 된다. 희생양은 위기와 평화를 만들어내는 초월적인 힘, 성스러움의 원천이 된다. 현대적으로 표현하면, 희생양은 악마와 천사의 두 얼굴을 가진 존재, 야누스적인 존재인 것이다. 희생양은 신성화되어 숭배의 대상이 된다.

　그리스 신화에 나오는 신들은 범죄자, 장애자, 괴물화된 인간을 표현하고 있다. 제우스는 바람둥이로서 성범죄자로 지목되어 죽은 희생양일 가능성이 존재한다. 또한 다른 신들도 범죄 혐의로 살해된 희생양이었을 가능성이 많다. 이러한 신들의 출신은 그들의 노골적인 범죄행각으로도 드러난다. 오이디푸스신화를 포함한 많은 신화에 나오는 신들은 집단폭력에 의해 희생된 희생양이었을 것으로 추정된다. 지역에 따라 다르지만, 신화에서 신들은 선과 악의 양면성을 가진 존재, 신과 인간의 양면성을 가진 존재로 나타난다.

　초석적 폭력은 희생제의를 통해 다시 살아난다. 희생제의는 초석적 폭력의 효과를 재생산하기 위하여 원시 고대 사회가 자연스럽게 고안해낸 장치이다. 희생제의는 위기의 상황과 초석적 폭력, 최초의 자연 발생적 린치, 즉 사형私刑을 재생산함으로써 공동체의 분열로부터 상실한 일체감을 만들어 주는 것에 목적이 있다. 희생제의에서는 초석적인 집단폭력이 자연스럽게 재현되도록 진행된다. 르네 지라르의 설명에 따르면, 공동체는 감추어진 자신의 기원을 다시 체험하려는 욕구를 가진다. 희생제의를 통한 폭력의 재현은 매우 엄격하지만 모호한 방식으로 이루어진다. 공동체에서 나오는 해로운 폭력의 힘이 마치 처음인 것처럼 지나치지 않을 정도로 분출되도록 내버려 둔다. 그러나 폭력은 고정되고 한정된 대상을 향하도록 조정된다. 이러한 세부조정이 실패하는 경우, 희생제의의 주관자들은 거꾸로 폭력의 희생물이 될 수도 있다. 중세 마녀의 처형장에서 일부 미숙한 사형 집행인들은 조급한 군중들에 의해 집단린치 당해 살해되는 경우도 있었다.

르네 지라르는 희생양의 신성화를 통하여 희생제의가 종교의 기원을 제공한다고 주장하고 있다. 초석적 폭력을 통해 희생양이 추방되면서 공동체에 질서와 평화가 찾아왔다. 희생양에 대한 폭력이 다른 폭력을 멈추게 했다. 모방적 경쟁의 소용돌이 속에서 고조된 긴장과 분쟁은 희생양의 죽음을 통하여 해결된다. 희생양의 죽음은 양가성兩價性을 가지게 되어 폭력의 해로움과 이로움을 동시에 가지게 된다. 희생물은 갈등을 만들어내고 폭력의 씨를 뿌린 해로운 존재이지만, 죽음으로써 평화를 선물하는 이로운 초월적 존재로 변신한다.

이제 희생양은 "두렵고 신비로운 구원자"로서 나타난다. "가장 해로운 것과 이로운 것의 신비로운 결합"은 인간의 이해와 판단을 완전히 벗어나 있기 때문에 희생양은 종교적 차원으로 승화된다. 처형하기 전에 희생물에게 던졌던 잔혹한 말들은 사후에 존경의 표시로 바뀌게 된다. 때때로 희생제의에서 타락한 사법 권력의 무자비한 박해를 받은 희생양은 존경과 칭송의 대상으로 변화하는데, 이는 박해자들이 의도하거나 예상한 것과는 반대의 결과이다. 고대 사회에서 희생양의 정화적인 기능은 신성화로 이어진다. 박해에 소극적으로 가담한 사람들은 이미 죽음으로써 자신에게 평화를 선물해준 희생양에게 동정심을 가질 가능성이 높아진다. 폭력과 희생의 진실은 사라지지 않고, 인간세계에서 분리되어 신격화됨으로써, 종교화되기에 이른다.

우리는 여기서 마치 평행이론처럼 노무현 전 대통령 죽음 이후에 나타난 한국 사회의 대대적 추앙 분위기가 어떤 배경을 가지고 있는지 엿볼 수 있다.

　희생양의 희생은 성스러움으로 전환되고 집단폭력의 위대한 힘은 평화의 초석으로 변한다. 희생양 메커니즘에서는 희생양의 신성화뿐 아니라 폭력의 신성화가 동시에 일어난다. 이것은 현대인의 합리적 관점에서는 모순으로 보이는 신비한 현상이다. 결과적으로 신성화된 폭력은 인간의 합리적 해석의 범주를 넘어서서 존재하게 된다. 근대 사회에 들어서야 인간은 폭력의 신비로운 힘을 해석의 대상으로 마주하게 되었지만, 아직도 우리는 그 본질에 가까이 가지 못하고 있다. 르네 지라르는 고대의 시인으로부터 현대 사상가들에 이르기까지 넘어설 수 없는 금기는 본질적인 폭력에 대한 폭로라고 지적하고 있다.

희생제의의 규칙들

르네 지라르는 희생제의에서 일반적으로 엄격하게 고정된 규칙이 있지는 않지만, 그 본질적인 기능을 수행하기 위해서는 희생양과 그 희생양을 대체하는 인간 존재 사이의 연속성, 유사성이 필요하다고 설명한다. 본래의 희생물은 제의적 희생물로 바뀐다. 희생제의에는 폭력의 기만적인 속성, 폭력의 대상을 바꿔치는 조작이 은폐되어 있다. 희생물과 희생물이 대체하는 존재의 관계는 은폐되고 단절되어 있지만 어떤 인접성을 가지고 있어야 한다.

예를 들어, 노무현 전 대통령과 조국 교수에 대한 폭력은 광주시민에 대한 폭력의 연속선상에 있다. 광주학살이라는 초석적 폭력의 희생양인 민주시민은 유사한 성격을 가진 노무현 전 대통령과 조국 교수로 대체된다. 광주학살은 80년대 초, 보수카르텔의 위기를 잠재운 초석적 폭력의 성격을 가진다. 이들은 보수 3당의 합당과 같은 정치적 변신을 거듭하면서, 사회의 지배세력으로서 위치를 고수해왔다. 그러나 보수카르텔은 아직 광주학살에서 보여준 폭력성을 벗어나지 못했다. 시대에 따라 방법과 양상은 변화했으나, 보수카르텔의 본질은 폭력성이다. 조국 사건의 박해자들의 다수가 아직도 희생된 광주시민을 좌익분자, 폭동의 참가자로서 희생되어도 마땅하다는 생각을 버리지 않고 있다. 그들은 몇 년 전까지 광주민주화운동 기념식 참석 자체를 꺼릴 정도였다. 폭력은 교묘하게 희생양을 바꾸어 선택해서 초석적 폭력을 재현한다.

희생제의는 자발적이고 만장일치적 폭력의 모방과 반복이다. 르네 지라르는 신화 및 인류학 연구 자료를 통해 희생제의는 만장일치에 기초해서 이루어지고 있음을 밝혀내고 있다. 제의에서 만장일치는 필수적이다. 희생제의의 하나인 디오니소스 제의에서 그 절정은 스파라그모스^{sparagmos} 행사이다. 스파라그모스에서 모든 여제관들 무리와 참가자들이 황소나 송아지처럼 살아있는 희생물에 일제히 달려들어 맨손으로 찢는 방식으로 희생물을 살해했다. 만장일치적 집단살해의 전형을 보여주는 이 장면은 축제의 하이라이트이다. 이 제의는 박카스제라고도 불리며 연극의 기원이 된다. 만장일치적인 집회 분위기를 가진 종교, 정치집회를 체험해 본 사람이라면, 만장일치의 원리가 무슨 의미인지 체험적으로 알 수 있다.

희생제의에서 많은 경우 희생제의의 절정은 죽음 그 자체가 아니라 죽음에 앞서 행해지는 '죽이는 것을 정당화하는' 제의적 주술이다. 본질에 있어서 희생물은 말로써 처형되는 것이다. 희생양을 범죄자 또는 금기의 위반자로서 비난하고 죽임을 선언하는 말이 선행된다는 의미이다. 조국 교수에 대한 온갖 비난과 박해는 최근 현대사에서 기존 권력을 위협하는 집단에게 가해졌던 집단적 폭력을 회상시킨다. 박해자의 입장에서 조국 교수에 대한 심판은 공산주의자들의 반란을 진압한 제주도 4.3사건, 좌익 간첩을 소탕한 인혁당 사건, 북한 간첩과 좌익세력이 일으킨 폭동을 진압한 광주민주화운동, 무능하고 부패한 노무현에 대한 심판으로 간주하며, 이와 동일한 폭력의 재현과 같다. 한편, 이 심판은 노무현의 친구 문재인 대통령의 미래를 보여주는 예고편이기도 하다. 그리스의 파르마코스^{pharmakos}

희생제의에서 파르마코스는 온갖 비난과 경멸과 조롱과 모욕과 폭력의 대상이 된다. 그러한 온갖 말로 담지 못할 비난과 조롱이 김대중 전 대통령과 노무현 전 대통령과 조국 교수에게 쏟아졌다. 이들은 이미 살해된 희생양을 대신하여 희생제의의 제물이 된 것이다.

이와 같이 희생제의의 제물이 된 희생양은 박해자의 폭력을 자신의 죽음으로 끌어모아서 폭력을 종식시키고 평화를 가져오려고 한다. 불행하게도, 노무현 전 대통령이나 유명 연예인들과 같이, 박해당하는 희생양들이 도중에 자살하는 경우가 많이 있다. 이들의 자살 동기는 본능적으로 그와 주변인에게 가해지는 잔인한 폭력을 끌어모아 스스로의 죽음을 통해 박해를 끝내고자 하는 경우일 수도 있다.

희생제의가 관습화되어 변화된 조건에서 유사한 희생물을 계속 제물로 바치다 보면 그 의미가 약화되고 훼손된다. 시대적 조건이 변화되면서 희생제의는 희생대체를 통하여 방식을 변화시켜 나간다. 고대 사회의 희생양 메커니즘의 원시적 원형prototype은 종교, 사법 제도, 경제, 사회 문화, 놀이 등 인간 사회의 모든 면에 다양한 형태로 변형되어 시대에 적응한다. 물론, 원시 고대 사회의 희생양 집단살해가 대규모로 재현되기도 한다. 중세 시대의 마녀사냥, 독일 나치 정권의 유대인 학살, 르완다 종족학살과 같은 집단적 대량 학살극은 희생양의 신성화라는 본질이 훼손된, 부분적인 형태의 희생양 집단살해이다. 르네 지라르는 다양한 저서를 통해 희생양 메커니즘이 인류 문화 전반에 걸쳐 변화되는 사실을 보여주고 있다. 이 책에서는 주제에 집중하기 위하여 필요한 부분에 대한 설명에 국한하기로 한다.

크리노(krino), 희생양의 흔적

희생양 메커니즘이 인류문화에서 중요한 기원의 역할을 하고 있다는 것은 언어 속에서도 나타난다. 아직 모방인류학이 보편화되지 않아서 많은 연구가 이루어지지 않았지만, 종교, 문화, 정치의 각 분야에서 희생과 집단폭력에 그 기원과 연관성을 가진 언어와 상징체계를 찾을 수 있을 것이다.

르네 지라르는 위기[crisis], 범죄[crime], 기준[criteria], 치명적[critical]이라는 단어들은 모두 다 희랍어 '크리노[krino]'라는 어근에서 나오고 있다고 설명한다. 크리노라는 말은 '판단하다', '구별 짓다', '다르다'는 뜻도 가지고 있는데, 특히 희생양을 '비난하다', '처벌하다'라는 의미도 갖고 있다. 이러한 그의 어원학적 해석은 집단적 박해와 전체 문화 사이의 관련성을 강하게 암시하고 있다.

우리는 크리노[krino]라는 하나의 어원에서 희생양 집단박해로부터 파생된 의미의 체계와 연관성을 추론할 수 있다. 크리노라는 어원을 이용하여 희생양 메커니즘을 설명하는 문장을 완성할 수도 있다. 희생양은 '위기'에서 공동체와 '구별되어야' 하는 그들과 '다른' '범죄자'이다. 그는 위기의 근원이므로 '비난'받아 마땅하고 죄인으로 '판단'하여 '처벌'해야 한다. 이 위기 또는 사건은 '치명적'인 것으로서 희생양의 처형은 새로운 사회의 '기준'을 제시한다. 우리는 희생양으로부터 시작되고 진화한 많은 문화의 유산들 속에서 살 수밖에 없기에 폭력과 희생이 언어와 상징구조에 미치는 영향에 대해서 지속적인 연구가 필요하다.

크리노라는 어원으로부터 조국 사건의 주요한 테마들을 정리할 수 있다. 보수카르텔은 검찰과 언론개혁을 좌초시킬 명확한 목적으로 조국 교수에 대한 정치적 박해를 결정하였다. 그들의 의도는 집단의 힘을 빌어서 조국 교수를 사회에서 구별하여 완전히 추방하는 것이다. 추방을 위한 모든 과정은 위기 상황의 조성, 비난을 통한 범죄자 만들기, 자의적 판단에 따른 처벌로 이루어진다.

하이데거는 '언어는 존재의 집'이라고 말했다. 언어의 기원과 용법을 해석하면 인간의 정신세계와 문화체계를 해석할 수 있다. 르네 지라르는 고대 그리스어의 기원 분석을 통해, 희생양 메커니즘을 규명하고 있다. 또한 박해자들의 텍스트를 분석하여 집단폭력이 어떻게 은폐되고 노출되는지를 폭로하고 있다.

카타르마(katharma), 카타르시스

카타르마Katharma는 그리스어로서 샤머니즘의 제의적 수술 시, 병자의 몸에서 끄집어내는 해로운 물건을 의미한다. 카타르마는 파르마코스의 변형체로서 희생제의의 인간 제물을 지칭하기도 한다. 르네 지라르에 따르면, '카타르마'라는 단어는 도시국가가 인간 카타르마의 처형을 통해 얻는 신비로운 이득을 의미한다. 시민들은 온갖 비난과 저주를 퍼부으면서 카타르마를 도시 구석구석으로 끌고 다녔다. 카타르마는 마치 도시의 청소도구가 되어 도시의 온갖 쓰레기, 오물들을 온몸으로 받아들이면서 가장 비참하게 살해되었다.

한편, 카타르마는 의학적으로 나쁜 기질이나 물질의 배설을 부추기는 강력한 약을 의미한다. 카타르마는 파르마코스와 마찬가지 희생양으로서 도시의 나쁜 죄를 정화하는 역할을 담당했다. 카타르마의 동사 카타로스katharos는 "정화하다, 배설하다, 제거하다, 때리다" 등의 의미로 쓰이고 있다. 카타로스에는 희생양 살해를 유추할 수 있는 여러 의미가 들어있다. 명사 '카타르시스'는 종교, 샤머니즘에서 정화의 의미를 가지고 있으며, 피가 주는 정화작용을 의미하기도 한다. 따라서 우리가 자주 사용하는 카타르시스라는 말의 어원을 끝까지 추적해서 올라가면 '희생양 살해를 통한 공동체 정화'라는 진실에 귀착된다.

치유는 외부로부터 무질서를 가져온 불순한 물질인 카타르마를 추방함으로서 이루어진다. 카타르마라는 가상의 침입자에 대항하여 인체는 총동원되는 집단과 같이 기능한다. 제의적인 원시 의술에서 불순물을 제거하는 것처럼 사회는 갈등과 분쟁, 전염병을 물리치기 위해서 희생제의를 통해 인간 카타르마를 제거하였다. 카타르마는 환자의 방어력을 보강하여 스스로의 힘으로 세균을 물리치기 위해서 주입하는 백신과 같은 기능을 가진다. 다시 말하면, 희생제의는 사회라는 신체에 폭력을 주입하여 향후 사회가 큰 위기에 빠지면 면역을 가지게 해주는 백신과 같은 기능을 한다.

희생제의는 사물화되는 카타르마처럼 '희생양의 사물화와 폭력의 사물화'로 희생양의 인간성을 박탈한다. 그리고 박해자들은 희생양 살해에 대한 죄책감을 상실하고 폭력에 대한 불감증을 가지게 된다. 현대 사회에서 사람들이 집단적 희생양 박해를 통해 카타르시스를 느끼면서도 어떤 죄책감도 느끼지 못하는 것은 희생양의 인간성을 사물화하는 오래된 메커니즘이 아직도 유효하다는 것을 보여준다. 인간의 원시적 폭력성은 아직 사라지지 않았다. 조국 교수를 희생양으로 삼아 비난하면서 은밀하게 카타르시스를 느끼는 사람들은 도시 곳곳으로 카타르마를 끌고 다니면서 온갖 비난을 퍼붓던 고대 도시국가의 군중들과 다르지 않다.

아리스토텔레스는 카타르시스를 비극의 효과라고 말한다. 비극은 희생제의에 그 기원을 두고 있다. 연극은 비극을 공연하는 것이므로 연극, 드라마, 영화의 기원은 희생제의에 그 기원을 두고 있다. 희생제의가 초석적 폭력을 재현하여 순화하는 기능을 가지고 있는 것을 전제로 보면, 예술은 궁극적으로 집단폭력을 제어하는 기능을 가지고 있다. 사람들은 집단폭력에서 느끼는 카타르시스를 연극을 통해 체험하게 된다. 르네 지라르는 비극의 기원을 제의가 사라진 세계에서 제의의 기능을 수행하는 역할을 가진 것으로 설명하고 있다. 제의는 연극을 통해서 관객들의 폭력적인 정서를 정화함으로써 사람들에게 카타르시스를 체험하게 한다.

따라서 제의와 비극 또는 드라마는 유사한 구조와 통일성을 가지고 있다. 드라마의 기본구조는 희생제의의 구조, 즉 위기, 갈등, 희생, 평화(또는 반전)라는 기승전결의 구조를 계승하고 있다. 모든 드라마와 영화에는 폭력과 희생의 테마가 들어있다. 종교와 문화 속에 폭력과 희생이 감추어져 있듯이 문학과 드라마에도 폭력과 희생은 감추어져 있다. 비극적 카타르시스는 희생제의와 유사한 희생의 파노라마이다. 연극과 드라마는 결국에 가서는 문화적, 미학적 차원으로 귀결되어 상호적 폭력, 초석적 폭력, 희생제의적 본질을 드러내지 못하고 아슬아슬하게 기원으로부터 도피하고 있다. 문학이 발전하면서 폭력과 희생은 미학의 차원으로 표현됨으로서, 그 본질과 기원을 폭로하는 것을 피하고 있을 뿐이다.

언론 보도와 카타르시스

조국 사건에서 언론 보도는 대중의 카타르시스를 겨냥하고 있다. 극적 결말을 정해놓고 사건을 만들어나가는 편집, 자극적인 제목, 생중계는 드라마적 요소를 모두 가지고 있다. 조국 교수는 비극의 주인공에 합당한 특성을 가지도록 만들어진다. 르네 지라르에 따르면, 관객들의 정서를 정화시키기 위해서 주인공은 사회구성원과 유사하면서도 동시에 특별하여야 하며, 완전히 선하거나, 완전히 악해서도 안 된다. 관객과의 동질성을 가지기 위해서는 약간의 선도 필요하다. 그러나 무엇보다 가장 중요한 특성은 모든 선함과 평범함을 상쇄시키고 비난을 정당화하는 결정적인 결함 또는 사악함이다. 그 결정적 결함과 사악함이야말로 주인공을 공포와 죽음에 이르게 할 것이기 때문이다.

보수카르텔의 공작은 조국 교수에게 있는 선함을 무력화시키고 그를 공포와 죽음으로 내몰 수 있는 결정적, 비극적 결함을 찾아내는 작업이다. 비극적 결함을 잘 창조하는 것이 좋은 드라마 작가의 역할이다. 정치검찰과 언론은 조국 교수의 결정적이고 비극적인 결함을 찾기 위해 머리를 쥐어뜯었다. 그런데 비극에 어울리는 결함이 보이지 않자, 작은 결함을 만들어내서 그걸 아주 큰 결함이라고 억지를 쓰기 시작했다. 조국은 이미 죽어야 하는 비극적 서사극의 주인공이었다. 따라서 이래 죽이나 저래 죽이나 죽는 것은 마찬가지라는 식이다.

이와 같이 작가들은, 폭력 모방의 회오리 속에서 결말을 미리 정해놓음으로써 함정에 빠져버렸다. 작가들은 드라마의 극적 결말을 위한 주인공의 결정적 결함을 완성하지 못했다. 이 결정적 결함을 찾지 못함으로써 작가들은 두고두고 후회할 수밖에 없는 운명에 처하게 되었다. 만약 정상적인 선진국이었다면, 작가들은 수십억 원의 법적 배상의무로 인해 경제적인 파탄에 이를 수 있는 모험을 감행하였던 것이다. 그전에 그들의 직업 세계에서 인격파탄자로 낙인찍혀 배제되는 것이 순리였을 것이다. 그러나 일시적으로 그들은 화력을 총동원하여 결정적 결함이 있는 것과 같은 환상을 창조하는 데는 성공했다. 어차피 박해자들은 환상에 빠져 있기 때문에 그러한 결함만으로도 어느 정도 극적 요소를 만드는 효과는 있었다.

합리주의적, 휴머니즘적 비평은 카타르시스의 본질을 알 수 없다. 그들은 의미의 방향, 목적론적인 전제를 가지고 사물을 해석하기 때문이다. 플라톤의 이상주의적 비평이 비극적 폭력을 거부하고 시인을 추방한다고 해서 폭력의 진실이 사라지지 않는다. 마찬가지로 모든 문학과 예술의 사조들이 절묘하게 폭력을 진실을 비켜가더라도, 르네 지라르가 말하는, '깨어지지 않는 거울'을 피해갈 수는 없다. 초석적 폭력과 희생양 메커니즘은 "깨뜨리려 하지만 더욱 조롱하면서 사실의 이미지를 비추는 거울"(*Violence and the Sacred*, 296)이 되어 인류의 기록과 의식에 남아있다. 사회계약의 합리성을 초월하여 존재하는 문제들은 아직도 인류 사회에 남아서 사람들을 지배하고 있다. 언론의 집단적 만장일치, 대중들의 비상식적, 무의식적인 동조와 같이 합리적 설명이 어려운 현상들은 긴급한 인식의 전환을 요구하고 있다. 합리적 인간의 사회계약이라는 일반적이고 낙관적인 관점은 만장일치적 집단폭력과 희생양 박해를 설명할 수 없다.

축제로서의 희생제의, 디오니소스 축제

르네 지라르는 유리피데스의 '바카스의 여신도들'을 해석하면서 축제의 희생제의적 성격을 밝히고 있다. 디오니소스는 그리스 신화에 나오는 포도주의 신이다. 디오니소스는 로마에서 술의 신 바카스로 불리기 때문에 디오니소스 축제는 바카스 축제로도 불리게 된다. 고대 그리스에서 시작된 이 축제는 로마를 거쳐 아직도 이어지고 있다.

'바카스의 여신도들'에서 디오니소스 축제를 다음과 같이 묘사하고 있다. 디오니소스를 숭배하는 여인들과 이들을 이끄는 여제관들이 처음으로 축제를 열었다. 아테네의 언덕에 모인 도시의 여인들은 처음에는 목가적인 분위기의 축제를 즐겼으나, 갑자기 흥분의 도가니에 빠져 남자들이나 짐승을 무차별적으로 공격하였다. 그들은 가장 폭력적인 남자처럼 변하여 황소를 잡아 갈가리 찢어서 산 채로 잡아 먹었다. 이러한 이상한 종교에 불안감을 느낀 테베의 왕 펜테우스는 축제를 참관하러 갔다가 그를 짐승으로 잘못 알아본 어머니에 의해 살해된다. 펜테우스는 복수의 신 디오니소스의 저주를 받은 것이다. 이후 실제로 바카스 축제는 광란의 음주와 동물 살해, 난교의 축제로 계속되었고, 그 부작용으로 인해 로마에서 일시 중지를 당하기도 하였다.

디오니소스 축제는 이와 유사한 많은 축제의 한 모습이다. 축제는 본질적으로 희생제의적 성격을 가지고 있다. 축제는 폭력의 무차별화 현상을 재생산하여 기념한다. 또한 대부분의 경우 그 절정에 희생제물을 신에게 바치고 공유하는 의식이 행해진다. 성스러운 폭력을 재현하는 것이 사회에 이롭다는 본능적 기억으로 인하여 사람들은 즐기는 희생제의를 축제라고 부르게 되었다.

디오니소스 축제는 음주와 광란의 카오스 같은 행사가 끝나면 '스파라그모스'라고 부르는 희생물의 살해를 통하여 카타르시스를 얻는 구조를 가지고 있다. 카오스 같은 광란의 축제에서 모든 차이를 소멸시키는 폭력과 집단 성행위가 난무하게 된 것은 카타르시스로 가기 위한 조건을 성숙시키기 위한 장치로 보인다.

'바카스의 여신도들'에서 축제는 모든 차이를 소멸시킨다. 여인들은 '사랑과 우애'의 축제처럼 시작하지만, 여인들이 남자처럼 변신하면서 '성적인 차이'가 소멸된다. 디오니소스는 여성 같은 미소년의 모습, 즉 양성 모두를 가진 존재로 나타난다. 축제의 장에서 살해되는 황소는 남자를 상징하며, 펜테우스 왕은 동물로 오인되어 죽음을 당한다. 인간과 동물의 차이도 소멸된다. 그리고 이러한 신화 구조에서는 신과 인간의 차이가 소멸되어 있다. 또한 뒤에 이어지는 난교는 인간관계의 차이를 소멸시킴으로써 결혼제도 자체를 부정한다. 디오니소스 축제는 이렇게 인간 사회의 기본적인 차이를 소멸시킴으로써 위기를 최고조로 끌어올리고 집단적인 희생물 살해를 통해 제의적인 완결성을 가지게 된다.

디오니소스 축제와 같은 고대 사회의 축제는 다양한 형태로 전승되어 왔다. 가깝게는 마을 동네잔치에서 술을 같이 마시고 돼지나 소를 잡아 함께 먹는 것도 고대 축제의 흔적이다. 적의에 찬 경쟁이라는 테마를 가진 격렬한 스포츠도 축제에서 기원한다. 원형 경기장에서 벌어진 무사들의 혈투와 패배자의 처형, 동물의 살육으로 시작된 스포츠는 그 양식을 변화하면서 지금까지 이어져 오고 있다. 스포츠의 이면에 존재하는 사회적 목적은 희생 위기를 기념하고 경쟁과 갈등을 재현하는 것이다. 희생양의 살해가 생략된 축제는 원래 있어야 하는 결말, 즉 희생을 준비하는 형식과 내용을 가지고 있다. 격렬한 스포츠 경기 후, 승자에 대한 환호와 패자에 대한 비난은 희생양 살해의 전 단계의 모습이다. 축제는 희생제의와 같은 역할을 하고 있다.

어떤 축제는 실제적인 인간 희생이 들어있기도 하지만, 대부분의 축제는 그 흔적만 남아있다. 인간 희생이 없는 수많은 변형체들도 직접, 간접적으로 초석적인 집단폭력, 린치와 관련되어 있다. 또는 일부 축제는 악령 추방처럼 제의적 성격을 띠기도 한다. 이러한 제의는 축제의 클라이막스에 위치하고 있다. 악령 또는 귀신 추방 제의는 악마로 낙인찍힌 사람에 대한 잔인한 폭력이다.

극우 기독교 집회의 성격은 명확하게 이것을 보여준다. 그들은 진보 세력을 악마의 하수인 또는 악령 들린 자들로 보고 있다. 그들의 집회는 악령 추방 제의의 성격을 가지고 있다는 것을 부인하지 않고 있다. 또한 열광적인 예배는 악령 추방의 은혜를 공유하는 축제의 성격도 가지고 있다. 극우 기독교는 신의 이름으로 차이를 존중하는 질서를 파괴하는 한편, 신과의 차이도 소멸시키고 있다는 것을 보여준다. 전광훈 씨는 "하나님 꼼짝 마" 설교에서 자신이 거의 삼위일체 신과 동격인 듯한 표현을 통해 신과 인간의 경계를 허물어트리고 있다. 언론 기사도 악마 추방이라는 제의적인 성격을 가진 요소가 많이 있다. 교묘한 저주가 들어있는 기사와 논평, 죽음을 부르는 표현들, 인간을 악마화하는 인신 비난들은 악마 추방을 위한 제문과 유사하다. 노무현 전 대통령을 비하하고 자살을 촉구하는 듯한 신문 기사와 조국 교수에 대한 무차별적 비난 기사에서 그 전형적인 사례들을 볼 수 있다.

우리는 축제가 가지고 있는 부수적인 현상에 집중하는 동안, 그 제의적 본질은 놓치고 만다. 많은 축제들이 폭력을 억제하려는, 원래의 제의적 본질에서 벗어나 지나친 폭력의 재현, 집단폭력의 카타르시스에만 집중함으로써, 사회를 정화하는 기능을 수행하지 못하고 있다. 변질된 축제는 오히려, 폭력을 부추기고 복수를 유발하는 행사로 타락할 수 있다. 바카스 축제와 같이 변질된 축제들은 노골적인 증오심을 유발하는 정치 집회, 집단적인 우월감을 과시하는 인종주의 집회, 성을 착취하는 파티, 성을 비난하는 집회, 폭력적인 스포츠 경기 등의 다양한 형태로 재현되고 있다.

인공지능 사회와 고대 사회는 공존하고 있다. 조국 사건과 박원순 사건은 또 다른 형태의 디오니소스 제의이자 축제의 성격도 보여주고 있다. 맨손 대신 펜으로 황소를 해체하여 살해하고 그 살점을 뜯어 먹는 현대판 바카스의 사제들이 민주공화국 언론의 가면을 쓰고 축제의 술잔을 들고 있다.

축제 또는 놀이로서의 집단폭력

조국 사건이 맹렬하게 진행된 2019년 여름, 가을과 겨울, '왜 이 사건이 이렇게 오랫동안 사람들의 관심을 유지할 수 있을까'라는 의문이 들었다. 아무리 정치적으로 중요한 사건이라 하더라도 이렇게까지 사람들의 에너지를 끌어당기는 동력은 어디에서 나오는 것일까? 사람들과의 대화 과정에서 문득 사람들의 표정은 심각해 보이지만, 이들이 어떤 놀이에 빠져 있다는 느낌을 받았다. 사람들의 개성에 따라 소극적인 사람은 격렬한 권투경기의 관중으로서 경기를 즐기는 것처럼 보인다. 한편, 적극적인 사람들은 직접 임무를 수행하는 MMORPG(다중접속역할수행게임) 온라인게임에 빠져 있는 것 같다.

격렬한 스포츠와 게임이 주는 흥분, 긴장감, 감정이입, 성취감과 본질적인 폭력성의 발산은 박해자를 모으고 확산시키는 에너지를 제공한다. 희생양 박해 과정에는 축제와 게임의 요소가 들어있기 때문에 그 동력이 쉽게 유지되는 것이다. 노무현 박해 사건과 조국 박해 사건에서 검찰과 언론이 협력하여 스포츠 경기 중계처럼 보도 경쟁을 벌인 것은 어떤 측면에서는 게임의 흥분과 재미를 주는 것이었다. 대중의 심리를 탁월하게 해석하여 재미를 주는 능력에 관한 한, 한국의 보수 언론은 세계적 경쟁력을 가지고 있다.

어떤 원시 고대 왕국의 왕들의 즉위식은 축제의 성격을 가지고 있다. 축제의 절정은 주인공인 왕, 또는 왕의 대역의 처형이다. 이들은 축제에서 제의의 희생양으로서 온갖 찬양과 조롱, 비난을 받은 후 살해된다. 슬프게도 노무현 전 대통령에 대한 집단박해 또한 변질된 축제와 놀이의 성격을 가지고 있다. 정치에는 축제와 놀이의 형식과 내용을 가지고 있다. 정치 진영 간 경쟁도 게임 또는 놀이의 성격을 가지고 있다. 모든 선거는 거대한 놀이로서 국민의 관심, 흥분과 에너지를 끌어들인다.

한국의 정치 지형에서 언론은 편의적으로 구 집권 세력을 보수, 개혁 세력을 진보라고 구분하고 있다. 일단 이해하기 쉽게 이러한 표현을 받아들이면서, 한국의 보수와 진보가 어떤 방식으로 서로를 비판하는지를 살펴보면, 흥미로운 경향을 발견할 수 있다. 진보 세력의 비판은 주로 보수 정권 그 자체, 시스템, 정책에 초점을 맞추고, 심각한 실패에 대하여 그 책임자를 비판하는 경향이 있다. 반면, 보수 세력의 공격은 주로 진보 정권 인사에 초점을 맞추고 있어서 시스템, 정책에 대한 비판은 사람에 대한 공격의 명분인 것처럼 보인다. 문재인 정부가 들어선 후, 보수 세력의 공격은 김경수 지사, 이재명 지사, 탁현민 보좌관, 손혜원 의원, 조국 장관, 윤미향 의원, 박원순 전 시장, 추미애 장관 등 사람 그 자체에 초점을 맞추고 있다. 사건의 실체나 의미, 정치적 대책 등에 대한 관심은 부수적인 것으로 보인다. 시간이 지나고 보면, 사람들의 기억에는 그 사건이 왜 일어났는지는 잊게 되고 그 사람이 어떻게 되었는지에 대한 인상만 남게 된다. 이러한 경향은 사실상 보수 세력이 가지고 있는 어떤 정치적 본능에 기초하고 있다고 볼 수 있다. 그것은 이들이 아직 오랫동안 이어온 희생양 박해의 정신구조를 벗어나지 못한 것을 보여준다.

모방경쟁의 사회적 조건이 주어지면, 보수 세력의 희생양 만들기와 박해라는 전통적인 통치 전략은 엄청난 효과를 발휘한다. 왜냐하면, 이들의 전략이 축제와 놀이라는 본능에 호소하고 있기 때문이다. 진보 세력이 세미나를 개최한다면, 보수 세력은 파티를 개최한다. 진보 세력이 공부 잘하는 학생을 지향한다면, 보수 세력은 잘 놀고 잘 싸우는 골목대장을 지향한다. 일반 학생들은 겉으로 공부 잘하는 학생을 부러워하겠지만, 몸은 잘 노는 쪽으로 가는 경향이 있다. 진지한 토론을 좋아하는 사람도 있겠지만, 대부분 신변잡담과 쑥덕거림을 좋아한다. 잘 노는 학생이 공부도 조금 하면, 공부만 하는 학생을 왕따 만드는 것이 어렵지 않다.

진보 세력이 놓치고 있는 것은 원시 고대 사회의 본능에 대한 감각이다. 인간의 폭력적 본능, 모방욕망을 제대로 이해하지 않으면, 다시 그 폭력의 칼날에 의해 희생양으로 전락할 수 있다. 똑똑한 스텝들로 무장한 골목대장은 언제든지 공부만 하는 학생을 추방할 힘을 가지게 될 것이다. 모든 제도적, 문화적 무기로 폭력의 뿌리를 자르지 않으면 진보 세력은 태풍으로 변한 폭력에 다시 직면하게 될 것이다. 진보 세력이 신뢰하는 계몽주의, 합리적 이성의 나이는 500년에 불과하지만, 보수 세력이 의존하고 있는 모방욕망과 폭력의 나이는 인류와 함께 태어나 지금에 이르고 있다.

보수집회 또는 극우집회의 분위기를 보면 마치 전쟁에 나가는 전사들의 준비 집회 같은 느낌이 든다. 문재인 대통령 및 조국 교수에 대한 증오와 조롱의 언어가 여과 없이 사용된다. 그들의 눈빛에는 국가적 명분으로 희생양을 처단하던 과거 독재정권에 대한 향수가 남아있다. 그들의 거침없는 온갖 비난의 목소리에는 살육의 어두운 그림자가 드리워져 있다. 그 눈빛은 이들이 일본제국주의의 조선인 학살, 이승만 정권의 양민 학살, 박정희 정권의 민주인사 학살과 박해, 신군부의 광주학살과 민주인사 박해, 지역 차별의 정신세계에서 본질적으로 벗어나지 못한 증거이다. 이와 같이 희생양을 갈구하는 집회는 한편, 희생제의의 한마당 축제처럼 느껴진다. 노무현, 조국 사건은 한편에서는 축제였고, 정치검찰과 언론은 적대적인 축구경기에서 열광적인 관중의 응원을 받는 선수들이었다. 현대 사회에서 축제와 놀이는 다양화되고 일상화되고 있다. 정보화의 소산으로 정치적 성격을 가진 희생제의적 축제는 더욱 그 주기가 빨라지고 일상화될 수 있는 조건을 가지게 되었다.

아사셀의 염소, 무고한 희생양

아사셀의 염소는 이스라엘 민족의 동물 희생제의에 쓰인 희생양이다. 고대 이스라엘에서는 주기적으로 종족의 모든 죄악을 짊어진 염소 한 마리를 선택하여 황야로 내쫓는 것을 통해 속죄의식을 행하였다. 동물 희생제의도 인간 희생제의와 동일한 폭력 전이의 원칙에 따라 이 염소에게로 집단폭력을 전가시킨다. 르네 지라르는 역사에서 볼 수 있는 완화된 형태의 폭력인 모든 추방은 고대의 희생양 추방과 유사하다고 말한다. 현대 사회에서도 모든 곳에서 아사셀의 염소가 존재한다. 오늘날 적대감을 다른 곳으로 이전시키는 모든 현상은 완화되고 변형된 형태의 희생양 박해라고 볼 수 있다. 추방되는 희생양 현상은 조직문화, 인간관계 차원에서도 중요한 주제로 대두되고 있다. 왕따는 조직에서 희생양을 추방하는 폭력이다. 이와 같은 추방 폭력은 사회 곳곳에서 벌어지고 있다.

한편, 아사셀의 염소 추방과 유사한 희생대체는 일상생활에서 흔하게 발생하고 있다. 희생대체의 원인은 사람들이 분노를 일으킨 진짜 대상에게 분노를 해결할 수 없는 경우, 발생하는 폭력의 욕망이 손쉬운 대상으로 이전되기 때문이다. 사회에서 받은 분노와 원한, 스트레스를 집에서 가족에게 푼다면 이는 가족을 속죄양 또는 희생양으로 삼는 행위이다. 직장 상사에서 가족으로 희생대체가 일어난 것이다. 이것은 예전에 희생제의에 쓰인 희생물이 현대판으로 변형된 것이다.

현대 사회에서는 종교적 제제, 문화적 금기, 공동체 관습의 기능이 약화되어 폭력이 더욱 다양한 형태로 횡행하게 된다. 폭력이 쉽게 집단적으로 퍼지는 원인은 폭력이 교묘하게 자신을 감추고 있어, 사람들이 속기 때문이다. 폭력의 양상이 간접적이고 은밀한 형태로 나타나는 것은 현대 사회의 특징이라고 할 수 있다. 특히 정신적인 폭력, 성적 폭력 문제는 물리적 폭력 못지않게 심각한 피해를 주는 반면, 법체계가 아직 문제의 심각성을 따라가지 못하고 있다.

여기서 정신적인 폭력은 심리적 폭력을 포함한 명예훼손, 프라이버시 침해와 같이 인격을 침해하는 모든 폭력을 의미한다. 박해자들은 증거가 명확한 물리적 폭력과는 달리 이를 부인하기 쉽고, 그것이 심각한 가해인 것을 모르는 경우도 있다. 특히 집단적인 모방에 의한 정신적 폭력의 경우, 죄의식을 거의 가지지 않고 있다. 그러나 그 결과는 물리적 폭력만큼이나 참혹하다. 우리는 그러한 정신적 폭력으로 노무현 전 대통령을 잃었다. 또한 무고한 연예인들이 집단적 비난을 이기지 못하고 목숨을 끊었다. 이것은 드러난 빙산의 일각일 뿐이며, 많은 가정과 직장에서 무고한 희생양들이 정신적 폭력으로 희생당하고 있다. 대부분의 희생양은 무고하다. 그러나 무고한 희생양을 보호하려는 사회의 경각심은 사태의 심각성에 비해 턱없이 부족한 실정이다.

현대적 의미의 희생양 문제는 범사회적인 현상이다. 개별적인 차원의 희생양 박해는 희생양에 대한 집단폭력과도 밀접한 관계가 있다. 집단폭력에 대하여 죄의식을 가지지 않는 사람들은 개인적인 폭력에 대해서도 무감각해질 수 있다. 가정 폭력, 직장 내 폭력과 같은 일상생활에서의 폭력으로부터 권력형 폭력에 이르기까지 보편화된 폭력에 대한 제어장치가 필요하다. 무고하게 살해되는 어린 아이들로 대표되는, 사회의 희생양이 범람하는 근본적인 원인이 밝혀져야 한다. 희생양 문제의 심각성을 공유하면서, 편견에서 벗어나 진실을 규명하기 위해서는 최소한이라도 과학적 방법을 추구하는 연구자와 학자들의 관심이 필요하다. 이를 위해서는 정치적 편견에서 벗어나 공정함을 유지하면서, 자연과학과 의학의 연구성과와 인문사회과학의 방법론을 결합해야 한다. 또한, 인간과 사회에 대한 애정을 가진 종교학, 신학, 역사학, 철학자들의 참여가 필요하다.

전문가들이 관심을 가진다면, 희생양과 관련한 대부분의 사건에서 희생양의 무죄는 밝혀질 수 있다. 물론, 그들 중 일부는 순결주의를 주장하며 희생양의 유죄를 주장할 수 있고, 또 일부는 정치적 편향성으로 인하여 유죄라고 주장할 것이다. 이러한 의도적인 정죄는 모방의 회오리를 타고 거짓 여론을 급속도로 확대시킨다. 거짓 여론은 대부분 아주 사소하고 작은 문제를 진지하게 비난하는 것으로부터 시작된다. 이런 어처구니없는 사건으로부터 만들어진 희생양들이 무고함이 증명된 때는, 이미 사회적으로 처형되고 난 이후인 경우가 대부분이다. 따라서 침묵하고 있는 양심적인 전문가들이 양심적인 시민들과 함께 무고한 희생양이 생기는 것을 막기 위해 나서야 한다. 고대 이스라엘 민족이 아세셀의 염소에게 축도하면서 거친 황야로 내몰아 사자와 늑대의 제물로 삼은 것처럼, 희생양을 양산하는 지금의 체제와 문화는 기만적이고 비겁하다.

어느 누구도 현대 사회의 희생양 문제로부터 자유롭지 못하다.

그것은 우리의 일상을 지배하고 있다. 르네 지라르는 희생양 문제에 관하여 모든 사람들이 처한 자기모순, 자가당착의 상황을 지적하고 있다.

우리들은 이웃들이 희생양 문제를 가지고 있다면, 맹렬하게 비난한다. 그러나 우리 또한 자신의 대체 희생양을 필요로 하고 있다. 우리 모두는 자신의 희생양에 대한 불만은 합법적이며 증오는 정당하다고 말하려고 하지만, 우리가 스스로 무죄라고 주장하는 감정은 옛 조상들의 감정에 비교해도 깨지기 쉬운 취약한 것이다(*Satan*, 158).

우리는 희생양 현상의 피해자 또는 변호인임과 동시에 박해자일 가능성이 아주 높다. 다른 사람을 박해자라고 비난하면서, 때로 스스로 무고한 희생양을 만들고 있는 경우도 많이 있다. 깨어 있는 시민들의 자성을 통하여 희생양 문제에 대한 성숙한 공감대가 형성되어야 한다.

현대 사회의 원시 부족

현대 정보화 사회에서 희생양 메커니즘은 기술적으로 진화된 형태로 나타난다. 희생양에 대하여 초석적 폭력이 행사되던 원시, 고대 사회는 중세와 근대를 거쳐 현대에서 새로운 국면에 들어섰다. 고대 사회의 강력한 국가체제는 일정 정도 일상적인 집단폭력을 억제하는 데 기여하였다. 서양의 중세 시대 또는 동양의 근대화 이전 시대에는 종교와 문화가 집단폭력을 억제하는 강력하고 지배적인 기능을 가지고 있었다. 물론 국가체제와 종교집단 자체가 집단폭력의 주체로서 대량의 희생양 박해를 저지르기도 했다. 근대에 들어와 결국 희생양의 관점을 부분적으로 반영한 사법체계가 만들어졌다. 현대 사회에서는 그러한 사법체계에 기초하여 희생양 박해를 억제하기 위한 제도가 만들어지고 관심과 배려가 상식적인 것이 되어가고 있다.

현대 사회에서 벌어지고 있는 희생양 박해 또는 희생제의는 이데올로기, 정치적 목표, 종교적 갈등, 인종갈등, 성적 문제 등의 의제, 그 뒤편에 숨어서 진행된다. 첨예한 이해관계 다툼과 권력투쟁은 각자 사람들을 움직이는 거대한 서사의 구조를 가지고 있다. 특히 이데올로기와 종교는 인류 역사 전체를 관통하는 이야기를 토대로 사람들의 의식과 행동에 정당성을 부여한다. 최근에 대두되고 있는 정치적 페미니즘 또한 인류 역사를 관통하는 여성차별과 권리 회복의 서사극을 기반으로 하고 있다. 극단적 이데올로기나 종교와 마찬가지로 극단적 페미니즘이 무서운 것은 타고난 성적 정체성이라는 움직일 수 없는 운명을 무기로 삼는다는 점이다. 비가역적인 운명을 가진 비극적인 이야기는 극단적 정치투쟁, 폭력적인 분열로 귀착될 가능성이 매우 높다.

그런데 사람들은 서사극의 줄거리에 빠져 있을 뿐, 배우들을 움직이는 원천적인 힘에 대해서는 관심이 별로 없다. 특히 정보화 시대에 들어서면서 개인들은 스스로 이야기꾼이 되기도 하고, 서사극의 배우로 자리매김하고 있다. 4차 산업혁명 시대에 들어서면, 합리적 개인주의는 개인들에게 주어진 정보기기로 인해 거꾸로 위협받고 있다. 출판과 언론이 주요 정보를 독점하는 간접적 정보소통의 시대는 흔들리고 있다. 개인들은 인테넷 정보망을 통하여 급속하게 집단화할 수 있는 조건이 주어졌다. 세계인의 정보 검색 창구인 구글의 인공지능은 개인들과 개별 집단에게 기존 언론이 가지고 있는 것보다 강력한 정보력과 조직력을 제공할 수 있으며, 그 힘은 기하급수적으로 커질 것이다. 따라서 중간매체인 미디어Media의 힘은 반비례하여 축소될 것이다.

'정보로 무장한 개인의 집단화'는 위기상황에서 고대 원시사회의 부족과 같은 인터넷상의 공동체를 만들어낸다. 현대 문명의 기술이 원시 시대의 부족회의와 같은 직접적 소통과 유대감을 만들어낸다. 현대인이 원시 부족화될 수 있는 가능성이 열리게 된 것이다. 정보의 소통이 빠른 속도로 직접 전달됨으로써, 사회적 모방의 속도도 기하급수적으로 빨라진다. 모방의 가속화는 경쟁과 갈등을 가속화시킨다.

책과 신문으로 상징되는 오프라인 정보가 주는 사실과의 심리적 거리감이 현격하게 감소한다. 원래, 미디어는 사실과 의견을 전달하는 중간매체로서 모방을 억제하거나 속도를 조절하는 기능도 가지고 있다. 한국 사회에서 미디어는 자신의 정치, 경제적 이익을 노골적으로 노출함으로써 신뢰의 위기에 봉착하고 있다. 미디어의 모방 억제 또는 지연 기능은 무너지고 있다. 언론이 제공하던 신화와 권위는 거의 사라졌다. 회식 자리의 토론은 인터넷 커뮤니티의 채팅으로 대체된다. 다양한 의견과 감정이 교류되던 토론은 유사한 개인 간, 집단 간의 경쟁과 모방으로 대체된다. 개인 간의 '차이의 소멸'이 급속하게 진행됨으로써 폭력이 폭발할 수 있는 임계상태에 이를 가능성이 높아진다. 그 결과 조국 사건에서 조국 교수를 비난하는 집회와 조국 교수를 옹호하는 집회는 모두 순식간의 소통으로 백만 명이 넘는 사람들이 자발적으로 모일 수 있는 환경이 조성되었다.

스마트폰으로 무장한 원시 부족이 등장하고 있다. 이 새로운 현대의 원시 부족은 폭력과 희생 문제의 새로운 지평을 열게 될 것이다.

실패한 희생제의

희생제의는 초석적 폭력의 재현, 희생양의 살해, 희생양의 신성화라는 세 가지 요소가 적절하게 결합된 형태로 나타난다. 희생제의가 새로운 사회적 환경과 동기에 의해 변형되는 경우, 이러한 요소들이 생략, 왜곡, 과장됨으로써 본연의 완결적인 희생제의의 모습을 잃어버릴 수 있다. 이것을 실패한 희생제의 또는 부분적 희생제의라고 부를 수 있다. 실패한 희생제의는 크게 폭력과 희생에만 집중되는 경우와 희생양에 대한 신성화에 집착하는 두 가지 경우로 나타난다. 전자는 유대인 학살, 광주학살과 같이 '희생양의 살해를 통한 박해자의 위기 탈출 및 정당성 강화'가 목적으로서 일방적인 희생양 박해로 나타나고, 후자는 현대 사회에서 광범위하게 나타나는 '희생양에 대한 과도한 신성화'로 나타난다.

"불순한 폭력이 희생제의의 성스러운 폭력과 섞이게 되면"(*Violence and the Sacred*, 39) 희생제의는 실패한 파렴치한 폭력으로 전락한다. 이는 르네 지라르가 희생위기라고 부르는 실패한 희생제의의 한 모습이다. 희생제의가 문화적 장치가 아니라 정치적, 종교적인 필요에 의해 탄압의 수단으로 악용될 경우, 고유의 집단적 폭력의 메커니즘은 작동하지만 원래의 목적은 상실된다. 실패한 희생제의는 사회의 갈등을 해소하기보다는 보복의 악순환에 빠지게 하거나 갈등을 증폭시킬 수 있다. 조국 교수에 대한 집단박해는 보수카르텔, 특히 정치검찰과 언론의 이익을 지키기 위한 불순한 의도가 불순한 폭력을 동원함으로써 궁극적으로는 실패할 수밖에 없는 운명을 가지고 있다. 정치 경제적으로 불순한 의도를 가진 희생제의의 경우, 희생양에 대한 폭력은 신화적인 성스러움이 사라지고 그 본질은 폭로된다.

현대 사회에서 희생제의의 폭력 모방은 육체의 살해가 정신의 살해로, 직접적인 폭력은 법적인 폭력으로 대체되는 경향이 있다. 또한, 현대 사회에서 집단적인 희생양 살해는 이데올로기적 탄압, 정치적 박해, 구조적 차별, 민족 분쟁, 인종 분쟁의 명분으로 진행된다. 그리하여 간헐적으로 폭발하는 화산처럼, 한 번 폭발하면 현대적인 무기를 이용한 대량 살육으로 귀결된다. 그러나 대부분의 경우 집단폭력의 에너지는 모방적인 희생제의의 형태로 광범위하게 나타난다. 초등학교의 왕따 현상에서 연예인에 대한 집단 공격, 외국인 차별 등 다양한 집단폭력도 왜곡된 희생제의의 모습이다.

새로운 시대적 조건 위에서 이루어지는 희생제의는 모든 공동체 구성원을 동원하지 못하거나, 법적 제도의 경계를 완전히 넘지 못하는 한계를 가진 희생제의, 즉 반쪽짜리 희생제의의 양상으로 나타난다. 희생제의에게 영향을 미치는 결정적인 변수는 근대적 사법체제가 존재한다는 것과 그 규모에 관계 없이 희생제의의 본질을 직관하는 각성된 시민이 존재한다는 점이다. 사법제도는 폭력의 정당성에 대한 견제장치로서 기능하기 때문에 집단폭력의 집행자들은 사법적 통제를 사유화하여 정당성을 획득하거나 무력화하여 보복의 가능성을 차단한다. 그러나 사법시스템은 본질적으로 절차적인 보편타당성을 추구하기 때문에 사법처리가 집단폭력의 진행속도를 따라잡을 가능성은 거의 없다. 집단폭력의 소용돌이는 태풍처럼 휘몰아치며 추문은 광속으로 인간의 뉴런에 접속한다. 그럼에도 불구하고 사법제도는 집단폭력의 기획, 집행자들의 행동양식에 영향을 미칠 수밖에 없기 때문에, 희생자에 대한 폭력은 법률체계를 이용하고, 왜곡하고, 회피하고, 영향을 미치는 모든 방식으로 진행된다.

폭력, 복수와 사법제도

　　개인의 인권을 존중하는 근대적 사법체계는 일반적으로 근대 부르주아 혁명의 산물이라고 볼 수 있다. 그러나 인류의 전체 역사로 볼 때, 근대적 사법체계라는 나무는 희생양의 무덤 위에서 자라났다. 희생양의 시체가 묻힌 땅에서 뿌리를 내리고 씨앗들이 자라나, 희생양을 기억하며 박해를 억제하는 정치제도, 사법체제를 탄생시키게 되었다. 역사적으로 보면, 주로 권력을 가진 집단이 신화적인 체제의 힘을 무기로 박해의 선두에 서 있었다. 역사의 조건이 성숙해졌을 때, 희생양들의 끈질긴 저항과 계몽의 힘으로 무자비한 폭력을 억제하는 제도와 문화가 자리 잡게 되었다. 르네 지라르의 주장에 따르면 과학적 발견으로 인해 마녀사냥이 중단된 것이 아니라, 마녀사냥의 신화에서 빠져나옴으로써 서구는 과학혁명에 들어서게 되었다. 과학혁명의 정신적, 물적 기반 위에서 합리적 개인주의와 인권의 개념이 생겨났다. 원시인들은 희생제의를 통해 폭력의 상호성에 기초한 악순환을 방지했지만 현대인들은 구조적인 법적 제도를 통해 폭력을 제어하게 되었다.

　　희생의 기능은 내부의 폭력을 진정시키고 분쟁의 폭발을 억제하는 데 있다. 인간의 사회적 욕망, 모방욕망의 소용돌이는 결국 개인, 집단 간의 갈등과 분쟁으로 전이될 수밖에 없으며 그 결과는 폭력을 통한 문제의 해결이다. 폭력은 피의 복수를 초래하며 복수는 또 다른 복수를 초래함으로써 무한루프처럼 끝나지 않는 연속 과정이 된다. 복수의 악순환은 원시사회의 가장 큰 문제였을 것이라고 짐작된다. 폭력을 방지하기 위한 방법은 희생제의를 통한 방향 전환과 함께 타협, 결투와 재판의 제도화로 진전되었다.

르네 지라르는 사법제도를 사적 복수를 방지하기 위하여 '사적 복수를 공적인 복수로 대체한 제도'라고 정의하고 있다. 재판제도는 "사법적 권위와 실행 기능을 통해서 복수를 억누르기보다는 단 한 번의 복수로 제한함으로써 효과적으로 복수의 악순환을 막는다"(*Violence and the Sacted*, 15). 사실상 형법의 취지는 피해자를 대신하여 가해자에게 복수하는 것이며, 교육을 포함한 교화적인 제도는 현대 사회의 역사적 진보의 산물이다. 검찰총장이 "보복수사를 하면 그것은 깡패이지 검사가 아니다"라고 한 말은 역설적으로 '공적 복수로서의 사법체계'가 가진 본질을 잘 말해주고 있다.

"폭력과 비폭력 사이의 제동장치"인 사법제도를 가지고 있다는 것이 원시사회와 지금 사회의 기본적 차이이다. 종교적, 도덕적 사회는 초월적인 힘을 가진 제도적 폭력의 중개를 통하여 "간접적으로 비폭력"을 추구하고 있다. 독립적이고 안정된 사법기관의 기능이 강제력을 가지면 사회는 폭력적인 복수의 악순환에서 단절될 가능성이 높다. 물론, 이러한 가능성은 사법기관의 재판관들이 모방폭력의 신화로부터 자유로울 정도로 성숙하고 각성되어 있을 때, 실현될 것이다.

사법제도의 신성과 배반

사법제도는 희생양의 신성화라는 희생제의의 속성을 가지고 있다. 즉, 사법제도는 희생양 메커니즘을 억제하기 위한 희생제의의 연장선에서 생겨났기 때문에 제의적인 초월성을 가지고 있다. 따라서 희생제의의 희생양이 종교적 성격을 가지게 된 것처럼 사법제도도 재판의 진실성을 보장해주는 종교적 수준의 신앙에 근거해 있다. "모든 사람에 의해 인정받고 있는 제도적 초월성"만이 제도의 효과를 보장해 줄 수 있다. 따라서 법 제도는 복수를 억제하려는 최초의 목적을 넘어서 그 실체가 신비화되기 시작한다. 폭력에 대한 사회의 대응이 종교적인 예방에서 사법적인 규율의 메커니즘으로 발전할수록 사법적 메커니즘은 더욱 종교적 권위를 가지게 된다.

사법제도의 탄생에 대한 많은 이론에도 불구하고, 그 제도에게 절대적인 권위를 부여하는 이유는 사회구성원의 계약적 합의라는 절차와 형식의 이면에, 사회구성원의 종교적 신앙체계가 존재하기 때문이다. 따라서 사법기관의 일탈은 시민들의 정서로 볼 때, 사회적 계약의 위반으로 보기보다는 성직자의 배교행위에 가까운 것이라고 볼 수 있다. 특히 사법제도와 권력을 사적인 복수의 수단으로 사용하는 것은 인류 사회의 진보를 전면적으로 거부하는 행위, 원시적 폭력으로 돌아가는 행위이다. 역사 속에서 무수하게 벌어지고 있는 불순한 사법적 폭력이 단죄되어야 하는 이유는 그들이 인류 사회의 진보를 정면으로 배반했기 때문이다. 그들은 수십만 년에 걸쳐서,

무고한 희생양들의 피와 눈물로 키워낸 사법제도라는 나무를 훼손하였다. 그들은 오히려 그 나무를 베어내서 칼을 만들고, 그 칼로 인류의 심장을 겨누고 있다. 사법 권력의 남용, 재판제도의 훼손은 교과서적인 법률 위반 이상의 인류사적 범죄이다. 사법체계가 그 초월성을 상실하고 불순한 폭력을 행사할 때 사회의 평화는 깨지고 만다. 검찰과 법원이 자신들의 권력을 이용하여 희생양 박해에 가담하는 것은 스스로 기반하고 있는 신화를 훼손하는 자해행위이다.

르네 지라르는 희생제의, 사법제도를 최상의 경우에도 순화적 폭력이라고 규정한다. 다시 말하면, 사법의 집행자는 사회를 대표하여 합법적으로 부여받은 폭력을 행사하는 대리인이다. 그런 이유로 희생제의가 끝난 후에는 제의의 최종 집행자들을 순화해야 할 필요가 있다는 것을 지적하고 있다. 희생제의는 집단폭력의 보복 가능성을 줄이기 위해서 '희생할 만한 희생양'을 선택하는 한편, 그 집행자인 제사장들의 정화를 요구한다. 모두 폭력에 관여하고 있기 때문이다. 어떤 부족사회에서는 희생제의가 끝난 후, 희생양의 죽음을 슬퍼하고 용서를 구하면서 희생양을 학살한 장본인을 처단하거나 추방함으로써 보복을 예방하기도 하였다. 또는 사회에 희생제의적 방식을 끌어들인 집단은 그에 대한 보복을 두려워하여 칼을 들었던 사형집행인을 처형함으로써 희생된 인간과 동물의 원혼을 위로하였다.

현대 사회에서 법을 집행하는 자들에 대한 두려움과 함께 원한이나 경멸이 동시에 존재하는 것은 이와 같은 오래된 전승에 기반하고 있다. 법률을 집행하는 사람들은 합법적인 폭력의 집행자로서 정화되어야 한다. 독일 법철학자 한스 켈젠의 실증주의 법철학의 한계는 사법체계가 가지는 신화적, 인류사적 본질을 깨닫기 어렵게 한다는 점이다. 만약 법률의 집행자가 기능적인 전문가로 전락한다면, 법을 집행하는 제사장들은 부지불식간에 박해자가 되거나 희생양이 될 가능성이 항상 존재한다. 나치 치하 프랑스 법원의 재판장들과 일제 강점기 조선 법원의 재판장들과 유신체제 법원의 재판관들은 법률의 이름으로 양심적인 시민들에게 사형선고를 내렸다. 프랑스와 한국의 차이는 프랑스는 법원을 더럽힌 판사들이 강력한 처벌을 면치 못한 반면, 한국의 판사들은 어떠한 반성이나 처벌 없이 아직도 기득권 가문을 이루고 있다는 점이다. 이들이 충실히 따른 실정법과 중세 마녀재판의 재판관들이 충실하게 따른 종교법은 본질적으로 다르지 않다. 그리고 그 재판의 본질이 동일한 것처럼, 재판관들도 결국 똑같은 신화적 박해의 주인공들이다.

한국은 현재 사법제도의 역사적 토대, 종교 및 철학적 기반에 대한 토론과 성찰이 절실하게 필요한 상황이다. 해방 후, 일제 강점기에 이식된 한국의 법률 체계는 75년 동안, 그 기초에 대한 근본적인 재검토 없이 독일법 철학과 법률 이론 위에 서 있다. 4차 산업혁명 시대의 깨어 있는 시민들과 소통할 수 있는 새로운 사법체계에 대한 검토가 절실한 시점이다. 그리고 일제 강점기로부터 지금까지 모방폭력에 굴복한, 비참한 혈통을 바꾸기 위하여 전면적으로 새로운 수혈이 이루어져야 한다. 만약, 혈통 자체를 바꾸지 않는다면, 국회에서 아무리 훌륭한 법률을 만들고 법원에서 최고의 기능적 인재들이 그것을 집행한다고 하더라도, 무서운 폭력의 신이 찾아오면 대부분 스스로 무릎을 꿇게 될 것이다. 이러한 암울한 예언은 사법농단 사건과 조국 사건에서 이미 그 징조를 확연하게 보여주고 있다. 법관의 임용 및 양성과 관련한 대대적인 수술이 필요하다. 또한 모방폭력에 빠진 재판관을 견제할 수 있는 제도적 장치, 국민의 합리적 통제가 필요하다.

3장

차이소멸과
모방욕망

차이와 차이소멸, 코스모스와 카오스 | 고유한 인간
과 보편적 개인 | 차이소멸, 정치검찰과 언론 | 차이
상실의 두려움 | 차이소멸과 차별, 일본인의 정신구
조 | 달리트, 구조적 희생양 | 모방욕망의 기초 이론
| 모방욕망, 경쟁과 갈등 | 거짓모델의 모방, 극우와
극좌

달리트

"대부분의 집단폭력은 '고유한 개인으로서의 인간'을 무시하고, 추방함으로써, 결과적으로 보편적 인간을 같이 제거한다."

"사회에서 소수파에 속한 사람들이 박해의 대상이 되는 원인은 그들이 다수와 차이가 나기 때문이 아니라 오히려 제대로 차이가 나지 않기 때문이다."

"달리트로부터 우리는 일상적인 희생양 살해를 볼 수 있다: 희생양을 단 한 번에 살해하는 것이 아니라 주변에 두고 지속적으로 살해하는 것이다. 어떤 면에서는 집단폭력과 희생양 살해의 재생산인 희생제의가 일상적으로 행해지고 있는 것이다."

"사람들의 착각은 욕망이 실체를 가진 '나의 욕망'이라고 생각하는 것이다. 인간의 욕망은 주관적이지도 객관적이지도 않다."

"인권을 훼손하는 악의적 비난의 기원으로 거슬러 올라가면, 거짓모델에 대한 모방과 집단폭력의 유전자를 찾아낼 수 있다."

차이와 차이소멸, 코스모스와 카오스

개인들 간의 차이야말로 사람들의 자기동일성^{identity}과 상호관계를 만들어 준다. 문화는 이러한 차이의 특징을 규율해주는 시스템 자체라고 할 수 있다(*Violence and the Sacred*, 49).

사회의 질서가 유지되고 폭력이 억제되는 것은 개인 또는 집단 간의 차이가 존재하고 그것이 존중되기 때문이다. 차이를 인정한다는 것은 부모와 자식, 여성과 남성과 같은 태생적인 정체성뿐 아니라, 사회 안에 있는 모든 개인과 집단이 자기 동일성을 보장받는 것을 의미한다. 더 나아가 차이를 인정하는 철학은 사물의 세계에서도 이름을 가진 모든 것에 대하여 독자적인 정체성을 부여하고, 그것들을 세계와 우주에서 함께 존재하는 하나의 구성원으로서 인정하는 것이다.

과학의 기초는 카오스의 세계에서 그 구조의 한 단면을 이루고 있는 어떤 것, 우주적 역동의 한 기능을 담당하고 있는 어떤 것을 찾아서 이름을 지어주는 작업이다. 이름을 불러준다는 것은 상호연관성, 유기적 관계 속에서 그들에게 생명을 불어넣는 작업이다. 그것이 창조이다. 이름을 지어나감으로써 카오스의 세계는 코스모스의 세계로, 이름이 사라짐으로써 코스모스의 세계는 카오스의 세계로 변화한다. 이름을 짓고 의미를 부여하는 것은 차이를 인정하는 기초이다. 차이를 인정한다는 것은 이름을 가진 개체의 의미를 존중하는 것이다. 아이에게 이름을 지어주는 것은 자기동일성을 가진 주체적 개체로서 존중하겠다는 약속이다. 근대에 들어와서 민중들에게 이름이 생겼다는 것의 의미는 이제 그들이 한 명, 한 명의 개인으로서 존중 받을 수 있는 사회적 기초가 조성되었다는 것이다. 이름 없는 희생양들의 기초 위에서 코스모스의 사회는 진전되고 있다.

모방의 가속화에 따라 사람들 간의 차이는 사라지고 경쟁은 가속화된다. 경쟁은 갈등, 좌절과 분쟁으로 귀결된다. 한국 사람들이 경제적으로 가장 부러워하는 대상은 서울 강남에 건물을 소유하고 있거나, 고급 아파트를 소유한 사람들이다. 따라서 강남 부동산 소유자는 그들이 모방하는 모델이 되며, 많은 사람이 경쟁적으로 재정적, 정신적 자원을 투자한다. 강남의 부동산은 한정되어 있으므로 희소성이 증가되어 가격은 올라갈 수밖에 없다. 강남에 부동산을 소유할 수 없는 사람들의 불만도 같이 올라간다. 그리고 강남 부동산 신화는 다른 지역으로 급속하게 확산된다.

경쟁을 통해 생성된 불만은 희생양을 찾는데, 그것은 항상 정부의 정책이다. 이러한 사회 경제, 심리적 현상의 이면에는 강력한 모방, 경쟁의 메커니즘이 작동하고 있다. 각 사람의 재산 상태, 취향, 거주 편리 지역은 다르다. 그리고 한정된 재원으로 사람들은 자기 삶을 위하여 부동산뿐 아니라 다양한 투자의 옵션을 가질 수 있다. 즉, 자신의 정체성, 자신의 필요, 자신의 꿈에 부합하는 선택지가 있다. 그러나 사람들은 차이를 파괴하는 모방의 홍수에 쉽게 쓸려 내려간다.

경쟁적인 모방이 폭력적인 상황으로 전개되면 폭력도 모방이 일어나서 전염이 시작된다. 경쟁이 격화되어 폭력 모방이 일어나게 되면, 경쟁자들 간의 거울효과가 증대된다. 모방의 거울효과에 따라 경쟁자의 모습이 뇌리에 각인된다. 개인들의 개성, 독특한 인격은 사라지고 마치 교차적으로 반사하는 거울에서 대상의 모습이 결국 한 점으로 수렴되듯이 한 사람의 진정한 독자성은 사라진다.

서로의 눈동자를 정면으로 바라보는 두 사람의 형상은 서로에게 비친 무한대의 눈동자 속에서 사라진다. 사랑의 눈빛으로 바라보는 연인의 관계는 아름답고 평화로운 코스모스의 메타포가 된다. 그러나 모방의 눈으로 서로를 응시하는 사람들은 개인의 인격이 먼지처럼 사라지는 만장일치적 폭력의 카오스가 되고 만다. 언론과 사람들은 각자의 이야기 방식으로 조국 사건을 설명하고 있지만, 사실은 차이를 상실한 동일한 내용을 말하고 있을 뿐이다. 차이가 없어지면, 강자가 득세하고 약자는 억압되며, 윤리가 소멸되어 인간관계가 해체된다. 차이의 소멸은 결과적으로 인간 정의와 윤리의 종말을 부른다.

차이를 인정한다는 것은 각각의 사회구성원이 가진 역할과 위치를 존중함으로써 부당한 지배적 권력의 횡포, 불순한 폭력을 예방할 수 있다. 한편, 공정한 사회란 사회구성원의 역할, 위치가 공정한 경쟁에 의해 결정되고, 그 이동이 가능할 수 있도록 하는 사회적 합의에 기초해 있다. 즉, 차이를 인정하되 그 차이가 고정화되지 않도록 하는 사회적 시스템을 가지고 있다는 의미이다. 또한 진정으로 차이를 인정하는 시스템은 집단적인 편견에 기초한 차별과 차이의 고착화를 방지한다. 차별은 차이를 인정하지 않기 위한 집단폭력이다.

압도적인 힘을 가진 집단이 지배하는 사회에서 개인과 소수집단의 차이를 인정함으로써 정체성을 존중하는 것은 인간의 기본권리, 생존권, 노동권, 참정권을 보장하는 토대이다. 힘이 약한 민족, 계층, 집단이 힘이 강한 집단에 동일화 되지 않고도 공존할 수 있는 것은 차이를 인정하는 건강한 체제와 규범이 존재하기 때문이다. 진보의 가장 큰 척도는 약한 개인과 소수집단에 대한 존중에 있다. 차이를 존중하는 시스템 안에서만 공정한 경쟁도 가능하다. 전체주의는 이러한 차이를 소멸시키고 개인과 소수집단의 자기동일성을 부정하여 추상적인 전체에 통합시키려는 시도이다. 한편, 극단적인 평등주의에 기초한 무정부주의는 차이의 소멸로 인하여 결국 힘을 가진 집단의 자기동일성이 지배하게 되는 역설적인 결과를 초래한다. 역사적으로 위기상황에 봉착한 정치 권력이 차이소멸의 상황을 의도적으로 조성하여 반대자를 숙청하고 권력을 강화한다. 중국 문화혁명과 한국의 광주학살은 정치 권력이 의도적으로 무정부적 상황을 조성하고, 그 상황을 악용한 전형적인 사례라고 할 수 있다.

고유한 인간과 보편적 개인

　남성이 여성을 존재적으로 부정하거나, 여성이 남성을 존재적으로 부정하는 것은 무차별적 폭력을 불러온다. 그러한 폭력이 전면화된다면, 인류 사회가 더는 존속할 수 없을 것이다. 존재의 부정이란 타인이 가지고 있는 자기동일성의 파괴를 의미한다. 자기동일성은 모든 종류의 정체성이 통합된 고유한 인간성을 의미한다. 인간은 '보편적 인간으로서의 개인'과 '고유한 개인으로서의 인간'이라는 동전의 양면과 같은 두 가지 성격을 같이 가지고 있다. 어떤 개인은 남성, 남편, 아버지, 아들, 회사원, 한국인, 자동차 동호인 등, 개인적으로 고유한 속성을 가지고 있다. 이 모든 정체성 이전에 그는 하나의 인간Human으로서 가지고 있는 속성, 즉 모든 인류를 대표하는 생물학적, 문화적, 정신적인 공통의 속성을 가지고 있다. 그것을 우리는 인간성이라고 부른다. 개인은 인간성을 가지고 있기 때문에 보편적인 규범에 의해 보호받음과 동시에 그것을 준수해야 한다. 민주적 헌법은 이러한 인간성을 가진 개인의 권리와 의무를 규정한다.

　'보편적 인간으로서의 개인'은 인류 사회로부터 탄생한 한 사람, 즉 인류 사회의 영향으로 형성되어온 역사적, 사회적 인간을 의미한다. '고유한 개인으로서의 인간'은 다른 사람들과 차이를 가진 독특한 개성을 가진 유일한 인간을 의미한다. 따라서 한 인간, 개인은 보편성과 특수성, 차이 있음과 차이 없음, 모순과 통일, 폭력과 평화의 양면성을 모두 가지고 있다. 어느 한 가지를 부정하는 것은 극단적인 방향으로 나갈 가능성이 높게 된다. 정치적으로 전체주의와 무정부주의가 나타나는 것도 그러한 통합적 정신이 붕괴되어 균형을 깨버린 결과이다.

대부분의 집단폭력은 '고유한 개인으로서의 인간'을 무시하고, 추방함으로써, 결과적으로 보편적 인간을 같이 제거한다. 박해자들은 차별에 기초하여 보편적 인간을 다시 정의한다. 나치는 게르만 민족을 보편적 인간으로, 일본제국주의는 천황 신민을 보편적 인간으로 인간성 자체를 편협하게 축소시킴으로써, 집단폭력, 국가적 폭력의 기초를 제공한다. 모든 폭력은 고유한 개인을 부정하고 제거함으로써 보편적 인간 자체를 부정하고 말살하게 된다. 집단폭력은 개인, 문화의 차이를 부정하고 편협한 차이 없음의 신화로 도피하여 보편적 인간 자체를 말살한다. 이것이 집단폭력이 반인간적이고 반문화적이라고 규정하는 이유이다.

한 개인의 자기동일성은 모방경쟁이라는 함정에서 빠져나와 모방의 진흙을 털어내고 본래의 순수한 욕망과 성숙한 정신으로 모방을 수용할 때 가능하다. 자신의 왜곡된 정체성을 찾는 작업은 박해자를 비판하는 것뿐 아니라, 정체성을 왜곡하고 억압하는 메커니즘을 해체해 나가는 것을 의미한다. 그런데 그 전제는 스스로가 모방경쟁의 늪에서 빠져나와야 하는 데 있다. 그것이 최소한의 필요조건이다. 따라서 정체성을 찾기 위한 증오의 외침은 문제해결에 전혀 도움을 주지 못하고 사태를 악화시킬 뿐이다. 극단적인 혐오뿐 아니라, 일방적인 비난은 집단적인 희생양 박해의 악순환에 빠질 것이다.

차이소멸, 정치검찰과 언론

차이를 인정하고 자기동일성을 가지는 것을 사회관계적인 면에서 보면, 자기의 지위, 역할 및 한계를 명확하게 가지는 것을 의미한다. 법률적 의미에서는 권리와 의무, 권력의 한계가 명확하다는 것이다. 한국의 정치검찰의 정치 개입은 헌법질서를 부정하고 차이를 소멸시킴으로써 대통령의 인사권과 시민의 기본권에 정면으로 도전한 행위이다. 언론이 자신의 정치적 입장을 밝히지 않고, 정당으로 등록하지 않은 채, 공정한 보도라는 신화를 이용하여 노골적으로 정치 행위를 하는 것은 기만적인 차이의 소멸 행위이다. 정치검찰과 언론의 차이소멸은 의식적, 무의식적으로 위기를 만들어내기 위한 목적을 가지고 있다. 차이소멸의 상황에서 주관성과 객관성 사이의 차이도 소멸되어 스스로 인식의 혼란에 빠진다. 결과적으로 이들은 냉정하고 객관적인 상황 판단 능력을 상실하고 편집광적인 주관에 매몰된다.

파멸의 길에 들어선 도박꾼은 마지막 베팅에 성공하면 가족의 신뢰를 회복할 수 있다고 믿는다. 그는 가족이 살고 있는 집을 담보로 마지막 게임에서 잃어버린 원금을 회수할 수 있다고 확신한다. 이 도박꾼의 편집증은 내일의 아침 햇살이 비추는 실체적인 진실을 예측하지 못하게 한다. 권력 모방의 맛에 중독된 한국의 정치검찰과 언론의 운명은 도박꾼의 운명과 같다. 그들은 자기 권한 밖의 권력을 휘둘러 독립성의 기둥이 되는 차이를 소멸함으로써 스스로 주장하고 요구하는 독립성의 집을 허물고 있다. 애초부터 정치검찰과 언론은 독립적이고 모험적인 도박꾼이 아니라 도박 하우스 주인에게 붙어서 수익을 공유하는 하위 동업자들이었는지도 모르겠다. 그들은 도박장 자체가 아니라 도박장이 보장해주던 부당 수익금에 중독된 것이 아닐까.

희생제의적인 집단폭력에 빠져있는 사람들의 편집증은 강화되어 소용돌이에서 빠져나올 수 없다. 편집증에 빠진 박해자들은 그들의 행위가 객관적인 사실에 기초한 정당한 권리행사, 정의로운 투쟁이라고 주장하지만, 그것은 신화적 신앙에 기초한 것이다. 이들은 '검찰이 대한민국의 정의를 수호하는 마지막 보루이고 보수 언론은 대한민국의 정치를 선도하고 정권을 창출하는 실제적 권력'이라는 신화를 믿고 있다. 이들은 왜곡된 신화의 노예가 되어, 신화 속의 정의로운 전사들처럼 칼을 무차별적으로 휘두르게 된다. 그들은 최초의 살인으로 인해 닫힌 의식의 감옥 안으로 들어갔다. 최초의 살인은 일본제국주의자의 민족 학살과 탄압에 동참한 역사이다. 근본적으로 일제가 만든 검찰과 법원의 정신, 일제에 협력한 언론의 정신에서 벗어나오지 못한 것이다. 그들은 살인의 추억에서 빠져나오지 못하고 있다.

닫힌 체제는 탐욕과 인지불능의 세계이다. 이것이 검사들과 기자들이 늪에 빠져 허우적거리는 이유이다. 최초의 살인은 독립운동가에 대한 구형과 판결, 조봉암의 사형, 인혁당 인사들의 사형, 광주민주화운동 인사들의 유죄 판결 등 무수하게 많은 박해의 재판으로 이어졌다. 박해자들은 민주적 체제에 적응하고 있는 것처럼 보이지만, 그들의 닫힌 정신세계, 감옥의 문은 아직 열리지 않았다. 1974년

중앙정보부의 고문에 조작된 인혁당 희생자들을 사형 판결한 대법원 판사들은 재판장 민복기, 재판관 홍순엽, 이영섭, 주재황, 김영세, 민문기, 양병호, 이병호, 한환진, 임항준, 안병수, 김윤행, 이일규(유일한 소수반대 의견자)이다. 이들은 세계적으로 '사법 역사상 암흑의 날'이라고 비판받은 사법살인을 저지르고도 제대로 반성한 적이 없다. 그때 죽어간 8명의 억울한 희생양의 무죄가 선언된 것은 2007년의 일이다. 또한, 광주민주화운동 시민들을 사법 처리한 검사와 판사, 폭도로 규정하여 인격살해했던 기자 중 그 누구도 공식적으로 반성을 하지 않는다. 일본제국주의가 저지른 악행을 용서하기 위해서는 진정한 반성이 전제되어야 하는 것처럼, 박해자를 용서하기 위해서는 그들의 반성이 필요하다. 억울한 희생양을 복원하기 위하여 박해자들에게 반성을 요구하는 것은 끝낼 수 없는 숙제이다. 조국 사건은 박해와 희생의 문제가 제대로 정리되지 않은 상황을 그대로 반영하고 있다. 왜곡되지 않은 자기동일성, 원숙한 자아 정체성과 정의로운 용기는 쉽게 생겨나지 않는다. 운명적인 모방욕망에 대한 자성의 노력이 없는 사람들에게 성숙하고 독립적인 인격을 기대할 수 없다. 그들은 적절한 조건이 주어지면 언제든지 광주시민을 학살했던 것과 같은 방식으로 무고한 희생양을 살해할 수 있는 사람이 된다.

법률 집행자들의 차이소멸 행위로 불순한 폭력과 순화적, 합법적 폭력의 차이가 사라지면 더 이상 순화작용은 존재하지 않는다. 미디어 종사자들의 차이소멸로 사실과 거짓이 뒤섞이면 더 이상 모방의 억제기능은 사라진다. 오히려 해롭고 전염성이 강한 폭력이 사회에 퍼져나간다. 법적인 보호와 억제, 종교적 순화, 문화적 대체 등, 폭력을 억제하는 장치들이 기능을 상실하게 되면 폭력은 노골적으로 그 얼굴을 드러낸다. 민주공화국의 기본 원리를 위반하면서 자기동일성을 부정하는 개인과 집단에 대한 근본적인 규제가 이루어지지 않으면 위기는 필연적으로 발생한다. 어떤 집단, 개인이 자기정체성, 즉 자신의 위치, 역할, 기능을 넘어서서, 권력과 영향력을 행사할 때 폭력적인 상황은 자연스럽게 조성된다. 차이의 존중과 공정한 경쟁 그리고 불순한 폭력의 억제는 우리 시대의 가장 큰 과제이다.

차이 상실의 두려움

르네 지라르에 따르면, 원시 고대 사회는 모방의 가속화, 차이의 소멸이 부르는 비극적인 결과를 두려워했다. 많은 원시 고대 사회에서 쌍둥이 살해와 추방이라는 관습이 존재했다. 원시 고대인의 인식에서 쌍둥이는 차이가 없는 것을 의미했다. 차이가 없는 것은 성스러운 폭력이 나타난 현상이기 때문에 빨리 제거되지 않으면 공동체의 큰 화근이 될 것이라고 믿었다. 차이 없음은 무차별적 폭력의 전조였다. 그러한 출산은 성스러운 폭력에 오염된 두려운 것으로서 금기의 대상이 되었다. 현대인의 과학적 사고로는 도저히 용납하기 어려운 일이지만, 그들은 쌍둥이 하나를 살해하거나 마을 밖으로 추방함으로써 폭력을 억제한다고 믿었다. 사회에서 소수파에 속한 사람들이 박해의 대상이 되는 원인은 그들이 다수와 차이가 나기 때문이 아니라 오히려 제대로 차이가 나지 않기 때문이다. 소수 인종, 민족, 신분의 사람들이 희생양이 되기 쉬운 상황은 그들이 사회에서 주류 사회가 가지고 있는 편견에 부합할 정도의 커다란 차이를 보여주지 못하는 경우이다. 그들이 주류 사회에 잘 적응하여 사는 것 자체가 박해의 원인이 된다.

이와 같이 차이가 있어야 할 것이 차이가 없어지는 것에 대한 두려움은 집단에 대한 차별과 박해에서 나타난다. 유럽 사회에서 유대인에 대한 차별은 유대인들의 사회적인 이중성에 기인한다. 유대인은 유대교를 믿는 신앙, 모계혈연의 민족적 정체성을 가지고 있으면서 동시에 독일인, 프랑스인 또는 폴란드인 등의 사회적 정체성을 가지고 있다. 유럽 사람들이 유대인을 두려워하거나 미워하는 것은 그들이 유대인이라는 것이 아니라 그들 사회에 적응하고 동화되어 유럽인 자신과 구별하기 어렵다는 것에 있다. 다수의 유럽 왕국들이 유대인 문제를 해결하기 위해 내놓은 대책은 게토를 설치하여 그들의 주거지를 떼어 놓는 것이었다. 그것은 공간적 차이를 통해 사회적인 차이를 만들어내겠다는 정책이다. 유대인을 사회에서 분리하여 차이를 유지하려는 오랫동안의 노력은 결국 아우슈비츠수용소로 귀결된다. 아우슈비츠는 게토의 마지막 상징이자 유럽 사회에서 유대인을 영원히 분리하기 위한 곳이었다.

이와 유사하게 외국인에 대한 집단적 박해가 많이 일어나는 사례는 타국에 이민 간 외국인들이 그 나라에 정착하여 그 나라 사람들과 유사하게 살아갈 때 발생한다. 일본인들은 재일조선인들이 그들과 너무 유사하고 구별할 수 없다는 사실에 당황하고 은밀한 살의를 느끼는 것이다. 최근 들어 일본 사회에서 한국에 대한 혐오감정이 증가하는 것은 다양한 원인이 있겠지만, 한국이 발전하여 그들과 유사한 수준이 되거나 추월할지도 모른다는 두려움에 근본 원인이 있다.

현대적 관점에서 보면 쌍둥이 살해는 생물학적으로 동일화의 오류에 빠진 것이다. 즉, 원시 고대인들은 쌍둥이가 똑같이 생긴 인간이지만, 실제로는 차이가 있는 두 사람으로 인식하지 못하는 생물학적 동일화의 오류에 빠져 있다. 마찬가지로 사람들은 차별하는 어떤 민족이나 인종에 대하여 사회적 동일화의 오류에 빠져 있다. 그 민족과 인종에게 속한 개인의 차이를 무시하고 모두를 같은 속성을 가진 사람으로 간주하게 된다. 그러한 현상의 이면에는 차별하는 민족 또는 인종과 자신들 간의 차이를 분명하게 하고자 하는 차이 상실에 대한 두려움이 깔려있다. 유럽인은 유대인과의 차이 상실을 두려워하여 유럽에 있는 모든 유대인을 같은 저급한 속성의 인간으로 동일화했다. 다시 말하면, 유럽인들은 유대인이 그들의 쌍둥이가 되는 것을 극도로 혐오하였다. 일본인들도 내선일체라는 식민지 통합을 추구했지만 사실은 조선인이 영원히 하등 국민으로 남아 그들의 우월성을 증명하는 존재로 남기를 원했다. 그들은 차이 자체가 아니라 차이의 상실을 두려워하여 극렬한 질투와 증오에 빠진다. 차이를 구별하지 못하는 무지, 두려움으로부터 문제는 시작된다. 인지불능의 한계 속에서 인류 사회는 강제적인 배제 또는 강제적이고 작위적인 차이 만들기라는 방법을 동원하기에 이른다. 이것을 우리는 차별 또는 다른 형태의 집단폭력으로 부를 수 있다.

　차별은 일상적인 정신적, 문화적 폭력을 기본 바탕으로 삼아, 물리적 폭력, 제도적 폭력으로 발전한다. 이러한 폭력이 누적되어 사회 전반의 구조적 폭력으로 고착화된다. 차별 당하는 사람 또는 집단은 새로운 형태의 희생양이 된다. 인간은 개체성과 집단성의 공존이라는 인류사적인 문제에서 헤어 나오지 못하고 있다. 아직 사람들은 인간이 보편적 인간과 고유한 개인, 보편성과 특수성이라는 이중나선 구조의 DNA 유전자를 가지고 있다는 사실을 이해하지 못하고 있다. 소우주로서의 한 인간과 또 다른 소우주인 사회 사이에서 벌어지는 운명적 역동의 메커니즘은 어느 쪽도 배제할 수 없는 방향으로 전진해야 한다.

차이소멸과 차별, 일본인의 정신구조

쌍둥이가 동일한 인간이라는 것은 원시 고대인의 착각이었지만 현대인들도 동일한 착각에 빠져 있다. 현대인들은 인종, 종교, 민족, 국적, 지역, 계급에 따라 개인의 차이를 존중하는 대신 더욱 대담한 사회적 동일화의 오류에 빠져 있다. 이러한 동일화는 매우 오래된 사회법칙으로 계승되었다. 현대 사회에서 개별집단에 대한 많은 정보가 제공됨에도 불구하고, 개선되기보다는 더 세련되고 다양하게 진화하고 있다. 현대인은 과거에 비해 접촉하는 사람의 종류가 늘어나고 관심의 범위가 늘어나면서 사고 용량의 한계에 봉착한 것 같다. 컴퓨터 소프트웨어 엔지니어가 전송 용량의 부족을 고려하여 데이터를 패킷packet 단위로 묶어서 보내면, 개인의 정보기기에서 그 정보는 다시 분해되어 해석하게 된다. 그러나 현대인의 유전적 인지 능력은 패킷화된 집단정보를 해체하지 않은 채 기억장치에 그대로 보관하는 습관을 가지고 있는 것으로 보인다.

차이소멸은 차별의 기반을 만드는 일이다. 개인과 소집단이 가지고 있는 다양하고 풍부한 정보는 무시되고, 패킷화된 채로 집단의 신화 속에서 사라져버린다. 그러한 기술적 처리 속에 인권과 같은 가치의 개념이 들어설 자리는 없다. 따라서 박해자들은 무생물화된 개인들과 희생양 집단을 손쉽게 차별의 구조 속으로 밀어 넣을 수 있다.

코로나 사태의 와중에 일부 서구인들은 한국인을 중국인으로 오인하여 폭행하는 사건이 있었다. 더 나아가 서구의 극우파들 사이에서 아시아인 전체에 대한 차별이 증가하고 있다. 모든 종류의 개인 정체성이 집단과 동일화되어 한 묶음으로 인식되는 편견은 바로 차별로 연결된다. 모든 종류의 차별은 본질적으로 집단폭력의 속성을 드러낸다. 집단폭력은 주기적으로 물리적 폭력의 얼굴을 드러내며 정신적 박해와 억압은 일상적으로 일어난다. 박해자와 희생양은 일상적으로 서로 대응하는 한 쌍의 감정을 가지고 있다. 우월감과 열등감, 보복의 두려움과 박해의 두려움이 그것이다.

우월감과 열등감이라는 쌍둥이 감정이 일본인의 정신을 지배하고 있다. 일본인들은 아직도 아시아를 벗어나 서구 세계에 편입된다는 탈아입구脫亞入歐 의식에서 벗어나지 못하고 있다. 일본인들은 서구인들이 동아시아인들을 차이 없이 동일한 시각으로 보는 것을 몹시 불편해한다. 혈통적으로는 아시아인이지만 정신적으로는 백인이 되고 싶은 것이다. 일본인들은 서구인을 모방하는 거울뉴런이 활성화하여 유전자 변이가 일어난 것 같다. 일본인들은 태생적인 혈통으로 인한 열등감을 다른 아시아인에 대한 우월감으로 상쇄시키기 위해 안간힘을 쓰고 있다. 모방에 기초한 그들의 양면성은 취약한 자기동일성으로 인하여 쉽게 차이를 소멸시킨다. 이러한 일본인의 집단적 정신구조가 집단주의와 전체주의의 기반을 제공한다. 결과적으로 일본인들이 아시아에서 끊임없이 희생양을 만드는 근본적 이유도 그들의 이중성에 있다.

일본인을 상징하는 절제의 미학, 친절, 과도한 칭찬의 이면에는 수천 년을 이어온 폭력에 대한 공포가 자리 잡고 있다. 봉건 제후

간의 치열한 전국시대 전쟁은 15세기 도쿠가와 막부가 일본을 통일함으로써 마무리되었다. 약 천 년 이상 중앙집권적인 국가체제의 법령과 사법체제를 가지고 있었던 한국과 달리, 일본은 무장 세력에 의한 지방 권력이 지배했다. 한국인이 초월성을 가진 법과 유교질서의 지배를 받았다면, 일본인은 지방 무장 세력의 실질적인 이해관계에 기초한 규범의 지배를 받았다. 한국인에 비해 일본인은 '직접적인 폭력'에 노출되어 있었다. 무사 계급의 특권하에서 평민들은 목숨을 부지하기 위해 복종의 '말과 태도'를 가질 수밖에 없었다. 일본인의 언어가 속마음인 혼네本音와 거짓 또는 순화된 표현인 다테마에建前로 나누어지는 것은 생존을 위한 처절한 노력의 산물이다. 그리고 일본어에 칭찬하는 표현이 많은 반면, 직설적인 욕과 비난의 표현이 적은 것도 같은 이유 때문이다. 절제된 표현의 이면에는 일상적인 폭력과 희생이 숨어있다. 일본에 세계에서 가장 많은 정신병원과 도박장이 존재하는 것은 이러한 억압된 정신의 산물이라고 볼 수 있다.

직접적 폭력의 원인이자 결과로서 일본인의 정신을 지배하는 모방폭력은 역설적으로 일본인의 모방 성향을 강화함으로써, 서구 과학기술 문명을 쉽게 받아들이는 배경이 되었다. 그러나 차이소멸과 자기동일성 부재의 늪에 빠진 일본인은 독립적인 발전에 이르기 어렵다. 따라서 그들은 미국과 같은 강력한 리더, 강력한 조직의 힘을 추종하는 방식으로 살아가는 데 익숙하다. 폭력과 희생의 문화야말로 일본이 숙명적으로 강한 자에게 굴종하고, 약한 자를 박해하는 이유이다.

일본은 어느 나라보다도 폭력과 희생이 여과 없이 지배했기 때문에, 폭력과 희생이라는 열쇠를 가지고 일본의 정치, 문화와 기묘한 정신세계를 해석하는 것이 가능하다. 이웃 나라의 입장에서는 그들이 가진 집단폭력과 희생양 만들기의 속성을 정확하게 파악하고 대비할 필요가 있다. 물론 깨어 있는 일본 시민들에 의한 일본 사회의 변화만이 진정한 의미에서 문제해결 방법일 것이다.

한편, 일제강점기에 조선에 이식된 일본의 폭력과 희생의 정신은 아직도 한국 사회에 잔존한다고 볼 수 있다. 한국의 보수카르텔과 일본 극우 집단 간의 정신적, 문화적 유사성은 '희생양 만들기'를 통해 극명하게 드러나고 있다. 폭력과 희생의 고리를 끊어내는 것은 일제 잔재의 청산과도 연결되어 있는 과제이다.

달리트, 구조적 희생양

21세기 현대 사회에서 불가사의한 일을 하나 꼽으라면 우리가 일억 칠천만 명의 달리트라는 불가촉천민들과 함께 지구별에서 살아간다는 사실이다. 인도 사회의 달리트는 카스트제도에도 들어갈 수 없는 존재, 인간의 지위를 인정받지 못하는 천민을 말한다. 그들은 과연 어떻게 만들어진 것일까? 달리트는 카스트제도가 만든 구조적 희생양이다.

기원전 1500년 전, 고대 사회에서 형성된 것으로 보이는 인도의 카스트제도는 공고하게 아직 살아서 14억 인도인의 삶을 지배하고 있다. 인도인들은 현대 사회와 고대 사회를 동시에 살아가고 있는 것이다. 시간은 인간 사회를 매개로 과거, 현재, 미래를 제약 없이 여행하고 있다. 카스트제도의 기원에 대한 정치 사회적 해석에 의하면, 아리아인들이 인더스 문명을 만든 드라비다인을 정벌한 후, 새로운 왕국의 원활한 통치를 위해 계급구조를 만든 것이라고 보고 있다. 한편, 신화와 종교적인 관점에서 카스트제도의 기원은 고대 신화에 기초한다. 인도 경전 베다 10장에 의하면 카스트 계급은 푸루샤신으로부터 출현했다. 신화에 따르면 원시 인류가 살해한 희생양인 푸루샤의 몸이 분리되어 브라만, 크샤트리아, 바이샤, 수드라의 네 가지 계급이 탄생되었다. 베다 신화를 통해 고대 인도 사회에서 발생한 희생양의 집단살해와 희생양의 신성화라는 전형적인 희생양 메커니즘의 단서를 찾을 수 있다. 신성한 희생양의 몸에서 나온 계급구조는 초월적인 정당성을 부여받았다. 수천 년을 내려온 카스트제도는 영국 식민통치 시절, 분할 통치 전략에 의하여 오히려 더 강화되었다. 1947년 인도가 영국으로부터 독립한 후 제정된 헌법에서 카스트 제도는 공식적으로 폐지되었지만 실제로는 아직도 계급이 유지되고 있다.

간디는 카스트 계급에도 들어가지 못하는 불쌍한 달리트에게 하리잔이라는 새로운 이름을 지어주었는데, 그것은 역설적으로 '신의 아들'이라는 의미를 가지고 있다. 이 버려진 신의 아들은 구조화된 희생양이다. 말 그대로 그들은 몸이 살아있는 희생양, 죽어서는 신이 되는 진정한 신의 아들이다. 그들은 카스트 계급구조의 온갖 불만, 갈등과 분쟁에서 생겨난 희생양이다. 그들은 이미 죽었으나 몸은 살아서 죽음 같은 삶으로 카스트 사회의 평화를 떠받치고 있다. 달리트로부터 우리는 일상적인 희생양 살해를 볼 수 있다. 희생양을 단 한번에 살해하는 것이 아니라 주변에 두고 지속적으로 살해하는 것이다. 어떤 면에서는 집단폭력과 희생양 살해의 재생산인 희생제의가 일상적으로 행해지고 있는 것이다. 그런 의미에서 달리트는 인도 카스트 사회가 신들에게 바치는 종교적 희생제물이기도 하다. 일상적 박해자들의 살해 행위가 끊임없이 재생산되는 것이 구조적 폭력이다. 구조적 폭력은 살해의 욕망을 매일 실현할 수 있는 장치이다. 따라서 노골적인 차별과 배제의 그 이면에는 죽음과 살해의 욕망이 잠재되어 있다고 볼 수 있다.

모방욕망의 기초 이론

르네 지라르의 모방 인류학은 모방욕망에 대한 해석에 기초하고 있다. 그의 모방욕망 이론으로부터 집단폭력과 희생양 메커니즘이라는 이론이 시작되었다. 모방욕망은 인간의 사회적 본성이다. 최근 뇌 과학의 발전으로 인간이 다른 동물들보다 거울뉴런Mirror Neuron이 현저하게 크다는 것을 발견하게 되었다. 호모 사피엔스는 다른 동물보다 탁월한 모방능력을 가지고 태어났다. 모방욕망은 학습능력을 증가시키고 사회성을 강화시킨다. 이러한 모방욕망에 의한 사회적 본능은 지구에서 인류에게 우월한 지위를 부여했다. 모방을 통하여 인간은 사회를 발전시키고 언어와 문화를 창조했다. 어린아이는 어른을 모델로 문화를 계승한다. 학습과 창조와 같은 행동의 기초에는 모방이 있다. 모방욕망을 통하여 인간은 동물과 다른 길을 걷게 되었다.

모방욕망은 너무나 자연에 가까운 것이기 때문에 인간은 그것이 무엇을 의미하는지, 그것이 어떠한 결과를 가져오는지에 대해 무관심하다. 심리학에서 다루는 욕구의 이론들은 드러난 욕구 그 자체를 기정사실로 인정하면서 욕구 불만에 대한 다양한 처방을 제시하는 데 그치고 만다. 그것만으로는 욕망의 실체에 접근할 수 없고 근본적인 처방을 내릴 수 없다. 핵심에 접근하는 것은 너무 지난하고 무서운 작업이기에 인류는 가급적 그러한 험난한 길을 가는 것을 회피해왔다. 그러나 모방이라는 사회적 본능은 인류 사회 문화의 핵심코드이기에 두렵거나 불쾌하더라도 그것을 논의해야 한다.

인간에게 모방은 운명적인 것이다. 인간의 동물적인 본능은 최악의 환경에서만 순수한 현상으로 나타날 수 있다. 정상적인 사회에서 인간은 갈증이 나는 경우, 어떤 물을 마실지 고민한다. 인간은 모방욕망에 의하여 생수의 브랜드를 선택하거나 정수기 물을 마실지 혹은 콜라나 커피를 마실지 선택한다. 잠을 자고 밥을 먹고 결혼하는 모든 본능은 사회적 모방의 영향에서 자유롭지 않다. 오직 완전한 원시의 무인도에서 우리는 의식주와 생식의 본능이 진정 어떤 것인지 시험할 수 있다. 평소에 프랑스산 생수를 마시는 사람도 사막에서 길을 잃으면 어떤 물이라도 많이 마실 수 있는 쪽을 선택할 것이다. 모방욕망은 지구의 현재 모습을 만들고 인간 역사를 창조했다.

인간이 동물과 다른 점은 사회적 모방 능력이 훨씬 뛰어난 것이다. 인간은 자연적 욕망이 충족되면 텅 빈 사회적 욕망의 그릇을 채우기 위해 강렬하게 움직인다. 자신이 무엇을 채워야 할지 알지 못하는 욕망은 타인의 욕망을 차용할 수밖에 없다. 자신의 욕망은 고유한 자신의 것이 아니라 모방한 욕망이다. 우리는 진정으로 자신의 욕망을 가지고 있지 않다. 따라서 진정한 자신의 것을 찾는 모험에 나서기를 원한다면, 먼저 자신의 욕망이 모방욕망인 것을 인정하는 것으로부터 첫 발걸음을 떼야 한다.

모방욕망은 타인이 나의 거울뉴런에 비추어져서 생성된 욕망이다. 모방욕망은 인류 사회를 형성하는 기능을 하는 반면, 인류 사회의 모든 갈등, 분쟁, 폭력의 원인을 제공한다. 모방욕망은 그 안에 다중적인 속성을 가지고 있다.

마이클 커원Michael Kirwan의 실험은 어린아이들의 모방욕망과 폭력으로의 전이를 잘 보여주고 있다. 어떤 방안에 어린아이들만 놀게

하면서 장난감을 하나씩 주면, 모두 자기 장난감을 가지고 잘 논다. 그런데 다른 아이가 어떤 장난감으로 재미있게 노는 것을 발견하면 한 아이가 그것을 뺏으러 간다. 그러면 작은 싸움이 시작되는데, 이 작은 싸움은 얼마 지나지 않아 모든 아이가 서로 장난감을 뺏기 위한 싸움으로 확산된다. 싸움은 물리적 폭력으로 아수라장이 된다. 만약 어른들이 그것을 말리지 않는다면 우리의 일반적인 예상보다 훨씬 더 끔찍한 결과를 낳을 것이라는 것이 학자들의 추론이다.

모방욕망은 인간에게 극단적인 이중적인 속성을 부여한다. 인간은 모방욕망을 통해 동물보다 우월한 지위를 차지하게 되었지만, 모방욕망으로 인해 동물보다 잔인하고 파괴적인 존재가 되었다. 인간은 천사의 속성과 악마의 속성, 선과 악, 아름다움과 추함을 동시에 가진 존재가 되었다. 모방의 자유는 갈등의 감옥을 만들어서 인간은 그 감옥으로부터 탈출하기 위하여 필사의 노력을 하지 않으면, 영원한 죄수가 되는 운명에 빠져버렸다.

사람들의 착각은 욕망이 실체를 가진 '나의 욕망'이라고 생각하는 것이다. 인간의 욕망은 주관적이지도 객관적이지도 않다. 자신의 욕망은 주로 가장 가까운 사람들의 것일 확률이 높다. 어린아이에게 욕망을 투사한 가까운 어른들과 친구들의 욕망이 어린아이의 기초적 욕망을 형성한다. 그리고 어른이 되어간다는 것은 사회의 욕망을 모방하는 것, 즉 사회화되는 과정이다. 르네 지라르의 '욕망의 삼각형 이론'에 따르면 인간은 욕망대상을 스스로, 직접적으로 욕망하는 것이 아니라 타인을 모델로 삼아 간접적으로 그 대상을 욕망하게 된다. 그 모델은 나의 욕망의 중개자 역할을 하고 있다.

명품을 구매하는 사람들의 동기는 매우 다양한 것처럼 보이지만 실제로는 단순하다. 명품 시장에서 명품이라는 대상의 사용가치를 정확하게 평가할 수 있는 전문가가 오직 사용만을 위하여 구매하는 경우는 거의 없다. 명품은 고도의 모방욕망마케팅 기법을 통하여 유명인의 이미지, 제작자들의 신화적인 이야기를 팔고 있다. 유명한 연예인과 부유층은 구매자의 모델이다. 그러나 최종적으로 구매로 이끄는 것은 명품을 소유한 나의 이웃, 고등학교 동창생이다. 동창 모임에 명품 가방을 메고 나타난 동창생은 가장 강력한 모델이 되어 나의 뉴런에 욕망이 형성된다. 가까운 친구나 이웃은 우리 욕망의 가장 가까운 모델이 된다. 르네 지라르는 이를 '내적 중재자'라고 정의한다.

명품이 너무 비싸서 그것을 소유하기 어렵게 되면, 우리는 좌절에 빠진다. 강남에 부동산을 가지지 못한 사람들은 좌절에 빠진다. 그러나 좌절은 스스로의 욕망을 더욱 강화시키게 된다. 좌절하지 않는 욕망도 존재할 수 있다. 물리학을 전공하는 과학도에게 아이슈타인은 모델이다. 아이슈타인은 예전에 죽은 위대한 과학자로서 그 학생으로부터 초월적인 존재가 되었기 때문에 아이슈타인이라는 모델은 학생에게 좌절감을 주지는 않는다. 르네 지라르는 이를 '외적 중재자'라고 정의한다. 이 학생에게 좌절감을 주는 대상은 같은 과에서 공부하는 더 우수한 동료학생이다.

모방과 경쟁은 상승적 순환의 고리를 만든다. 모방이 경쟁을 만들고, 경쟁은 모방을 강화한다. 경쟁자는 나의 욕망이 욕망할만한 것이라는 사실을 증명함으로써 욕망에 가치와 정당성을 부여한다. 나의 욕망은 이웃, 모델과의 상호작용을 통하여 욕망의 상호성이 강화되며, 상호성이 강화될수록 욕망은 증가한다. 나의 욕망이 그의 욕망을 강화시킨다. 동창생이 소유한 명품을 내가 소유함으로써 그 동창생의 명품에 대한 욕망은 실체로서 확증된다. 또한 그 동창생이 인정욕구가 더 강한 사람이라면, 바로 더 비싼 명품 구매 경쟁에 돌입할 것이다. 나는 나의 모델에게 또 하나의 모델을 주는 셈이다. 흔히, 오랫동안 주변에 존재하다 보니 매력을 주지 못하는 물건들도 타인이 관심을 가지면, 타인의 욕망이 나의 욕망을 환기시킨다. 나의 죽어있던 욕망은 경쟁자의 욕망과 접촉하면서 부활하게 된다.

모방욕망, 경쟁과 갈등

인간관계 갈등의 원인은 모방욕망에서 출발한다. 욕망의 확장을 가로막는 금기들이 철폐되어가고 그 확장을 실현할 수 있는 사회경제적 기초가 탄탄해져 모두가 모방경쟁에 대하여 거리끼지 않게 되었다. '모두 부자 되세요'와 같은 슬로건은 전혀 이상하게 들리지 않는다. 욕망의 확장은 미덕이고 미화되고 있다. 욕망의 무한경쟁이 가능한 환경이 조성되었다. 입시문제나 부동산 문제뿐 아니라, 이제 거의 모든 사회문화적 문제들이 모방욕망의 폭발을 기다리고 있다.

현대 자본주의 사회는 욕망을 긍정하며 격려한다. 자본의 자기확장은 사람들의 욕망의 확장과 맞물려 있다. 생산과 소비가 장려되는 것처럼, 욕망의 창조와 확산은 미덕으로 미화된다. 욕망의 실현은 자아가 무한한 세계로 확대되는 느낌을 준다. 욕망을 찬양하는 문화 안에서 모방욕망의 본질은 은폐되고 사람들의 희열의 이면에 존재하는 어두운 실상은 잊혀진다.

르네 지라르에 따르면, 모방욕망의 정신적 상태는 자아숭배이다. 자아에 대한 숭배는 한 걸음만 들어가면 이웃의 숭배와 연결된다. 욕망이 고유성을 가지고 있지 않듯이 자아 숭배는 고유하지 않은 이웃의 욕망, 이웃에 대한 숭배이다. 문제는 자아 숭배와 이웃 숭배 또한 본질적으로 경쟁관계에 있기 때문에 둘 사이에는 갈등이 존재한다. 사람들은 '이중적 숭배의 늪'에 빠져버렸다. 사람들이 가치 있다고 생각하여 소유하고 있는 대상이 모방욕망에서 기인하였기 때문에, 모방욕망은 타인의 가치를 자신의 것으로 받아들이게 된다. 물리학자가 되기를 꿈꾸는 학생이 의사라는 안정된 직업을 선호하는 부모의 의견을 따라 의사가 되었다면, 그 학생은 모방욕망에 따라 타인의 가치를 받아들인 직업인이 된다. 그 학생은 두 가지 문제에 봉착하게 되는데, 첫째는 물리학이라는 객관적 가치를 버리고 자신의 욕망을 따르는 이기적인 자기 숭배에 빠진 것이고, 둘째는 의사라는 정체성이 타인의 욕망을 모방한 것이므로 타인을 숭배하는 것이 된다.

이러한 이중적인 숭배는 중력의 법칙처럼 작용하여 또 다른 내부적, 외부적 경쟁에 돌입하게 된다. 이제 의사가 된 그 학생은 다른 의사와의 경쟁, 다른 직업인과의 비교와 경쟁, 모방 사이클에 빠진다. 이웃에 대한 숭배와 자신에 대한 숭배라는 이중적인 숭배에서 갈등이 나온다. 이러한 갈등에 의하여 이웃에 대한 숭배는 결국 증오의 감정으로 바뀌게 된다. 이웃을 모방하면 할수록, 자신의 모방욕망을 충족하면 할수록, 이웃과의 경쟁이 가속화되어 결국 모델이자 경쟁자인 이웃을 증오하기에 이른다. 갈등은 경쟁과 좌절, 분노와 원한, 욕구불만과 우울, 우월감과 열등감, 가진 자와 못 가진 자의 두려움으로 나타난다.

르네 지라르에 따르면 "욕망의 경쟁관계는 점점 가열되면서 주변으로 전파되는 속성"을 가지고 있다. 모방욕망은 제삼자들에게 전염된다. 한정된 모방대상을 둘러싼 경쟁은 경쟁자를 제거하기 위한 폭력으로 비화한다. 유대교와 기독교는 욕망 자체를 부정하지 않으며, 욕망의 대상을 정당하게 소유할 것과 그것을 부당하게 뺏는 것을 금하고 있다. 또한 모든 욕망의 경쟁의욕을 꺾을 수는 없지만 그 욕망이 정해진 경계를 넘어서지 못하도록 율법을 통하여 억제하고 있다.

고대 사회의 금기는 모방경쟁의 과열과 경쟁 상태를 스스로 금하려고 노력하는 장치였다. 예를 들어 고대 사회의 쌍둥이 살해는 생물학적 유사성을 모방적 경쟁상태, 무차별화와 혼동한 금기로 인한 관습이다. 금기와 윤리는 나쁜 경쟁을 억제하고 좋은 경쟁을 장려한다. 좋은 경쟁은 각자 맡겨진 역할을 다하면서 효과와 성적만을 위하여 경쟁하는 것이지만, 나쁜 경쟁은 욕망을 자제하지 못하고 정해진 사회적 합의를 위반하는 경쟁에 빠지는 것을 의미한다. 나쁜 경쟁이 가속화되면 사회를 유지하는 규칙이 무너지고, 사회는 한정된 물질적, 정신적 자원을 서로 차지하기 위한 분쟁의 소용돌이에 빠진다. 사회를 파괴하는 것은 내부의 적이다. 끝없는 야망과 제한 없는 경쟁은 사회를 파괴하는 원심력이 된다.

모방경쟁이 가속화되면 경쟁자 사이의 차이가 급속하게 소멸되어 쌍둥이처럼 닮아간다. 이들의 욕망은 모방되어 획일화되고, 질투, 선망과 증오의 감정도 같이 획일화된다. 결국, 이들은 동일한 욕망과 동일한 감정을 가진 쌍둥이처럼 변하게 된다. 결국, 이들은 하나의 희생양을 향한 폭력의 쌍둥이들로 변한다. 인류의 역사는 인류를 이러한 무차별적인 적대관계, 즉 폭력으로부터 지키기 위하여 부단히 투쟁해왔다. 적대관계의 격화에 따른 모든 차이의 소멸은 전체주의적 사회를 만들어낸다. 가장 폭력적인 사회나 조직에서 증오와 질투는 사람들을 획일화시킨다.

군대 생활에서 이러한 폭력모방이 쉽게 일어나는 것을 볼 수 있다. 군대는 거대한 모방의 용광로와 같아서 계급에 따른 역할 모방

및 성격 모방이 일어난다. 특히 한국군의 특수한 역사로 인해 군대 내에서 폭력은 더욱 만연한 것이 되었다. 일본의 폭력적인 군사 문화는 한국 군대로 계승되었다. 미군정과 이승만 정권이 군대 체계는 미국의 시스템을 이식했으나, 일제 강점기 일본 군대에 복무한 장교들을 그대로 한국군의 주력으로 임명함으로써 한국군은 기형적인 조직문화를 가지게 되었다. 한국 군대를 경험한 한국 사회의 중년, 노년의 남자들은 거의 모두 유사한 폭력의 문화를 공유하고 있다. 예전 한국 군대에서는 일부 예외를 제외하면 폭력에 희생된 신병들은 고참이 되어 폭력을 그대로 행사하는 박해자로 변신한다. 이러한 폭력적 획일화는 너무나 자연스럽게 수십 년을 이어져 왔다. 군대의 폭력은 사회 전반의 폭력과 서로 조응하고 있었다. 민주 정부가 들어선 이후 군대 폭력은 급속히 감소하기 시작되었다. 군대 내에서 당연시 되었던 폭력은 강력한 처벌과 제도적 규제에 따라 이제 노골적인 양상은 거의 사라졌다. 군대 폭력의 억제 경험은 사회적 폭력의 억제를 위한 좋은 참고 자료가 될 수 있다.

거짓모델의 모방, 극우와 극좌

기존 권력 집단의 모방경쟁은 더욱 치열하다. 기존 권력 집단은 항상 그들이 누려왔던 차이, 즉 권력의 우위가 개혁에 의해서 침해되는 것을 인내할 수 없다. 그들은 두려움, 선망, 질투, 증오의 감정으로 개혁 주체들을 공격한다. 개혁 세력이 이들의 도전에 대해 직접적인 보복이 아닌 제도적 개혁에 주력하는 것은 그들과 획일화되는 것을 막는다. 물론 단호하게 희생자들을 보호하고 적대적인 폭력을 처벌하고 예방하는 것은 기다릴 수 없는 최우선적인 선택이 되어야 한다. 그러나 근본적으로 적대적인 정치 진영논리에 따라서 같은 방식의 모방적 경쟁 상태라는 함정에 빠진다면 모방경쟁에 의한 집단폭력의 메커니즘에서 빠져나올 수 없다.

인권을 보장하는 제도적 개혁은 인간의 증오심을 원천적으로 제어하기 위한 합리주의에 기초해있다. 어떤 무엇보다도 올바른 제도의 개혁은 그가 누구든지 억울한 피해자, 인간 그 자체에 초점을 두고 있어야 한다. 신은 '악한 자나 선한 자나 똑같이 태양을 비추고 비를 내리고 있다.' 적어도 인권문제에 있어서, 법률의 공평무사함은 모방적 경쟁을 억제하고 인간을 구제하기 위한 것이다. 권력과 이념에 경도되어 인권을 우선순위에 두고 있지 않는 정치는 결국 모방경쟁의 격화로 인하여 폭력으로 귀결된다.

극우와 극좌가 권력과 이념의 쌍둥이가 되는 것은 전혀 이상한 일이 아니다. 극우 지식인과 극좌지식인의 이론은, 모방경쟁의 시각으로 볼 때, 똑같이 폭력으로 수렴되고 있다. 이것은 히틀러와 스탈린이 동일한 지옥을 만든 것과 다르지 않다. 히틀러와 스탈린의 공통점은 그들 스스로 절대 권력의 세계를 만들 수 있다는 "실패하거나 상처받지 않는 절대적 자기 독립성의 거짓모델"을 추종하고 있다는 점이다. 오만한 독재 권력자에게 나타나는 절대적 독립성의 신화는 독재자와 그들의 추종자가 쉽게 빠지는 환상이다. 그들은 신이 아님에도 불구하고 마치 신과 같이 스스로 모든 것을 해결할 수 있을 것 같은 착각에 빠져 있다. 절대적 독립성의 신화는 추종자들이 모델에게 투사하는 환상으로 만들어진다. 추종자들은 강력한 모방욕망에 빠져 있기 때문에 모델의 절대적 독립성이 자신이 만든 환상이라는 사실을 알 수 없다. 오만하고 이기적인 사람들이 강력한 독재자를 만들고 그 독재자에게 지배당하는 이율배반적인 순환이 일어난다.

2020년 한국의 정치검찰과 언론은 "절대적 자기 독립성의 거짓모델"을 추종하는 전형적인 사례이다. 두 집단은 어떠한 외부의 통제도 받지 않고 모든 것을 자율적으로 결정하고 시행할 수 있다는 휴브리스, 오만함에 빠져 있다. 그리고 어떠한 외부의 압력에도 불구하고 스스로 살아남는 힘을 보유하고 있다는 환상에도 빠져 있다. 정치검찰과 언론은 자신들의 원래 주인을 모델로 따르고 있다. 그 주인은 검찰과 언론을 통제하고 지배하면서 양육해왔던 독재권력이다. 주인을 모방한 정치검찰의 행태는 유신독재나 5공화국 군사독재 권력과 유사한 모습을 보이고 있다.

정치검찰은 누구의 눈치도 보지 않고 수사한다는 명분으로 그들의 정적들에 대한 무리한 수사를 남발하고 있고, 언론은 언론의 자유라는 명분하에 그들의 정적들을 비난하는데 아무 부끄러움이 없다. 이제 이들은 그들의 추종자들에게 스스로 "절대적 자기 독립성의 거짓모델"을 제공하고 있다. 추종자들은 정치검찰과 언론의 독재적인 권력 행사를 모델로 삼아 희생양을 공격하는 것에 참여한다. 심각한 모방에 빠진 일부 추종자들은 심지어 가정, 직장, 전철에서 다른 사람들을 공격하는 데까지 이른다.

이러한 거짓모델에 대한 모방은 정치검찰이나 언론뿐 아니라 극단적인 시민운동이나 희생양 옹호 집단에서도 나타난다. 권력 집단이 "절대적 자기 독립성의 거짓모델"을 추종한다면 이들은 '절대성과 희생자 정신'의 거짓모델은 따르고 있다. 이 거짓모델의 근거는 자신들의 주장이 '사회의 변혁을 요구하는 진리'에 기초해 있다는 믿음과 자신의 행동이 '약자를 보호하는 책무'라는 정당성에 대한 확신이다. 이러한 거짓모델은 가해자로 지목된 개인이나 집단에 대한 무자비한 폭로와 비난을 정당화한다. 결국 가해자로 지목된 자를 무덤으로 보내고서야 만족하는 이러한 신념과 행동체계는 소련 스탈린의 박해, 중국 문화혁명의 광풍과 크게 다르지 않다.

노무현 사건, 조국 사건, 윤미향 사건 및 박원순 사건 등에서 보인 시민단체, 변호인들, 진보정당, 좌파 지식인들의 행태는 '절대성과 희생자 정신'의 거짓모델을 따르고 있다. 이들의 행동을 보면 스탈린주의와 마오쩌둥 사상 숭배를 떠올리게 한다. 그들은 부인하겠지만, 그들의 메시지는 '사상의 무오성', '절대성에 대한 숭배'를 통하여 모든 비인간적 행위를 정당화하는 인민재판의 기소장과 유사하다. 그들은 마오쩌둥 어록 대신에, 아직 논란이 많은, 희생양 추정자의 고소장을 손에 들고 피고소인과 비판자들과 방관자들을 처단해야 할 공공의 적으로 간주하고 있다. 그들은 스스로 신과 같은, 정의의 심판관이 되어 사람들을 정죄하고 있다. 사법부가 내려야 할 판결을 기자회견이나 언론기사를 통해 내리고 있다.

그 대상이 누구든지, 심지어 그가 범죄자라고 하더라도 기본적인 인권은 보호되어야 한다. 어떤 경우에도 개인의 인권을 훼손하는 행위는 정당화할 수 없다. 인권을 훼손하는 악의적 비난의 기원으로 거슬러 올라가면, 거짓모델에 대한 모방과 집단폭력의 유전자를 찾아낼 수 있다. 이들의 행위는 극우 권력 집단의 독재 성향과 크게 다르지 않은 또 하나의 전체주의적 산물이다.

독재자를 모델로 따르고 있는 극우적 또는 극좌적 성향을 가진 사람들의 다수가 '거만하고 이기적'인 것은 모방 때문이다. 첫째는 독재자를 모델로 따르면서 그의 독재적인 성향을 모방한다. 순종적이고 착한 사람들도 독재적인 사람들을 모델로 삼다 보면 독재적 성향에 물들게 된다. 둘째는 거만하고 이기적인 사람들이 그들의 성향을 투사하여 자신의 성격과 유사한 독재자를 만들어낸다. 이 사람들과 독재자는 상호적으로 영향을 미치게 되어 그들의 독재적 성격이 강화된다. 독재자와 추종자는 상호적으로 침투하여 경쟁적으로 동일화된다. 이들은 욕망모방 경쟁의 회오리 속에서 획일화된다.

4장

폭력과 박해의
메커니즘

나치군중

"조국 사건에서 검찰과 언론과 야당과 시민단체와 다수 시민들은 순식간에 모두 쌍둥이가 되었다. 쌍둥이들이 된 집단은 그들이 행하는 폭력이 정당성을 가지고 있다는 집단적 환상과 최면에 빠지게 된다."

"탐욕과 폭력은 함께 가는 쌍둥이 형제자매이다. 한국의 보수카르텔이 권력, 즉 폭력에 집착하는 이유는 100년 동안 쌓아온 탐욕의 그릇을 지키기 위한 것이다."

"폭력은 완전하게 욕망할 만한 어떤 것, 신성을 가진 자족의 힘, 멋있는 모든 것이 되어 버린다. 모방욕망에 빠진 사람들은 경쟁과 갈등이 강화될수록 폭력을 갈망한다."

"군부 권력의 쿠도스가 그 효력을 상실한 후, 그 공백을 메운 것은 아이러니하게도 군부의 쿠도스에 무릎 꿇었던 검찰과 언론 권력이다. 정치사회에서 쿠도스를 제거하려고 했던 노무현 전 대통령은 쿠도스의 마력에 쓰러졌다. 한국 사회에서 마지막 남은 쿠도스는 그 신비한 효력을 시험 받고 있다."

"정치검찰은 조울증에 빠져 있다. 그리고 깊은 이면에는 우울증으로 가지 않기 위한 조급증, 티모스를 유지하기 위한 몸부림이 있다."

폭력의 쌍둥이, 짝패들

르네 지라르는 모방의 대상, 경쟁자로서 완전하게 동일화된 대상을 쌍둥이, 짝패double라고 부른다. 사회적 위기가 격화되어 모방경쟁이 가속화되면 쌍둥이들은 기하급수적으로 늘어난다. 그들은 스스로 서로 다른 부류라고 생각하고 있고, 그 동기도 다르다고 생각하지만 그것은 환상이다. 그들은 모두 하나의 목표 지점을 향해 달려간다. 이들은 모두 "동일한 욕망, 동일한 증오, 동일한 전략"을 가진 집단폭력의 짝패들, 쌍둥이들이다.

조국 사건에서 검찰과 언론과 야당과 시민단체와 다수 시민들은 순식간에 모두 쌍둥이가 되었다. 쌍둥이들이 된 집단은 그들이 행하는 폭력이 정당성을 가지고 있다는 집단적 환상과 최면에 빠지게된다. 이들이 최면에서 깨어나기 위해서는 이들의 폭력을 처벌하기위하여 법적 심판대에 세워야 하지만, 아주 소수의 사람을 제외한대부분의 사람은 망각의 늪으로 숨어 들어간다.

폭력이 집단을 획일화시키는데 성공하면 사회는 내부의 경쟁자,적대자들을 단 하나의 희생물로 대체할 수 있는 조건을 가지게 된다. 희생물에 대한 부정적 확신은 엄청난 무엇이 필요하지 않다. 박해자들은 희생양 또한 그들의 경쟁자이자 유사한 인간, 괴물 같은 짝패,쌍둥이로 만들어 버린다. "차이소멸과 짝패의 일반화"는 희생양에대한 만장일치적인 집단폭력이 실현되는 필요충분조건을 제공한다. 다시 말해서 희생양 메커니즘이 작동하는 기본적인 조건은 차이소멸과 짝패의 일반화이다.

이 이론은 고대 원시 사회의 배경을 전제로 한 것이기 때문에 문자 그대로 일반화할 수는 없다. 현재 한국 사회의 정치적 조건을 감안하면, 문재인 정부를 강력하게 지지하는 국민들이 차이소멸의 강력한 저항선을 구축하고 있다. 저항하는 시민들이 존재한다는 현실적 조건에서, 희생양 메커니즘의 작동 여부는 나머지 모두가 짝패화, 즉 쌍둥이화될 수 있는가에 달려있다. 실제 노무현, 조국 사건에서 이러한 짝패화가 개혁의 저항선을 무너뜨리고 마지막 보루까지 침입하였다.

조건이 성숙하면, 집단폭력은 거침이 없이 목표를 향해 달려간다. 노무현 사건과 조국 사건의 전개과정을 보면, 아주 사소한 억측이 엄청난 속도로 전파되어 범죄의 확신으로 변한다. 모방의 영향은 일반적인 예측을 벗어나서 태풍처럼 만장일치를 향하여 나아간다. 이러한 추세는 희생양 메커니즘 자체가 가지고 있는 모방의 속성 때문이다. 행동경제학자 대니얼 커너먼은 "생각에 관한 생각"에서 '어림짐작으로 판단하기'는 극단적 수준에 이르게 한다고 주장한다. 모두 다 어림짐작으로 판단하고 극단적 확신에 이른다. 검찰도 언론도 국민들도 모두 어림짐작으로 확신에 이른다. 검찰이 발표하는 단편적인 사실들은 범죄의 확실한 증거가 된다. 표창장과 인턴십은 입시 비리의 증거가 되고, 모든 사회적 불공정의 원인이 된다. 대여금은 투자로 변하고, 사모펀드 투자는 자본시장 투자 비리의 증거가 된다. 친척의 범죄혐의는 정경심 교수의 혐의가 되고 조국 장관의 일상적 업무는 권력형 범죄가 된다. 제대로 된 사실의 확인과 맥락의 검증이 없다. 진실을 찾기 위한 노력은 일부 깨어 있는 언론과 시민의 몫이 된다. 그러나 많은 사람은 검찰과 언론이 쓰는 신화 속에 묻힌다. 박해자들이 환상에 빠지는 이유는 단순하고 분명하다. 박해자들에게 희생양은 삶을 망치고 피곤하게 만든 주범이기 때문이다. 어차피 찾고 있던 그 범인을 드디어 만났을 뿐이다. 개인들이 가지고 있던 모든 분노, 원망과 증오는 한 사람, 희생물을 통해 해결된다.

물론 희생양에 대한 비난은 미시적인 범죄들과 거시적인 대의명분으로 포장될 것이다. 박해자들은 국가의 장래를 걱정하며 분개한다. 박해자가 주최하는 집회에서는 국가가 연주되고 신을 찬양하는 찬송가가 흘러나온다. 그들은 개인적인 이유에서 행동하는 것이 아니라고 굳게 믿고 있다. 과연 그런 것인가? 물론 박해자의 정신적 상태와 동기를 아주 단순화할 수는 없으며 다양하게 해석할 수 있다. 그러나 개인과 집단 전체를 아우르는 기본 동기는 그 결과로서 충분히 역추적할 수 있다. 그것은 단순하게도 한 사람에게 원한과 증오를 발산하는 것이다. 나치즘도 독일 민족에게는 거창한 대의를 가지고 있었으며, 가톨릭교회와 루터교회는 매주 승전을 위한 예배에서 히틀러를 독일 민족에게 내려준 구세주라고 믿었다. 함부르크와 드레스덴이 연합국의 폭격으로 화염지옥이 되어버린 후에야, 그들은 그것이 신의 목소리가 아니라 악마의 목소리라는 것을 깨닫게 되었다. 사람들은 자기들의 문제가 어떤 어려운 원인이 아니라 쉽게 단죄할 수 있는 만만한 한 사람에게서 유래한 것이라고 믿고 싶어 한다. 그러나 그 게으른 인간의 희망은 사실, 희생양 살해를 위해 부지런하게 움직이는 악마의 유혹에 빠진 것이다.

노무현 사건과 조국 사건은 폭력의 쌍둥이들에 의한 집단린치라고 볼 수 있다. 박해자 집단의 확정편향은 이들이 경제파탄과 불공정의 위기를 가지고 들어온 불가사의한 악이며, 이들을 추방하는 것만이 악의 전파를 막을 수 있다는 심리에 기초해 있다. 박해자의 확정편향은 무당이 환자의 영혼에서 귀신을 쫓아내거나 의사가 암 종양을 제거하는 것과 같은 수준의 신념이 된다. 위기에 처한 공동체에서 충동적으로 미쳐 날뛰는 집단의 발길질은 단 하나의 사람에게 초점을 맞추고, 희생양의 약점을 최악의 범죄행위로 둔갑시켜 그 폭력을 정당화한다. 사회적 모순의 모든 원인을 희생양에게 전가함으로써 희생양은 "인간성이 충만한 존재"가 아니라 괴물 같은 쌍둥이, 경쟁자로 변형되어 처형된다. 박해자들은 인간관계와 사회의 진실을 받아들이기에는 너무 힘들기 때문에 진실로부터 도피한다. 그들은 희생양에 대한 집단살해라는 넓고 쉬운 탈출구를 찾아냈다.

디오니소스, 박해자의 로망

디오니소스는 박해자의 모델이며 로망이다. 디오니소스는 술 취한 공포와 광기의 신이자, 집단적 공포의 신이다. 박해자는 온갖 명분으로 그럴듯하게 위장함에도 불구하고, 집단폭력의 메커니즘이 작동하면 반지성, 반이성의 화신이 된다. 이들은 디오니소스로 상징되는, 집단광기와 박해자의 신의 숭배자가 된다. 독일 나치 집단의 광기는 디오니소스에 대한 찬미에도 그 정신적 기초를 두고 있다. 디오니소스가 폭력과 공포의 대상일 뿐 아니라, 찬양과 예배의 대상이 되는 것은 놀라운 일이 아니다.

마찬가지로 독재자는 공포의 대상일 뿐 아니라 숭배의 대상이 된다. 그러한 숭배는 독재적 지배를 정당화하고 강화하는 상황을 조성한다. 희생양 박해와 폭력에 대한 두려움은 대중들이 스스로를 박해자와 동일화함으로써 박해자의 의식을 가지게 한다. 거기에 더하여 평화와 안정, 경제개발과 같은 공동체의 성과를 독재자의 독점적 업적으로 신화화하면 우상숭배의 메커니즘이 완성된다.

위기의 상황이 도래하면 스스로 공동체를 구하겠다는 자들이 등장한다. 이런 구원자들은 사회를 구원하겠다는 소망을 주장하지만, 사회를 통제하겠다는 야망은 숨겨져 있다. 이들의 명분은 경건한 애국심이지만 자신을 신격화하고자 하는 욕망이 숨겨져 있다. 진정한 동기는 숨겨져 있기에, 드러낸 명분과 숨겨진 동기는 어떤 차이도 없는 것 같다. 이런 자들은 거꾸로 정적들이 탐욕스럽고 또한 무능하다는 명분으로 공격하여 자신을 신격화시킨다. 구국의 결단이나 정의의 실현을 얘기하는 사람들은 일단 그들의 진의를 의심해야 한다. 국가나 조직을 구하겠다는 명분은 개인적인 욕망과 혼재되어 그 차이가 없는 경우가 많다.

1979년 12월 신군부 집단이 권력을 탈취한 후 내건 슬로건은 '정의사회 구현'이었다. 그들은 정의라는 명분으로 광주에서 시민들을 학살했으며 많은 사람을 삼청교육대에 보냈다. 신군부는 세 명의 유력한 정치인과 민주인사들을 사적인 욕망의 화신으로 만들어서 숙청하거나 추방했다. 법이 지배하는 사회, 정의로운 사회를 주장하는 정치검찰의 구호는 검찰조직의 권력 유지 및 개인적인 정치적 욕망과 차이가 없다. 정치검찰의 자의적, 독재적 행태에도 불구하고 민주정부를 독재라고 비판하고 자유민주주의를 옹호하는 뻔뻔함은 박해자의 속성이다. 박해자는 목적을 위해서라면 무엇이든지 모방한다. 야당이 문재인 정부를 독재라고 비난하는 것도 심각한 수준의 모방욕망이 작동한 결과이다. 다른 어린이의 장난감을 탐내는 아이처럼 이들은 심지어 시민의 피로 쟁취한 민주주의를 장난감처럼 모방의 대상으로 여긴다.

박해자는 자신과 경쟁자 간의 욕망의 차이도 소멸시킨다. 조국 사건에서 정치검찰과 언론은 조국 교수를 사적 욕망의 화신으로 간주했다. 정치검찰과 언론은 그들의 사적 욕망처럼 개혁 세력도 동일한 사적 욕망을 가지고 있어야 한다고 생각한다. 다시 말하자면, 공정과 정의를 외치는 그들의 마음속 깊은 곳에 사적 욕망이 존재하는 것처럼, 진보와 개혁을 주장하는 조국 교수도 동일한 사적 욕망을 가지고 있다는 것을 증명해야만 했다. 상대방의 계획도 사적인 욕망의 소산일 뿐이라는 것을 주장하는 것이다. 이러한 차이소멸의 이면에는 정치검찰과 언론이 공정과 정의의 화신으로 스스로를 신격화함에 있어서, 사적 욕망의 죄책감을 보상하고자 하는 책략이 숨어있다. 시간이 조금만 지나가면 신화는 거짓으로 밝혀져 거창한 명분 뒤에 숨어있는 사적 욕망을 파악하는 것은 어렵지 않다.

그러나 단기적으로 신화의 효력이 지속되는 한, 사람들은 '그들의 공적인 명분과 사적인 욕망 간에 차이'가 없다는 것을 쉽게 알아차릴 수 없다. 그들이 박해자라는 것을 알 수 있는 가장 좋은 방법은 그들이 명분을 실행해 나가는 과정을 예리하게 분석하는 것이다. 희생양에 대한 집단박해의 징후가 조금이라도 발견된다면 이미 그는 폭력에 감염된 박해자에 불과한 것이다. 사적인 집단린치를 공적인 직무 수행으로 아무리 화장한들 역사는 그들의 맨얼굴을 보여주고 말 것이다.

모방욕망의 폭력화

　르네 지라르의 욕망이론에 따르면, 모방욕망의 주체는 모델이 욕망하는 대상을 욕망한다. 모델이 명품을 소유하고 있으면 명품을 욕망한다. 모델이 부와 권력을 소유하고 있으면 그 부와 권력이 욕망의 대상이 된다. 동일한 대상을 추구하는 욕망 주체와 모델은 경쟁관계에 돌입한다. 욕망 주체와 모델은 추종자와 경쟁자라고 할 수 있다. 특히 한정된 대상을 욕망하는 경우 욕망 주체(추종자)와 경쟁자(모델)는 서로에게 장애물이 되고 만다. 모두가 부와 권력을 가진 귀족이 될 수는 없다. 따라서 귀족과 평민은 부와 권력을 대상으로 경쟁관계가 된다.

　경쟁자(모델)는 욕망을 통하여 추종자(욕망 주체)에게 무엇을 욕망해야 하는지 알려준다. 즉, 추종자는 사실 무엇을 욕망해야 하는지를 정확하게 알지 못하면서 강렬하게 경쟁자의 뒤를 좇고 있는 것이다. 추종자는 그 욕망의 대상이 무엇인지가 중요한 것이 아니라 자신에게 결핍되어 있지만 경쟁자가 가지고 있는 것 같은 어떤 존재를 욕망한다. 평민은 귀족이 욕망하는 대상을 따라간다. 다수의 한국 사람은 강남의 부자들이 욕망하는 부동산과 명품에 관심을 가지고 있다.

　그런데 경쟁자는 추종자에게 이중적인 명령을 발산한다. 그것은 '나를 따르라' 그러나 '나를 따르지 말라'는 모순된 메시지이다. 이것을 르네 지라르는 '이중명령'이라고 부른다. 명품을 소유한 고교 동창생은 너도 명품을 소유하라는 메시지와 너는 나처럼 명품을 소유하면 안 된다는 이중적인 메시지를 던지고 있다. 고교 동창생은 친구에게 모방의 함정을 파면서 절망감과 강한 경쟁의식을 심어준다. 그런데 두 사람 사이에 형성된 경쟁관계로 인해 '너는 그런 명품을 가지면 안 된다'는 다른 메시지가 더 강하게 전달된다.

이러한 모순적인 이중명령은 폭력의 시발점이 된다. 욕망 주체는 자신의 욕망을 가로막는 상대방의 욕망을 폭력으로 인식하며, 그 폭력 자체가 바로 자신이 소유해야 하는 대상이라고 생각하게 된다. 현대 사회에서는 극단적인 가정이지만, 만약 그 명품이 세상에 하나밖에 없는 것이라면, 모방 주체인 추종자는 그 명품을 소유한 고교동창생의 힘(폭력)에 주목하게 되고 폭력적인 탈취만이 욕망을 실현하는 방법이 될 것이라고 생각한다. 장난감을 서로 뺏으려는 아이들의 싸움에서 장난감을 가지고 있는 아이가 휘두르는 힘, 폭력 그 자체가 모방의 대상이 된다.

모방욕망은 욕망을 가로막는 장애물을 향하여 무조건 돌진한다. 만약 그 장애물로 인하여 욕망의 실현이 좌절되면 그 욕망은 오히려 강화된다. 좌절된 욕망은 점점 단순화되고 격렬해져서 다시 그 욕망의 대상을 향하게 된다. 결국 다시 만나는 것은 나의 욕망을 좌절시키는 상대방의 욕망이다. 추종자는 상대방의 욕망을 폭력으로 인지하게 되어 그 폭력을 모방하기로 결정한다. 이것은 절대반지에 대한 갈망, 즉 폭력에 대한 인간의 갈망이 어디서 온 것인지 보여준다. 절제되지 않은 욕망은 결국 폭력과 만날 수밖에 없다. 탐욕과 폭력은 함께 가는 쌍둥이 형제자매이다. 한국의 보수카르텔이 권력, 즉 폭력에 집착하는 이유는 100년 동안 쌓아온 탐욕의 그릇을 지키기 위한 것이다. 보수 정권이 욕망과 폭력, 당근과 채찍으로 국민을 지배해온 것도 그들의 가장 익숙한 본성으로부터 나왔다.

폭력은 욕망의 대상을 완전하게 통제하고 소유할 수 있게 하는 마법의 지팡이, 절대반지라는 환상에 빠진다. "반지의 제왕"에서 절대반지는 그것을 소유하고자 하는 인물들이 가진 욕망의 화신이다. 폭력은 완전하게 욕망할 만한 어떤 것, 신성을 가진 자족의 힘, 멋있는 모든 것이 되어 버린다. 모방욕망에 빠진 사람들은 경쟁과 갈등이 강화될수록 폭력을 갈망한다. 이들에게 권력에 대한 욕망은 폭력을 행사할 수 있는 힘을 의미한다. 그것은 경쟁자의 폭력을 억제하고 자신의 폭력을 행사하여 욕망의 대상을 독점하고자 하는 욕망이다. 통제 받지 않는 권력은 그것이 어떠한 힘이든지, 더욱 강하고 집요한 폭력으로 성장한다. 인류의 역사는 폭력의 행사와 억제를 둘러싼 주체들 간의 지난한 싸움이다. 인간은 폭력에 대한 숭배와 함께 폭력에 대한 공포를 느끼고 있다. 폭력의 행사와 방어를 위한 경쟁자들 간의 힘의 균형은 쉽게 이루어지지 않기 때문에, 다른 변수가 없다면 이론적으로 폭력은 무한하게 증폭될 수밖에 없다.

르네 지라르는 폭력을 막는 다양한 장치들이 만들어지지 않았다면 인류 사회는 이미 파괴되었을 것이라고 말한다. 인류 사회는 금기와 규칙, 제의, 제도를 통해 폭력의 전염을 억제해 왔다. 특히 문화는 인간에게 다양한 관심의 대상을 제공함으로써 동일한 대상에게 욕망이 집중되는 것을 억제하여 사회를 이완시키고 폭력을 억제한다. 문화가 발전한 민족이나 나라가 폭력의 억제에 민감하고 평화로운 이유는 그들이 욕망할 수 있는 대상이 다양하고 개인들의 선택의 폭이 넓기 때문이다.

쿠도스(kudos) 절대권의 부적

알다시피 욕망은 승리자 폭력의 매력에 이끌리며, 폭력의 저항할 수
없는 힘을 체현하기 위하여 필사적으로 노력한다. 욕망이 폭력에 달
라붙고, 그림자처럼 쫓아다니는 것은 바로 폭력이 소중한 존재와 신
성을 의미하기 때문이다(*Violence and the Sacred*, 151).

모방욕망은 폭력에 집착하며, 경쟁자의 폭력을 제압하고 자신의
폭력을 구현하기 위해 최선을 다한다. 그들에게 폭력은 초월적인
존재의 근거가 된다. 인간에게 폭력의 초월적인 속성은 쿠도스Kudos
로 나타난다. 르네 지라르에 의하면, 쿠도스는 인류학자 방브니스트
Benveniste가 『인구 제도 사전』에서 절대권의 부적으로 번역하고 있다.
르네 지라르는 쿠도스가 "폭력이 행사하는 마력"으로서 폭력이 모습
을 드러내는 곳에서 인간을 유혹하고 소름끼치게 하는 느낌을 의미
한다고 해석하고 있다. 쿠도스는 신성이 나타나는 것처럼, 쿠도스를
소유한 자는 모든 경쟁자를 제압할 수 있는 폭력의 힘을 가지게 된다.
쿠도스는 다른 모든 마법의 반지들을 제압하는 사우론의 절대반
지가 행사하는 현기증 나는 힘과 같다. 절대반지를 탐하는 인간들이
욕망으로 인해 의식이 흐려지고 통제당하는 것과 유사하게 쿠도스
는 인간을 유혹하고 무릎 꿇게 한다. 쿠도스의 마력은 전쟁에서 적군
을 무찌른 병사들의 의기양양한 외침과 같고, 권력으로 상대방을
제압한 독재자의 미소로 나타난다. 강한 공격으로 경쟁자의 숨통을

끊은 정복자와 폭력으로 결정적인 승리를 거둔 승자들이 쿠도스를 차지한다. 현재 쿠도스라는 말은 사라지고 없지만 모든 종류의 경쟁들, 전쟁, 정치, 에로티시즘, 스포츠 경기에서 의기양양한 폭력의 심리적 효과로 남아있다. 쿠도스는 미국영화 〈모범시민〉처럼 가족을 잃은 시민이 직접 악당들을 처단하는 잔인한 폭력의 승리에 공감하는 마음에도 존재한다.

쿠도스는 조직폭력 영화에서 폭력조직의 마력과 검찰의 마력으로 표현된다. 그리고 한때 나라의 여론을 주도했던 보수 언론의 힘도 쿠도스이다. 이 신성한 것으로 느껴지는 폭력의 힘 앞에 많은 사람이 무너져 내린다. 한국 현대사에서 절대권의 부적인 쿠도스를 가졌던 집단은 군부 권력이다. 군부 권력은 대기업, 군사력, 정보 기능, 사법 권력과 언론을 통제하면서 쿠도스를 행사했다. 군부 권력의 쿠도스가 그 효력을 상실한 후, 그 공백을 메운 것은 아이러니하게도 군부의 쿠도스에 무릎 꿇었던 검찰과 언론 권력이다. 정치사회에서 쿠도스를 제거하려고 했던 노무현 전 대통령은 쿠도스의 마력에 쓰러졌다. 한국 사회에서 마지막 남은 쿠도스는 그 신비한 효력을 시험 받고 있다. 폭력의 마법은 그 신비함을 유지할 수 있을 때까지만 유효하다. 사람들에게 신비한 힘으로 폭력의 공포와 짜릿한 전율을 제공할 수 있을 때에만 쿠도스는 유효하다.

인간은 일시적으로 타인을 희생시킴으로써 "순간의 정복자"로서 신성과 같은 쿠도스를 누릴 수 있다. 그러나 쿠도스의 영원한 주인이 되기를 원하는 것은 신이 되기를 바라는 욕망이다. 인간의 역사는 그런 일을 허락하지 않는다. 인간은 신이 될 수 없다. 쿠도스는 교체

되거나 사라질 수밖에 없다. 인간에게 쿠도스는 잠시동안 어떤 인간에게 부여된 일시적인 우월한 힘이며, 언제나 사라질 수 있는 위험한 칼일 뿐이다. 그 칼은 항상 쿠도스를 소유한 자의 목도 겨냥하고 있다. 쿠도스의 마술적, 종교적 힘은 절대반지의 유혹을 이겨낸 호빗들의 지난한 투쟁에 의해 사라질 것이다.

티모스(thymos)와 정치검찰의 조울증(cyclothyme)

르네 지라르에 의하면, 티모스thymos는 그리스어로 정신, 영혼, 분노를 의미한다. 티모스는 '희생시키다', '폭력적으로 행동하다', '격노하다'를 의미하는 'thyein'이라는 말에서 나왔다. 티모스는 왕성한 생명력을 의미한다. 티모스를 상실한 사람은 생명력을 잃어버렸기 때문에 의기소침해하며 무기력해진다. 티모스는 모방경쟁과 폭력의 정신적 상태를 표현한다. 또한 경쟁자에 대한 분노, 희생양을 대하는 폭력적인 감정이다. 박해자의 감정은 티모스의 소유와 상실이라는 시소게임에 빠져 있다. 티모스에 빠진 사람은 절제와 균형감각을 상실하고 있다. 어떤 언론이 검찰총장의 심기를 전하는 몹시 이례적이고 특이한 기사에서 "윤석열 검찰총장이 몹시 격노했다"라고 쓰고 있다. 검찰과 협력하는 것으로 보이는 이 기자가 알리고 싶어하는 것은 검찰총장이 아직 왕성하게 살아있다는 것, 그의 힘과 위엄이 아직 여전하다는 것이다. 이것은 기사라기보다는 희생양 살해를 부추기는 제문祭文에 가깝다.

검찰이 조국 사건과 청와대 사건을 기소하는 과정을 보면 매우 졸속으로 이루어진 것을 알 수 있다. 피의자인 정경심 교수에 대한 관례적인 조사도 없이 조국 장관청문회가 있는 날 거의 자정 무렵에 기소한 것을 보면서 우리는 쿠도스와 티모스를 동시에 느낄 수 있다. 수사와 기소독점권이라는 검찰의 쿠도스는 어떤 측면에서든 사람들의 탄식을 자아내기에 충분했다. 그런데 검찰의 티모스에서 우리는 복수심, 초조함과 조급증을 감지할 수 있다.

조울증^{cyclothyme}이라는 말은 티모스 소유와 티모스 상실의 사이클을 의미한다. 즉, 티모스를 소유한 상태의 조증과 티모스를 상실한 상태의 울증이 순환하는 심리적 병리현상을 조울증이라고 한다. 조울증의 근본적인 원인은 모방욕망과 경쟁으로 인한 강박관념이다. 따라서 현대 정신의학에서 조울증을 단지, 심리적인 문제로 인한 것으로 보는 것은 현상적인 처방이다. 현대 사회를 지배하는 심리적 질환인 조울증은 모방과 경쟁, 폭력과 희생의 의제를 해석함으로써, 사회적, 개인적 차원의 해답을 찾아 나가야 한다. 우울증과 자살의 증가는 과잉경쟁과 폭력적인 사회에서 그 원인을 찾아야 한다.

정치검찰은 조울증에 빠져 있다. 그리고 깊은 이면에는 우울증으로 가지 않기 위한 조급증, 티모스를 유지하기 위한 몸부림이 있다. 언론 권력 또한 조울증 환자가 가지고 있는 쿠도스, 절대권의 부적을 공유하기 위해 함께 몸부림치는 병리적 현상을 보여주고 있다.

정치검찰, 언론은 쿠도스에 대한 욕망으로 인해 다람쥐 쳇바퀴 같은 자기 세계에 갇혀있다. 오만은 실패의 지름길이다. 그들은 쿠도스가 살아날 때마다 자존감을 회복하였으나, 그 효력이 떨어질 때마다 티모스의 상실로 인한 고통에 시달린다. 그래서 그 마법의 쿠도스를 계속해서 사용하지 않으면 안 되는 상황에 봉착했다. 그들은 계속해서 희생양을 찾고 있고 티모스를 발산할 대상을 찾을 수밖에 없다.

차이소멸의 적대적 갈등 상황에서 적대적 정신 상태, 티모스를 가진 사람은 경쟁자를 상호적 관점에서 보기 어렵다. 그것은 적대자의 주관세계에서는 경쟁자와의 차이가 소멸되어 관계들의 상호성을 파악할 수 없기 때문이다. 즉, 자기체제 밖의 사람들을 무시함으로써 통합적 관계구조를 제대로 알 수 없기 때문에 사물과 문제의 본질을 제대로 볼 수 없는 것이다. 따라서 상대방의 비판이나 외부의 평가를 무시하는 정신구조를 가지게 된다.

폭력적 지배에 익숙한 보수카르텔은 상호적 관점에서 세계가 움직이는 것이 아니라, 자신들이 지배하는 비상호적 관점에서 세계를 보기 때문에 모든 것을 통치의 복원, 권력의 회복이라는 목표를 위하여 집중한다. 한국의 보수카르텔이 쿠도스를 차지하고 티모스를 누리기 위한 강박의식은 병적인 수준에 이르고 있다.

폭력에 물든 사람들은 자신들만이 특별하고 독특하며, 나머지 사람들은 진부한 세상에서 살아가고 있기 때문에 자신들이 나머지를 가르치고 지배해야 한다는 환상에 빠져 있다. 사회에서 폭력을 제거하지 않으면 이러한 환상에 물든 사람들이 사회 곳곳에서 독단적인 태도로 건전한 문화를 파괴하여, 사회적 폭력의 총량을 증가시킨다.

정치검찰이 검찰 개혁을 주도하는 정부에 적대적으로 대항하는 것은 검찰과 행정부, 검찰과 국민주권 등의 차이를 소멸시키는 행위이다. 박해자 집단은 상대방과의 상호적 관계와 역사적 맥락을 파악하지 못하기 때문에, 자신들의 만장일치적인 집단폭력성을 인지하기 어렵다. 그들은 내부자의 운명적 한계에 빠져 있다. 이것이 내부로부터의 반성과 개혁이 어려운 이유이다. 예외적으로 소수의 각성한 내부자들이 존재하지만 검찰과 언론 스스로 반성하고 개혁하지 못하는 이유이다. 검찰과 언론개혁은 국민들이 의사가 되어 그들이 가진 쿠도스를 제거하는 것과 함께 조울증을 치료할 수밖에 없다.

아프리카 신성한 왕국의 노무현
― 희생양 만들기 (1)

박해자에게 집단박해의 희생양은 공동체의 위기와 불행의 근원이다. 따라서 희생양은 악랄한 범죄자, 기형적인 괴물이 되어야 한다. 박해자들은 희생양 징후로부터 그러한 범죄를 찾아내 비난한다. 희생양은 집단적 비난 속에서 괴물화 된다.

르네 지라르에 의하면, 아프리카 이집트와 스와질랜드 사이에 위치한 한 아프리카의 왕국에서는 왕을 희생물로 삼는 희생제의가 있었다. 왕은 즉위식이나 희생의식 때, 국민들로부터 모욕과 학대를 감수해야 했다. 희생의식이 있기 전, 왕은 근친상간과 금지된 음식을 먹는 등 온갖 나쁜 짓을 하도록 강요받았다. 왕은 이 위반행위를 통해 공동체에 축적된 불순한 것들, 더러움을 떠안게 된다. 왕을 공동체 규범의 위반자로 만드는 것은 그를 엄격하게 처벌하기 위한 것이다. 이와 유사한 방식으로 왕이 실질적 또는 상징적으로 희생제의의 희생물이 되는 사례는 아주 많이 발견된다. 왕을 처형하는 희생제의에서 왕에 대한 온갖 모욕과 학대가 그 절정을 이룬다. 이 아프리카 왕들은 신화의 각본에 따라 움직이는 주인공처럼 원초적인 집단린치를 당하는 희생물이 된다. 왕은 사형수, 즉 이미 죽은 왕이 되어 나라를 통치한다.

이와 같이 왕과 희생양을 동일시하는 사례는 전 세계의 신화와 역사 속에서 발견된다. 고대 그리스에서는 신의 재앙이 백성에게 닥쳤을 때 그 당연한 해결책으로 왕을 희생시키게 된다. 이러한 제도가 진화하여 왕의 모습을 한 쌍둥이, 짝패에게 부정적 이미지를 전가하여 처형하는 것이 파르마코스의 기원이라고 본다. 희생 대체를 통해 왕을 죽이는 대신 왕의 분신을 처형하는 것이다. 또는 왕을 대신하여 동물을 살해함으로써 왕에 대한 상징적 처형이 이루어지기도 한다.

노무현 전 대통령은 대통령으로 재임기간 내내 온갖 비난에 시달렸다. 10여 년이 지난 지금, 그가 무엇 때문에 그토록 많은 비난을 받아야 했는지를 기억해보면 대부분의 사람에게 뚜렷하게 떠오르는 것이 없을 것 같다. 가장 중요한 기억은 그가 국회에서 탄핵을 당했다는 사실일 것이다. 그 탄핵의 사유는 선거에서 본인이 소속되어 있는 정당이 성공하기를 바란다는 말 한마디뿐이었다. 대통령에 대한 지속적이고 모욕적인 비난과 조롱은 왕을 범죄자로 만드는 아프리카 왕국과 다를 것이 없었다. 집권 기간 거의 전체를 통해서 레임덕 현상이 일어났다. 노무현 전 대통령의 집권과 죽음은 장편 희생제의 드라마와 같았다. 그의 퇴임 직후, 희생제의의 클라이맥스가 연출되었다. 모든 언론사가 봉하마을 사저에서 그 드라마를 촬영했다. 그의 일거수일투족이 드라마의 소재였다. 보수카르텔은 마지막 순간 노무현이 가지고 있는 모든 잠재적 악을 끌어내어 아프리카의 왕처럼 만들어야 했다.

박해자들은 노무현이라는 인간이 가지고 있는 모든 문제를 끌어내어 상처받은 괴물, 범죄자 왕으로 보여주기 위한 마지막 가면을 완성하고자 최선을 다했다. 그들은 검찰청과 봉하 마을 뒷산과 언론사 편집실에서 주야로 일했다. 그의 동지들, 친구들과 가족들이 희생 대체물로 선정되었다. 박해자들의 죽음과 폭력 충동은 희생자의 죽음을 요구한다. 인격살해와 사회적 죽음이 완성되면 추방과 처형의 절차만 남을 뿐이다. 확정되지 않은 비위 사실을 테이블 위에 놓고, 고졸 출신 전직 대통령을 조롱한 검사는 다음 정권에서 권력의 시녀가 되었으며, 나중에는 스스로의 비위로 구속되었다. 그 드라마는 노무현의 죽음으로 막을 내렸다.

그러나 그가 혼자 죽은 것이 아니라는 것은 나중에 밝혀질 것이다.[*] 그의 죽음을 단순한 정치적 사건으로 규정하는 것은 진실이 아니다. 진실은 노무현의 죽음에 한국 사회에 속한 거의 모든 사람이 어떤 식이든지 관여되어 있다는 것이다. 이것은 단지 역사적인 수사가 아니라 실제적으로 절대다수의 국민들이 비난에 동조함으로써 희생양 살해에 관여되어 있다. 집단폭력의 희생양 살해라는 메커니즘 안에서 어느 누구도 자유로울 수 없다. 왜냐하면 그 메커니즘은 우리의 사회적 실존을 규정하고 있고, 하나하나의 사건들은 우리 삶에 새로운 빛과 그림자를 비춰주기 때문이다.

1980년 광주학살, 노무현 박해사건이 진정으로 사회와 개인에게 주는 의미는 무엇인가? 오직 정치 사회적인 논리로 의미가 축소되지 않기를 바라는 것이 본 논의의 목적이다. 만약 그 사건들에 대한 해석이 정치 사회적인 영역으로 국한된다면, 우리는 어떤 면에서는 더욱 퇴행적인 최근의 현상들을 이해하기 어려울 것이다. 특히 정치 공학적인 접근방법은 죽어간 희생양들과 살아있는 자들 간의 직접

---

[*] "8장_ 희생양의 부활" 참조.

적인 긴장관계를 풀어버리기 때문에, 어떠한 기념이나 반성도 진정성을 가지기 어렵다. 노무현 전 대통령은 어떤 특정 정치 세력에 의해서만 살해된 것이 아니라, 그들에게 동조하고, 부추기고 힘을 제공한 사람들, 암묵적으로 인정한 사람들 모두에 의해서 살해되었다. 그 살해 현장에 있었던 모든 사람이 노무현 전 대통령과 일대일로 관계를 가지고 있다. 죽어간 희생양과 나와의 관계를 해석하기 위한 노력은 현재 나를 둘러싼 희생양의 문제에 관심을 가지는 것과 동일한 차원의 문제이다. 내가 희생양에 대한 박해자가 아닐까? 나 또한 희생양이 아닐까? 희생양에 대한 감성적인 미안함 또는 미움을 넘어서, 진실에 접근하기 위해 노력하는 것이 아픈 동시대를 살아가는 사회적 실존으로서 시민의 도리일 것이다. 시민들의 가슴 아픈 반성과 각성을 통하여, 국민이 선택한 민주주의 사회의 대통령을, 아프리카 어느 왕국의 왕처럼 죽음으로 내몬 그 역사의 본질이 밝혀질 때가 왔다.

희생대체
— 희생양 만들기 (2)

희생제의는 초석적 폭력의 효과를 재현하기 위하여 무고한 희생양을 살해하거나 추방한다. 도시국가의 파르마코스, 카타르마와 인신공양에 바쳐진 무고한 포로들과 아사셀의 염소처럼 희생양은 선택되고 희생할만한 제물로 만들어진다. 희생제의는 마치 축제를 준비하는 것처럼, 조직적으로 기획되지만 어느 정도 자연발생적인 측면도 가지고 있다.

조국 사건을 초석적 폭력이 재현된 희생제의로 보는 이유는 첫 번째로 이 사건 전반을 살펴보면 보수카르텔의 조직적인 기획의 가능성이 높다는 점이다. 두 번째로는 조국 교수가 한 개인의 문제가 아니라 집단 또는 개혁을 대표하여 박해당하고 있다는 것을 보면 희생대체가 일어나고 있다는 것을 알 수 있다. 희생제의를 위해서는 희생양을 준비해야 하는데, 이것은 두 가지의 희생대체에 근거한다. 르네 지라르는 희생대체에 관하여 첫 번째로는 초석적 폭력에서 나타나는 것과 같이, 사회 모든 구성원들을 하나의 희생물로 대체하는 것이고, 두 번째로는 희생의 제물을 '희생될 수 있는 제물'로 대체하는 것이라고 설명하고 있다.

조국 사건의 사례에서도 이러한 2단계 희생대체의 가설을 세울 수 있다. 첫 번째 단계로 한국 사회 대신 민주개혁 정부로의 대체가 일어난다. 즉, 사회구성원의 모든 불만을 민주 개혁 세력에게 전가하는 것이다. 실제로 개혁으로 인한 위기를 벗어나기 위한 공격의 초점은 민주개혁 정부 그 자체, 청와대에 맞춰져 있다. 정치검찰이 울산 사건과 관련한 조국 교수에 대한 공소장에서 문재인 대통령을 여러 번 언급한 데서 알 수 있듯이 이들의 궁극적 공격 대상은 민주개혁 정부 그 자체이다. 두 번째 단계로 민주 개혁 세력 또는 문재인 대통령을 대체하여 조국 교수가 선택되었다고 볼 수 있다. 조국 교수는 "희생될 수 있는 제물"이었던 것이다.

제의적 희생은 '초석적 폭력의 부정확한 모방'의 성격을 가지게 된다. 이것은 원본과 복사본 간의 차이가 일어나는 것과 유사하다. 따라서 초석적 폭력이 새로운 상황에 적합하게 변형되어 복사되지만 정확하게 모방될 수는 없다. 보수카르텔은 공산주의, 지역주의, 무능과 같은 박해의 명분을 시의적절하게 이용해왔다. 보수카르텔은 희생제의를 통하여 내부의 결속을 도모하고 공동체에서 영향력을 확장하는 것을 도모한다. 그러한 측면에서 조국 사건은 정치적 권력을 둘러싼 투쟁이기도 하다. 그러나 희생제의가 성공하지 못하는 경우, 초석적 폭력의 효과를 재생산하는 것이 아니라 새로운 위기를 만들게 된다. 희생제의가 성공하지 못하는 이유는 희생제의 자체가 가지고 있는 속임수라는 속성이 쉽게 드러나는 경우이다. 더구나 희생제의를 주재하는 제사장들이 희생제의의 규칙들을 무시하고 자의적으로 제의를 시행하는 경우 실패할 가능성은 훨씬 높아진다.

조국 사건에서 보수카르텔은 희생제의의 규칙을 자의적으로 정하고 시행했다. 특히, 정치검찰은 터무니없는 기소를 통하여 자신들의 불순한 의도를 노출함으로써 사람들은 희생제의가 속임수라는 것을 쉽게 알 수 있게 되었다. 그 결과, 그들이 무너뜨리고자 했던, 정치적 진영의 장벽을 완전하게 허물지 못했다. 보수카르텔의 총공세에도 불구하고 무너지지 않는 깨어 있는 시민의 근거지는 그들의 정치적 목적 달성이 성공하지 못할 것이라는 어두운 그림자를 드리웠고, 그것은 다음해 봄 국회의원 선거에서 현실로 나타났다.

희생예비작업
— 희생양 만들기 (3)

르네 지라르에 따르면, 희생양은 내재성과 외재성을 동시에 가지고 있는 존재여야 한다. 희생물은 '내부와 외부의 차이를 소멸'시킬 수 있고 '내부와 외부의 자유로운 왕래'가 가능한 존재인 경우가 가장 이상적이다. 즉, 극단적으로 내부인과 다른 외부인, 또는 극단적으로 인간과 다른 짐승은 희생양에서 배제된다. 희생물은 그 공동체의 갈등과 분쟁을 떠안아야 하기 때문에 박해자 집단과 유사성이 존재해야 한다. 동물로 희생제물을 선택하는 경우, 마을에서 가깝게 키우던 친근한 동물을 선택하는 것도 인간과 최대의 유사성을 확보하기 위한 이유이다. 제사장들이 선택하는 제의의 희생양은 노예, 아이들, 가축, 거주 외국인처럼 그 사회의 경계지역에서 선택되었다.

또한 희생양은 이중적인 속성, 즉 공동체와의 유사성과 함께 차별성을 동시에 가지고 있어야 한다. 낯설기도 하면서 친근하기도 한 애매성은 희생제의에서 카타르시스 효과를 보장해주는 최적의 조건이다. 따라서 희생양은 공동체와 무관하지 않으면서도 공동체와 거리를 가진 이중성을 가진 존재여야 한다.

희생양은 기본적으로 사회에서 소외된 출신들이거나, 특별한 지위에 있기 때문에, 사회 구성원들과의 거리, 차이는 기본적으로 보장된다. 더구나, 범죄자 또는 괴물의 성격을 가지게 되면 이미 그는 사회구성원에서 배제되어 이방인으로 취급받는다. 이것을 희생물의 외재성이라고 한다. 박해자들은 희생물을 공동체 내부가 아니라 외부 또는 경계선에서 찾는다. 예를 들면 일본은 외부의 한국인이나 경계선에 있는 재일한국인을 희생물로 삼아 일본 사회를 결속시킨다. 특히 재일한국인은 일본 사회 내에 살고 있기 때문에 외재성과 내재성을 동시에 가진 경계인이 된다.

희생제의를 위하여 제사장 집단은 희생물을 준비하는 희생예비 작업을 수행한다. 희생제의를 주도하는 제사장들은 제의에 적합한 희생물의 선택할 뿐 아니라 희생물을 제의에 적합하게 만들어나간다. 아즈텍왕국은 그들 제사의 목적에 따라 잡혀온 대부분의 포로들을 극진하게 대접하고 관리한다. 포로들은 아즈텍 사회의 일원인 것처럼 동화되는 과정을 거친다. 특이한 경우, 어떤 희생양은 그들에게 세뇌되어 제물로 바쳐지는 것을 영광으로 생각하기도 하였다.

남미의 투피남바족은 포로를 잡아서 수개월 또는 수년 동안 부족 안에서 함께 지낸다. 그는 부족의 여인과 결혼도 하고 사냥도 함께 하면서 자연스럽게 지낸다. 그는 존경과 숭배의 대상이 되기도 하지만 모욕과 경멸의 대상이 되기도 한다. 때가 오면, 도주와 범죄의 기회를 제공한 후, 다시 잡아서 범죄자로 비난하면서 인간 희생제물로 처형한다. 잡혀 온 상태의 포로는 너무 낯설기 때문에 외부 세계의 성스러움을 가지고 있다. 따라서 포로는 희생제의에 적합한 상태의 희생제물이 되기 위해서, 부족공동체 내에서 일정 기간 지내면서 양면성을 가지도록 만들어진다. 원초적인 외재성을 잃지 않으면서도 사회에 소속감을 가지게 되는 시점에 이르러, 그는 희생제물로 처형된다.

희생예비작업은 희생양이 외부와 내부에 동시에 속해야 하기 때문에 희생양의 외재성 측면과 내재성 측면의 부족한 것을 채우는 일이다. 다른 말로 하면, 희생예비작업은 사회구성원과 차별이 잘되지 않는 사람은 더욱 낯설고 먼 사람으로, 너무 낯설고 먼 사람은 사회구성원과 유사하게 만드는 것을 의미한다. 희생제의의 제사장들은 조국 교수를 그들과는 다른 외부 세계의 인물이지만 그들 주변에 항상 같이 있는 내부자의 이미지를 찾아내고 만들어냈다. 박해자 집단의 입장에서 보면, 조국 교수는 이미 기존 체제를 전복하려는 외부의 세력으로서 외재성을 가지고 있다. 또한 그는 범죄자이기 때문에 이 사회로부터 배제해야 하는 외부인이다. 조국 교수의 내재성 문제는 그가 평범한 강남의 부유층과 유사한 인물이라는 것을 강조함으로써 해결된다. 그는 기존의 주민들과 같이 자녀를 대학에 보내고 펀드에 투자하며 부동산에 관심을 가진 평범한 이웃이었다. 조국 교수는 투피남바족의 포로처럼 본인뿐 아니라 부인과 아이들까지 함께 제물이 되고 말았다.

박해의
텍스트

중세 유대인 학살

"신화에 사실이 빠져 있는 것이 아니다. 사실은 실재하며, 표현, 구성과 의미 해석이 다를 뿐이다. 박해의 텍스트들은 '너무나 전형적인 방식의 거짓말'로 구성되어 있다."

"집단적인 사실의 왜곡은 희생양에 대한 박해가 이루어지고 있고 폭력을 정당화하기 위해 일관성 있는 메커니즘이 작동한다는 것을 반증한다. 역설적으로 거짓말은 또한 진실을 말하고 있는데, 그 거짓말이 의미하고 있는 것은 그들이 박해자라는 사실이다."

"보수카르텔이 긴밀하게 협력하여 진행한 압수수색과 밀착 취재는 나쁜 상호성의 전형적 사례이다. 짜장면으로 상징되는 검찰의 압수수색은 조국 가족과 타인 사이의 거리를 완전히 제거함으로써 나쁜 상호성을 조작하게 된다."

"표창장은 독약과 같은 무서운 독성을 가진 부적 같은 물질적 실체로 변신하였다."

유대인과 조선인 학살
― 박해의 텍스트 (1)

르네 지라르는 저서 *The Scapegoat*(희생양)에서 16세기 중반에 활동한 프랑스 시인, 기욤 드 마쇼^{Guilaume de Machaut}의 시를 해석하여, 1349년부터 1350년까지 일어났던 프랑스 북부 지방의 페스트와 유대인 학살 사건을 조명하고 있다. 이 시에서 기욤 드 마쇼는 유대인을 거짓말쟁이, 배덕자로 묘사하면서 강과 샘에 독을 풀어서 사람들을 죽게 했다고 비난하고 있다. 그리고 하늘이 노하여 유대인들은 모두 교수형에 처하거나, 능지처참되거나, 물에 빠져 죽거나, 참수형에 처했다고 적고 있다. 그리 유명하지 않은 이 중세의 시인은 당시 일어났던 사건을 배경으로 어떻게 유대인들이 희생되었는지 반증하고 있다. 아마도 이 시인은 직접 유대인 학살에 참여하지는 않았을 수 있지만 박해를 옹호함으로써 박해에 동참한 사람인 것은 분명하다. 고대 신화와는 달리 1349년 페스트와 유대인 학살이라는 역사의 기록이 남아있기 때문에, 우리는 이 텍스트가 문학작품이라고 해도, 페스트 상황에서 유대인들이 어떻게 희생되었는가에 대한 사실을 확인할 수 있다. 이 텍스트는 박해에 정당성을 부여하는 목적으로 썼지만, 역설적으로 박해자들의 거짓된 정신구조를 폭로함으로써 유대인이 희생양이라는 진실에 접근할 수 있다. 르네 지라르는 이 문학작품으로 박해자의 텍스트를 통해서도 희생양 박해의 진실을 발견할 수 있다는 것을 밝힌다.

1923년 관동대지진이 발생하여 일본 관동 지역이 초토화되었다. 일본은 당시 다이쇼 데모크라시 시대로서 아직 본격적인 군국주의 정권이 들어서기 전이었다. 지진이 발생한 직후, 군대와 경찰에서 조선인, 중국인과 사회주의자들이 사회의 혼란을 일으키기 위해 우물에 독약을 살포한다는 소문을 퍼트렸고, 이것은 순식간에 일본인들에게 퍼져나갔다. 주로 일본인 전직 군인들로 구성된 자경단이 전면에 나서고, 군대와 경찰이 합세하여 며칠 동안 6,600명 이상의 조선인과 소수의 중국인, 사회주의자들을 길거리에서 학살하였다. 그 학살 방법이 너무 참혹하여 말로 표현할 수가 없었다고 한다. 일부 양심에 가책을 느낀 일본인들은 사후에 추모비를 세우기도 하였지만, 아직 이 사건에 대하여 정확한 진상규명 및 공식적인 사죄는 이루어지지 않고 있다.

군대와 경찰과 언론의 박해의 텍스트는 순식간에 수많은 희생양을 살해하였다.

> 이번 지진을 맞아, 도쿄에 있어서는 불령선인의 망동이 있고, 또 그간 과격한 사상을 가졌던 무리가 이에 부합해 그들의 목적을 달성하려고 하는 취지 또한 들려 그들이 점차 독을 퍼뜨릴 염려가 있으므로(사이타마현 내무부장, 1923년 9월 2일, <조선인학살>, 107).*

이 경찰의 문서는 학살의 최초 도화선이 되었다.

---

* 야마다쇼지/이진희 옮김, 『관동대지진 조선인 학살에 대한 일본국가와 민중의 책임』(논형, 2008).

"요코하마 감옥을 탈출해 폭행을 저지르고 있는 불령선인, 백귀야행(百鬼夜行) 모습을 하고 서쪽으로 진행", "불령선인 2,000명 무리 지어 발전소 습격 및 폭행"(「후쿠오카 일일신문」, 1923년 9월 3일, <조선인학살>, 120).

일본 신문들의 가짜뉴스는 조선인 학살의 불길에 기름을 부었다. 사건 후 조선인들의 무고함이 드러났음에도 불구하고 대다수의 일본 신문들은 조선인의 책임을 추궁하였다.

선인들 스스로 불러일으킨 박해이며, 죄는 오히려 그들 자신에게 있다 (「다카오카신문」, <조선인 학살>, 120).

군과 경찰이 먼저 퍼트린 가짜뉴스와 함께 이 언론의 선동적 기사들은 소문에 신뢰성을 부가하였다. 조선인들이 폭동을 일으키고 우물에 독약을 푼다는 소문은 경찰보고서와 언론 기사를 통해 기정사실화되었다. 그 결과로 닥치는 대로 조선인을 학살하는 대참사가 일어났다. 조선인에 대한 악의적 소문이 거짓이라는 것을 깨닫는 데 그리 오랜 시간이 걸리지 않았다. 그러나 그때는 이미 수천 명의 희생자들이 학살당한 후였다.

악의적 의도를 가진 기사, 모방의 회오리에 빠진 기사들 모두 결과적으로 박해의 기사이다. 조국 교수에 대한 악의적인 기사들은 기욤 드 마쇼의 선동적인 시와 1923년 일본 군경과 자경단과 언론이 합작하여 조작해낸 거짓 소문과 같은 맥락하에 있다. 이러한 거짓 소문의 구조는 유럽의 일상적인 유대인 학살, 조선인 학살과 조국 사건이 같은 희생양 박해라는 것을 반증한다.*

박해의 텍스트는 본질적으로 박해를 목적으로 하고 있다. 따라서 역사적 시점을 떠나 텍스트의 내용과 형식은 박해를 위한 효과에 초점을 두고 있다. 희생양의 결정적 혐의를 발견하지 못한 박해자들은 거짓 소문에 의지할 수밖에 없다. 박해의 텍스트는 거짓을 기초로 사실들과 의미의 차이를 소멸시킨다. 박해자가 희생양을 위기의 주범으로 몰아가기 위해서는 사소한 혐의라도 중대한 범죄로 포장해야 한다. 사실 여부를 떠나 재일조선인 한 사람의 작은 실수는 독약을 살포한 범죄와 동일화 되고, 조선인 살해에 대한 정당성을 제공한다. 작은 것과 큰 것, 사적인 것과 공적인 것의 차이를 소멸시킴으로써 사소한 것을 중요한 것으로 변화시킨다. 조국 교수와 가족에게 쏟아진 모든 사소한 소재들은 중대한 범죄인 것처럼 만들어진다. 조국 사건에서 정치검찰과 언론의 전략은 최종적으로 가족의 비리와 정권의 비리를 연결하고 뒤섞어서 의식의 혼란을 유도하는 것이다. 입시, 사모펀드 수사와 청와대 수사는 사실상 같은 사과상자에 뒤섞여 포장된다.

한편, 조국 사건의 특이성은 언론이 '양(量)이 질(質)로 변화'하는 변증법의 법칙을 시험한 것이다. 언론은 대량의 물량 공세를 통하여 사소한 사건의 질적 변화를 시험한다. 누적된 과로가 질병이 되고, 계속되는 짜증이 분노로 바뀌는 것처럼, 사소한 사건이 주는 의미는

---

* 조국 사건에서 검찰과 언론이 생산, 유포한 주요한 거짓 기사에 대해서는 조국백서 『검찰개혁과 촛불시민』(조국백서추진위원회, 오마이북, 2020)에 자세히 기록되어 있으므로 참고하기 바란다.

질적으로 비약된다. 많은 사람들이 사실관계에 대한 분석보다는 어떤 사실이 주는 인상으로 사실의 진위와 의미를 받아들인다. 인터넷과 방송에서 계속해서 쏟아지는 조국 뉴스는 뇌신경을 마비시켜, 집단적인 환상을 창조한다. 조국 사건이 주는 교훈은 집단적인 가짜 뉴스의 강력한 힘과 위험성, 그 무자비한 폭력성이다.

말의 희생(the linguistic sacrifice)

르네 지라르는 라 퐁텐^{La Fontaine}의 〈페스트에 걸린 동물들〉이라는 우화를 비유로 들며 희생양의 역설적인 모습을 보여주고 있다. 페스트에 걸린 동물들 중에서 범인을 찾게 되는데, 영악한 맹수들이 모두 교묘한 말로 빠져나가고, 결국 가장 약하고 순한 당나귀가 페스트를 퍼트린 범인으로 지목받는 것처럼, 희생양은 가장 정직하고 착한 사람들 중에서 선택될 가능성이 높다는 것을 보여준다. 학교에서 왕따 희생양이 되는 아이들은 주로 우직하고 착한 아이들인 경우가 많다. 마찬가지로, 사회에서 희생양이 되는 사람들은 우직한 약자인 경우가 많다. 강하고 영리한 자들은 이들 희생양을 이용하여 그들의 잘못을 전가하고 은폐한다. 그들은 아프리카 사바나를 거니는 사자나 하이에나처럼 기만과 폭력을 능란하게 부리는 능력을 뽐내고 있다.

기만과 폭력의 시작점은 위기의 원인과 책임을 회피하고 교묘하게 전가하는 말의 능력이다. 물리적 폭력에 우선하는 것은 거짓의 언어이다. 르네 지라르는 박해의 시작에는 언어의 파괴가 먼저 일어난다는 것을 "인간 희생에 동반하거나 앞서고 있으면서, 인간 희생과 본질적으로 동일한 말의 희생"(the linguistic sacrifice, The Scapegoat 4)이 존재한다고 표현하고 있다. 인간이 희생되기 전에 말이 먼저 희생된다. 말의 올바른 의미는 왜곡되고 고문당해 희생에 이른다. 먼저 희생양과 연관된 모든 말의 의미가 왜곡된다.

사모펀드는 금융 비리와 사욕의 상징으로, 표창장은 대학을 부정 입학하는 마법의 지팡이로, 인턴은 특권층 자녀가 누리는 혜택으로 변질된다. 사회에서 맹수의 제왕들은 사모펀드가 공모펀드보다 더 일반적인 자본조달 상품이고, 봉사 표창장이 입시에서 별 영향력이 없다는 것을 잘 알고 있다. 그러나 그것을 아예 모르는 동물들과 알면서도 맹수의 말을 믿고 싶어 하는 동물들은 모두 왜곡된 말의 부정적 이미지에 빠져버린다. 조국 사건에서 소수의 민주적 언론과 진보 유튜브를 제외한 어떤 기사도 차분하게 말의 진정한 의미를 해석하거나 알려주지 않는다.

그다음으로는 희생양과 박해자에 대한 정의가 변한다. 조국 교수는 살아있는 부패한 권력, 위선자가 되고 정치검찰은 살아있는 권력을 심판하는 정의의 사도가 된다. 언론은 살아있는 권력의 거짓을 파헤치는 용감하고 공정한 진실의 수호자가 된다. 조선인은 위기에 처한 공동체를 파괴하는 폭도, 독살자가 되고 자경단은 위기에서 나라를 구하는 수호자가 된다. 희생자가 처형되기 전에 언어가 거짓의 제단에서 먼저 처형된다.

희생자의 범죄는 기정사실이므로 비난할 수 있는 소재를 찾아야 한다. 조선인 학살의 진상이 전 세계에 알려지자, 일본 법원은 이것을 무마하기 위하여 조선인들의 사소한 잘못들을 찾아내고 언론은 이것을 토대로 진상을 합리화한다.

현재까지 위에서 행하고 있는 관련 조사에 따르면, 일반 (조)선인은 대부분 선량하다고 보여지나, 일부 불령한 무리가 있어 여러 범죄를 감행했었고, 그 사실이 알려진 결과, 재난의 어려움으로 인해 인심이 불안해 공포와 흥분이 극에 달했던 상태에서, 무고한 선인 또는 내지인을 불령선인으로 오해해, 자기 방위의 목적으로 위해를 가하는 사범이 발생했다(「고쿠민신문」 1923년 10월 23일자, <조선인학살>, 117).

1923년 이 기사와 2019년 조국 사건 관련 언론의 기사는 동일하게 '말'의 희생을 통해 희생양을 살해하고 있다.

한병철 교수는 현대 사회 미디어를 분석하면서 말의 작용방식이 "상징적인 양상과 악마적인 양상"을 동시에 가진 것으로 보고 있다. "언어에는 심볼론symbolon과 함께 디아볼론dyabolon(악마적인 것)도 들어있다"(폭력의 위상학 161). 심볼론은 결합한다는 의미를 가지고 있고, 디아볼론의 동사인 "디아발레인diabllein은 분리하고 갈라놓는 것을 의미한다. 악마성을 가진 언어는 묶어줄 뿐 아니라 분열시키고 해를 입히기도 한다"(폭력의 위상학 161). 언어의 상징성은 건설적이지만 악마성은 파괴적이다. 박해자는 이러한 말의 양면성을 이용하여 말이 가지고 있는 상징적인 의미를 해체한다. 말은 사물, 사실들의 결합을 통해 풍부한 상징적인 의미를 가지게 되어 말로 표현되는 사건, 사람에 대한 통합적인 인식을 가능하게 한다. 그러나 유기적 결합에서 분리된 말은 생명력을 상실하고 거짓의 도구가 된다. 시체가 되어 해부된 말의 조각은 박해자가 원하는 악마적 목적에 따라 정육점의 고기처럼 전시되거나 다른 재료들과 혼합되어 가공식품으로 제조된다. 조국 교수와 가족에 대한 수많은 가짜뉴스의 말들이 그러한 운명을 가지고 시중에 살포되었다. 당시 유통되었던 표창장 기사, 인턴십 기사, 장학금 기사, 입시비리 기사, 위장전입 기사, 사모펀드 논란, 웅동학원 기사 등은 이미 사실이 아니거나, 의미가 없는 것으로 밝혀져서 폐기처분 되었다. 희생된 말들은 아직도 비명을 지르면서 자기 자리를 찾아가고자 하지만, 말을 해체한 주인공들은 자기가 낳은 아이들을 유기한 냉혹한 부모처럼 아무런 변명도 하지 않는다.

썩은 사과 찾기

부부싸움으로 화가 난 회사의 부장이 부하 직원에게 화풀이를 하기 위해서는 보고서에서 틀린 철자라도 찾아내야 한다. 더구나 잔혹한 박해를 합리화하기 위해서는 어떤 사소한 흠집이라도 찾아야 한다. 르네 지라르는 박해자들이 '상한 것이 하나라도 있으면 모두 폐기처분하는 사과 상자의 원칙'을 적용한다고 비유한다. 조국 사건에서 보수카르텔은 썩은 사과를 찾아내기 위해 올인했다. 사과 상자를 열면 분명 썩은 사과가 있을 것이라고 확신한 것 같다. 주변에 존재하는 썩은 사과에 너무 익숙한 이들이 사과상자를 열었을 때, 썩은 사과가 하나도 없다는 것에 놀라지 않을 수 없었다. 추측이지만, 정치검찰 지휘부와 언론사 간부들은 매우 당황했을 것이다.

그러나 보수카르텔의 전문가들은 이제까지 그래왔던 것처럼 능수능란하게 썩은 사과를 만들어냈다. 살다 보면 상처 하나 없는 인생이 어디 있겠는가? 사과박스에 조그만 상처도 없는 완전히 깨끗한 사과만 있겠는가? 박해자들은 사과에 난 조그만 상처에 깊은 칼집을 만들어서 썩은 사과라고 우기면 되는 것이다. 그들은 사과박스를 마음대로 열 수 있는 권력과 썩었다고 주장할 수 있는 자유로운 권리를 가지고 있었다.

BTS가 빌보드 차트를 석권하고 기생충이 아카데미상을 받는 한국에는 또 하나의 드라마, 수천만 관중을 동원한 세계적인 수준의 콘텐츠가 탄생했다. 이 '썩은 사과'라는 우습지만 괴기스러운 드라마의 주연은 정치 검사와 기자들이다. 이 드라마는 일회적 상영으로 끝나는 드라마가 아니라 과거와 현재와 미래를 관통하는 대하드라마의 일부이다. 이 드라마가 표현하는 괴기스러운 정신 구조의 기원은 무엇일까? 이 드라마의 연출가들은 "폭력욕망에 사로잡힌 인간의 특별한 상상세계"에 빠져있기 때문에 사과의 흠집이 자기들의 작품이라는 사실도 인정하지 않는다. 이들은 오직 하나의 일치된 목적, 희생양 박해를 위해서라면 모든 것을 동원한다. 희생양에 대한 비난을 위하여 모든 정보와 표현과 자원들이 총동원된다.

모든 주장과 표현의 불가사의한 일치는 하나의 가설로만 설명할 수 있다. 2019년 민주정부하에서, 군사독재 시대에 볼 수 있었던 것처럼, 거의 모든 언론이 같은 주장과 기사를 돌아가면서 쓰고, 서로 모방하고 복사하는 사실상의 일치는 단 하나의 가설이 아니면 설명할 길이 없다. 그 단 하나의 가설은 만장일치적인 희생양 살해의 메커니즘이다.

메커니즘이 작동하기 시작하면, 박해자들 내부의 갈등은 봉합된다. 정치적으로 정치검찰, 보수 언론, 보수정당의 카르텔은 동일체가 된다. 협력과 분업시스템이 갖추어지고 사법, 경제, 문화, 학문 분야의 보수적 전문가들과 대중들이 박해의 대열에 참가한다. 이들은 희생양 박해라는 목표, 즉 희생양을 찾아내고 희생양을 희생양답게 만들어 희생제의를 완성해나가는 것에 일치해 나간다. 그들은 스스로 정당한 정치 투쟁을 하고 있다고 세뇌하고 있다. 그리고 그들은 희생양이 유죄임을 최종적으로 심판하는 정의의 재판관들이 된다.

신화와 거짓
— 박해의 텍스트 (2)

박해자들은 자신들이 정당하게 권력을 행사하고 있다고 믿고 있다. 그들은 병을 치료하는 의사처럼, 정의를 수호하는 재판관처럼, 위기의 원인을 찾아 처단해야 하는 사명을 가지고 있다고 믿고 있다. 그런데 박해자들 중 지적으로 최정상에 있는 어떤 극소수의 사람들은 이미 역사적으로 폭로된 희생양 살해의 진실과 박해자의 역사적 운명을 예감하고 있을 것이다. 그러나 이들은 적자생존을 주장하는 진화생물학과 같은 과학에 의지하는 방식으로 불안한 정신적 상황을 회피할 수도 있다. 힘이 약한 희생양이 사자나 하이에나의 먹이가 되는 것은 자연선택의 원리이므로 어쩔 수 없다고 생각하는 것이다. 그들은 결국 과학의 이름으로 희생양의 죽음을 당연하게 받아들인다. 악마는 모든 방법을 통해서 인간의 정신을 지배한다.

박해의 텍스트는 기본적으로 신화적인 구성을 가지고 있다. 조국 사건도 아주 간단한 신화의 구조를 가지고 있다. 간단한 신화의 구성은 위기, 원인(범인), 갈등, 영웅, 처형, 평화와 같은 이야기의 구성요소를 가지고 있다. 보수카르텔과 군중들의 신화도 간단한 편이다.

한국 사회는 위기상황이다. 경제는 피폐하고 안보는 위태로우며 사회는 공정하지 못하다. 이 위기는 좌파 정부가 집권했기 때문이고 개혁은 사회의 안정을 해친다. 특히 이 위기의 주범은 조국과 같은 좌파개혁주의자 때문이다. 그는 위선자이며 범죄자이다. 이러한 위기를 해결하기 위해서는 조국을 처단해야 한다. 검찰과 언론은 사회의 정의와 진실을 지키기 위한 마지막 영웅이다….

신화에 사실이 빠져 있는 것이 아니다. 사실은 존재하며, 표현과 구성과 의미 해석이 다를 뿐이다. 박해의 텍스트들은 "너무나 전형적인 방식의 거짓말"로 구성되어 있다. 그런데 그 안에 사실들과 거짓이 혼재되어 있거나, 단편적인 사실이 포함되어 있기 때문에 사람들이 자의적으로 해석하고 상상력을 동원하여 받아들이게 만든다. 박해자의 텍스트의 속성은 "진실된 것과 속이는 것의 상투적인 결합" 또는 "실제 사실과 허구의 사실이 함께 나타나는 결합"이다. 박해자의 텍스트가 진실인 것처럼 기록되어 있지만 모두를 믿는 것이 아니듯이 모두를 거짓이라고 치부할 수 없다. 또한 일부 진실이 전부를 진실로 만들지 않는다.

언론의 거짓 보도는 사실과 거짓의 혼합, 파편적 사실, 명확하지 않은 사실, 소문, 왜곡된 사실, 노골적인 거짓, 편향적인 의견과 이것들의 조합으로 텍스트를 작성하여 이루어진다. 이 모두는 거짓이며, 의도적 왜곡의 법칙이 작동하고 있다. 아홉 가지 사실에 하나의 거짓을 끼워 넣어도 그것은 거짓이다. 이 모든 거짓은 특징적인 왜곡의 방식으로 만들어지고 있다. 그냥 사실을 교묘하게 나열하는 방법으로도 심각한 왜곡이 일어난다. 맥락이 빠진 사실은 진실이 아니다. 만약 "최근 선생으로 인한 아동 성범죄가 창궐하고 있다. 특히 어느 지역의 초등학교에서 심각하다. 김 선생이라는 사람이 어느 지역의 초등학교에서 최근에 다른 곳으로 전근했으며, 그 학교에 피해자가 있다고 한다"라는 기사가 모든 언론을 통해 진지하게 보도된다면, 그 결과가 어떻게 되겠는가? 김 선생이 아동성범죄자라는 사실을 믿는 사람들이 생겨난다. 더구나 김 선생이 만약 음주운전을 한 전과라도 있다면, 대부분의 사람이 김 선생을 범인이라고 믿게 된다. 그러면, 김 선생은 동네에서 쫓겨나고 이혼당한다.

가공의 사례이지만 현대 사회의 '희생양 만들기' 사건에서 언론들은 무고한 김 선생을 만들어내고 있다. 김 선생이 나중에 당연히 무고한 사람으로 밝혀져도 이들은 사과하거나 정정할 생각이 전혀 없다. 조금만 양식 있는 사람이라면 이들의 상투적 수법을 금방 알아차릴 수 있지만, 모방의 회오리는 생각의 여유조차 뺏어간다. 거짓은 오만과 편견과 게으름에 악한 의도가 결합되어 나오는 산물이다. 모든 거짓의 양식이 조국 사건에서 시험되었다. 심각한 것은 이들이 정말로 거짓말을 하는 것을 모르는 것인지, 알면서도 양심에 화인을 맞은 것인지 알 수 없을 정도로 너무나 자연스럽게 거짓말을 하는 것이다.

희생양 박해의 반증
— 박해의 텍스트 (3)

집단적인 사실의 왜곡은 희생양에 대한 박해가 이루어지고 있고, 폭력을 정당화하기 위해 일관성 있는 메커니즘이 작동한다는 것을 반증한다. 역설적으로 거짓말은 또한 진실을 말하고 있는데, 그 거짓말이 의미하고 있는 것은 그들이 박해자라는 사실이다. 박해자의 시각에서 쓴 모든 거짓 문서가 스스로 박해자가 누구인지를 증명하는 공소장이며, 거짓 문서를 옹호하는 집단과 전문가들이 결국 같은 박해자라는 사실을 증명한다. 우리는 박해자의 전형적인 거짓이 폭력 외에 아무것도 아니라는 사실을 고발함으로써 희생양에 대한 왜곡을 바로잡아야 한다. 또한 그러한 왜곡의 원인인 박해자의 독단적인 정신도 함께 고발해야 한다.

박해의 텍스트를 통해 희생양 박해의 증거를 찾아내는 작업에서, 사실 같은 것과 사실 같지 않은 것들을 그럴듯하게 늘어놓음으로써 사실 같지 않은 것의 존재를 정당화하려는 모든 문서는 박해의 텍스트일 가능성이 아주 높다는 것을 알 수 있다. 특히 조국 사건처럼 아주 많은 사례에서 동시에 이런 것이 나타날 때에는 더욱 그렇다. 그것은 집단적인 거짓말이라는 확실한 증거이다. 잘못된 기사에서도 박해의 진실을 추출할 수 있다. 박해의 텍스트를 쓰고 적극적으로 홍보한 모든 사람은 당연히 박해자이다. 그들은 사회적 인간을 살해하고 생물학적 인간의 죽음을 부추기는 범인들이다. 이런 진실은 이념을 초월하기 때문에, 언론의 정치성향과 관계없이 모두 집단폭력의 회오리에 빠진 박해자들이다.

　서구 사회의 언론과 비교해 볼 때, 한국의 언론이 순진할 정도로 노골적인 거짓말을 하는 것은 그들이 아직 입법부와 사법부에 영향을 미칠 수 있는 강력한 힘을 가지고 있다는 자신감 때문일지도 모르겠다. 그래서인지 노무현 박해사건과 조국 박해사건은 16세기 마녀추방 사건의 기록과 유사하다. 이러한 기록들은 최근 조국 교수의 법적 고발로 많이 지워지고 있지만, 뚜렷한 범죄의 흔적으로 남아있다. 이들은 순진하게도 공소장과 기사, 보도의 형태로 자신의 결정적 박해의 흔적, 역사적 범죄의 증거를 남겼다. 박제화된 문서들은 법적 심판의 자료일 뿐 아니라, 희생양 박해의 전형적인 사례로서 박물관에 전시될 것이다. 그들은 유대인들과 조선인들을 독약 투약의 범인으로 몰았던 자들과 같은 정신을 가지고 있다는 것을 스스로 고백하고 있다.

　르네 지라르는 현대 언어학에서 '레페랑^{référent}'이라는 용어가 텍스트가 본래 말하려는 지시대상을 의미한다고 말한다. 기욤 드 마쇼$^{Guilaume\ de\ Machaut}$의 시에서 '레페랑'은 독약 투약의 범인이라고 비난받았던 유대인에 대한 집단살해라는 진실을 가리킨다. 검찰의 공소장이나 언론 기사의 '레페랑'은 다른 지시 대상, '희생양 조국에 대한 자신들의 박해 사실'을 가리키고 있는 것이다. 박해자들의 '터무니 없는 비난'은 '레페랑'의 진실성을 강화시켜 주고 있다.

　거짓말을 판별해내는 유일한 방법은 지성과 이성에 의지할 수밖에 없다. 과학적 사실주의와 역사적 해석방법을 통해서만, 박해의 텍스트가 가진 신비를 벗겨낼 수 있다. 르네 지라르는 사실주의적 해결책만이 근대 사회가 박해의 텍스트의 신비를 벗기기 위해서 이용할 수 있는 유일한 해결책이라고 보고 있다. 이데올로기나 감상적 휴머니즘이 아니라 과학적 지성의 인도가 필요하다. 또한 신화의 거짓을 벗겨내기 위해서는 역사적, 인문학적 통찰력과 종교적 영감의 도움도 필요하다. 무엇보다도 살아있는 현실이 격동하는 현대 사회에서 희생양 박해의 진실을 밝혀내는 것은 깨어 있는 시민들의 집단지성이다. 현대판 마녀사냥의 거짓을 폭로하여 박해의 메커니즘을 전복시키기 위해서는 모든 역사적인 박해의 텍스트에 대한 근본적인 재해석이 필요하다. 박해의 텍스트가 가진 폭력성을 고발하고 방지함으로써 박해의 텍스트가 더 이상 효력을 가지지 않도록 환상으로부터 사람들을 해방시켜야 한다.

박해의 전형, 나쁜 상호성

르네 지라르에 의하면, 군중 선동을 이용한 집단적 박해는 위기 상황에서 흥분한 여론에 의해 유발된 마녀 추방 같은 박해를 의미한다. 이러한 위기 상황은 '사회문화적 질서를 만드는 차이'와 규칙을 깨뜨린다. 안정된 사회는 "진정한 다양성과 차이를 만드는 교환시스템"(*The Scapegoat*, 13)에 기반하고 있다. 르네 지라르는 이 교환체제가 직접적인 상호성을 숨김으로써 문화와 경제를 유지하게 만들고 있다고 본다. 만약 이 교환체제가 상호성을 감추지 못하고 직접적인 거래관계로 복귀하게 되면 교환체제와 문화는 사라지게 된다. 경제적 교환체계를 사례로 보면, 재화의 물물교환은 상호성이 노출된 경제이며 금융화폐 경제는 다양한 경제주체와 재화가 교환되지만 상호성은 뒤에 숨어있다. 커피숍을 방문한 고객은 커피값을 지불하면서 커피 및 장소와 돈을 교환한다. 이 교환과정에서 우리는 '돈을 벌기 위한 자신의 수고'와 '커피와 서비스를 제공하기 위한 커피숍 주인의 수고'가 상호적으로 교환된다고 생각하지 않는다. 화폐 금융 시스템이 화폐를 매개로 상호성이 숨어있는 거래를 가능하게 해준다. 경제가 원시적 거래로 돌아가서 우리가 직접 상호적으로 쌀과 채소를 물물교환하는 것은 긍정적인 상호성이라고 볼 수 있다. 그러나 경제적 거래를 빌미로 직접 만나서 사기를 치거나 재화를 탈취하는 것은 나쁜 상호성이 된다.

르네 지라르에 의하면 서로 간의 거리가 짧아지면서 나타나는 것은 대부분 나쁜 상호성이다. 나쁜 상호성은 강탈, 모욕, 구타, 협박, 복수, 심리적 질환 등 즉발적인 상호성의 문제를 야기한다. 사람들이 깡패를 무서워하고 피하는 것은 즉발적인, 나쁜 상호성 때문이다. 사람들이 그들과 거리를 두고 싶은 것은 그들이 규범을 뛰어넘어서 통제할 수 없는 즉발적인 행동으로 사람들을 공포에 빠트리기 때문이다. 이웃 간에 분쟁이 생긴 경우, 합리적인 대화, 중재, 재판을 통하여 해결할 수 있다. 그러나 즉발적인 상호성이 생기면 서로 대립하게 되고 둘은 동일한 공격성을 보인다. 각자 자기가 옳다고 비합리적인 주장을 펼치는데 어느덧 본래 분쟁의 주제가 뒷전으로 물러나고 확인되지 않은 신화적인 공격이 등장한다. 예를 들어 싸우는 주제와 상관없이 상대방이 어느 지역 출신 또는 어떤 직업을 가지고 있는 것을 가지고 비난하는 것은 신화적인 공격이다. 그리고 신화에 바탕한 이러한 경험을 절대적인 것으로 믿게 되면서 편견과 환상이 생기게 된다. 나쁜 상호성을 경험한 사람들은 그 이웃의 문제를 통해 세계를 바라보고 자신을 바라본다.

따라서 전통 문명에서는 너무 즉발적인 상호성을 선호하지 않기 때문에 금기, 절차, 예의와 같이 사람과 사람 간에 적절한 거리를 유지하기 위해 노력해왔다. 또한 사생활의 노출과 침해를 꺼려하고 비밀을 존중하는 문화도 생겨났다. 적절한 거리는 좋은 인간관계를 유지하기 위한 필수적 조건이다. 사람 간의 거리가 가까워질수록 집착이 발생하며, 애증의 진동 폭이 커진다. 분쟁과 갈등을 해결하거나 방지하기 위해 변호사와 같은 중개자를 두는 것도 극단적인 상황을 예방하고 원활하게 문제를 해결하기 위함이다.

나쁜 상호성은 모방욕망에 의하여 행동과 감정의 획일화가 강화된다. 사람들은 여론에 쉽게 휩쓸리게 되고 그런 사람들의 확정편향도 강하게 된다. 따라서 사람들은 위기의 실제 원인이 다양하다는 것을 알고자 하지 않는다. 이들은 다양성을 존중하는 문화적인 규범을 무시하고 개인 차원의 에고이스트적인 판단에 의존하게 된다. 이러한 에고이스트적인 판단은 나쁜 상호성의 확산으로 인해 집단적으로 획일화된다. 사회와 문화의 다양성이 파괴되어 에고이스트적으로 시작된 판단이 집단전체의 절대적인 하나의 의견으로 변화한다. 따라서 각 개인의 특수성과 개성은 무시된다.

사람들은 에고이스트적인 관점에 서서, 위기, 갈등에 대하여 자신에게 책임을 돌리기보다는 국가와 사회 또는 죄를 뒤집어씌우기 편한 타인에게 책임을 돌리는 경향이 있다. 희생양의 선택과 박해가 시작되면 통제하기 어려운 이유는 이러한 개인들의 강력한 동기가 숨어있기 때문이다. 희생양이라는 개인은 책임전가와 비난을 매개로 사회와 만나게 되는데, 이것은 희생양 입장에서 매우 불공평하고 억울한 방식의 만남이다. 전혀 그럴 것 같지 않은 많은 사람도 강력한 비난의 소용돌이 속에서, 한 개인이 사회 위기의 주범이라는 비합리적인 메시지에 설득된다. 비난은 주로 개인적 범죄 혐의에 초점을 둔다. 그것은 폭력범죄, 성적 범죄, 종교적 범죄 등 사회적 재난을 야기하는 범죄뿐 아니라 문화적 금기의 위반과 아주 사소한 빌미도 거대한 범죄로 취급된다.

짜장면의 나쁜 상호성, 홀론의 법칙

　보수카르텔이 긴밀하게 협력하여 진행한 압수수색과 밀착 취재는 나쁜 상호성의 전형적 사례이다. 짜장면으로 상징되는 검찰의 압수수색은 조국 가족과 타인 사이의 거리를 완전히 제거함으로써 나쁜 상호성을 조작하게 된다. 나쁜 상호성을 만드는 것은 희생제의가 필수적으로 반복하는 통과의례이다. 검찰의 압수수색 현장은 삼류드라마 세트장이 되었고, 검찰과 언론과 보수 야당은 각본, 분장, 제작, 홍보 마케팅의 역할을 분담하고 있다. 밀착 생중계는 눈에 생생하게 보이고 만질 수 있는 듯한 환각을 불러옴으로써 희생양 효과를 극대화하였다. 기자들이 '음식 배달원에게 짜장면인지 한식인지를 질문하는' 밝은 표정의 사진을 보면 이들은 한편의 드라마를 즐기고 있는 듯 보인다.

　깡패들이 사람들에게 다가서는 것과 일정한 수준 이하의 언어폭력을 행사하는 것에 대한 즉각적인 법적 제한은 없다. 더구나 검찰과 법원은 자의적 판단에 따라 권력을 행사할 수 있고, 언론은 취재의 자유라는 권리를 가지고 있으며 국회의원은 불체포 특권을 이용할 수 있다. 검찰과 언론과 야당은 그러한 권리를 이용하여 깡패들이 사용하는 방법과 유사한 행태를 보이고 있다. 적어도 절차적으로는 최소한의 정당성을 확보한 것처럼 보이는 이 압수수색은 관계자들 모두가 합작한 집단폭력의 통과의례적 과정이다. 희생양 카타르마를 거리 곳곳으로 끌고 다니면서 조롱하고 비난하는 것과 압수수색

생중계는 본질적으로 다르지 않다. 나쁜 상호성이야말로 조국 자택 압수수색 사건의 엄중한 희생제의적 성격에도 불구하고, 깡패들이 출연한 드라마의 한 장면 같이 너무나 희화적인 이유이다. 조국 교수 자택에 대한 압수수색 사건은 나쁜 상호성이 만들어지는 역사적인 전형을 보여주고 있다.

나쁜 상호성은 어떤 문제의 다양한 배경, 다양한 원인을 무시함으로써 개별적인 특수성을 무시하고 파괴한다. 개인의 개성을 무시하고 파괴하는 것은 인간성, 즉 인격을 파괴하는 것이다. 나쁜 상호성이 무차별화되면서 문화적인 것들이 사라지게 되며, 문명이 파괴된다. 문명의 파괴는 정치, 사법제도뿐 아니라 경제에까지 영향을 미친다. 집단폭력의 정신은 자유로운 경제제도, 창의적인 기업 활동과 어울리지 않는다. 전체주의적 사고는 국가권력과 결탁한 독점자본과의 협력하에 자유로운 시장경제를 교란시키고 필요에 따라 어떤 경제주체라도 희생양을 삼을 수 있다. 집단폭력의 주체로서의 언론에게 기업들은 그들의 고객이자 잠재적 희생양들이다. 거리를 파괴하는 것은 민주주의 체제의 이념을 위협하는 것이자 시장경제 교환체제의 원칙을 위반하는 것이다.

희생양에 대한 박해는 집단적 차원과 동시에 개인적인 차원에서도 이루어지는 이중성을 가진다. 이중적 성격을 규명함으로써 희생양 박해에 참여하는 개인의 책임 문제를 명확하게 해 둘 필요가 있다. 희생양 박해에서는 홀론의 법칙, 전체와 부분의 법칙이 관철되고 있다. 홀론의 법칙은 "부분이 전체에 관여함과 동시에 각각이 하나의 전체적, 자율적 통합성을 가지는 것"을 의미한다. 인체의 모든 기관은 인체에 유기적으로 통합되어 있지만, 각기 하나의 독립적인 조직으로서의 성격을 가지고 있으면서 인체 전체의 구조와 상태를 반영한다. 양동이에 있는 물에 돌을 던지면서 초고속으로 냉동한 후, 얼음결정을 떼어내서 살펴보면 양동이 전체에 퍼진 파문이 한 조각의 얼음결정에 새겨진 것을 관찰할 수 있다. 홀론의 부분은 전체를 반영하고 있으며, 홀론의 전체는 부분에 투영된다. 큰 거울과 작은 거울이 서로 조영하는 것처럼 박해 집단과 박해 개인은 서로 모방으로 얽혀있다. 나쁜 상호성의 물리적, 실체적인 주체는 홀론의 개인들이다. 따라서 홀론의 개인들은 박해자 전체를 그대로 반영하고 있지만, 하나의 독립적인 주체이다.

조직폭력 범죄는 폭력조직의 범죄이면서 조직폭력배 개인의 범죄이기도 하다. 희생양 집단박해에 있어서 홀론의 부분인 박해자 개인은 자율적 주체이기 때문에 책임으로부터 벗어날 수 없다. 누구도 소위 군중심리의 장벽 너머, 희생양 메커니즘의 무의식의 바다로 도망칠 수 없다. 희생양 집단박해를 주도한 홀론의 개인들이 인권을 보호하는 실정법을 위반했을 경우, 엄격한 처벌이 필요하다. 모방 욕망의 회오리는 일반적으로 비합법적인 영역으로 전진하기 때문에 박해에 참여한 개인들이 탈법적 폭력에 빠질 가능성이 높다. 나쁜 상호성의 유혹에 빠진 박해자들은 결과적으로 민주주의와 법치주의를 부정한 결과에 대한 책임을 질 수밖에 없다.

희생양에 대한 박해의 과정은 획일화, 다양성의 파괴, 특수성의 무시와 같이 민주주의와 양립할 수 없는 전체주의적 속성을 가지고 있다. 성숙한 민주사회는 개인의 특수성이 보장되고 권리 주장이 가능한 사회이다. 그러나 그 사회는 이기적인 관점에서 조금 벗어나,

자기 성찰이 가능한 시민들이 주축을 이루고 있는 사회이다. 자기성
찰은 그 사회의 개인과 집단의 성숙의 정도를 보여준다. 똘레랑스,
즉 관용은 역사적 박해와 희생 경험에 대한 처절한 각성과 자기반성
의 산물이다. 한편, 똘레랑스의 사회적 기초는 무고한 희생양에 대한
박해에 참가하는 집단과 개인에게 가하는 엄격한 처벌과 교화를 위
한 법적, 제도적 규범이다.

독약과 표창장
— 비난의 메커니즘 (1)

르네 지라르는 군중을 "무질서하게 한자리에 모인" 무차별화된 공동체로 정의한다. 박해자들에 의해 선동되고 동원된 군중은 희생시킬 수 있는 희생양, 그들의 폭력욕망을 만족시켜줄 수 있는 희생양을 찾는다. 군중들은 자기 사회의 오염원들을 추방하는 것을 목표로 하고 있다. 이들은 일본군이나 보수 언론의 전투를 알리는 나팔소리를 들음과 동시에 동원된다. 군중들은 희생양에 대한 비난을 통해 선동된다.

박해자들의 희생양에 대한 비난은 몇 가지 공통점을 가지고 있다. 첫째 공통점은 '상투적인 비난의 방법'이다. 유대인 학살과 관동대지진 조선인 학살에서 사용된 것은 독약이라는 테마이다. 독약 같은 물질적인 실체를 가진 실물을 가지고 합리적 추론이 가능하도록 사건의 내용을 만드는 방식이다. 이것은 당시 사회의 여건에 맞추어서 황당무계함을 방지하고 어느 정도 과학적인 고려를 하고 있다는 것을 보여준다. 즉, 독약의 투여는 합리적 범죄를 구성하기 위한 '과학적 인과율'을 제공한다. 따라서 많은 사람은 일견 그럴듯한 이야기에 빠져 재난의 범인으로 유대인을 지목하게 된다. 조국 사건에서도 거의 모든 언론이 범죄혐의를 보도하면 '아니 땐 굴뚝에 연기 나랴'는 속담처럼 범죄가 그럴듯하게 사실화된다.

조작의 목표는 변함없이 한 희생양에게 사회의 책임을 전가하는 것이다. 도쿄에서 조선인의 독약은 약 100년 후 서울에서 논두렁 시계와 표창장으로 변화하였다. 시계와 표창장은 독약과 같이 '물질적인 실체를 가진 실물'로서 사건의 살을 만드는 방식이다. 시계와 표창장은 사회의 공정성을 해치는 상징물로서 모든 사람에게 각인되었다. 논두렁 시계는 아주 단순하고 명백한 부패의 상징이다. 그러나 표창장에는 독약과 같은 단순한 과학적 진실이 없기 때문에 박해자들은 또 한 번의 조작이 필요했다. 표창장이 가지는 사소한 이미지를 독약으로 둔갑시키기 위해 정치검찰의 모든 자원과 언론의 모든 역량이 동원되었다. 보수카르텔은 흔히 쓰는 마케팅 수법, 절대량의 광고를 통하여 뇌의 무의식에 이미지와 상징적 의미를 꾸겨 넣는 방식을 사용하였다. 수십만 건의 거짓 기사가 사람들의 뇌에 무차별적으로 투입되었다. 이것은 세뇌의 대표적인 방식이다. 표창장은 독약과 같은 무서운 독성을 가진 부적 같은 물질적 실체로 변신하였다. 마시는 물에 독약을 넣었다는 비난이 상투적인 것과 마찬가지로 뇌물, 부정 또한 매우 상투적인 테마이다.

거짓증언자, 집단 대표성
― 비난의 메커니즘 (2)

　박해자들의 희생양에 대한 비난에서 또 하나의 공통점은 '자백의 강요'이다. 전쟁과 지진처럼 급박한 상황이 아닌 경우에는, 희생양의 자백을 통하여 희생양 박해를 합리화하는 경향이 있다. 희생양의 자백은 고문, 협박, 여론재판과 같은 다양한 방법을 동원한다. 자백에 있어서 주목할만한 점은 공통적으로 거짓 증언자들이 등장한다는 것이다. 그들은 의도적으로 거짓 증언하는 경우도 많지만 대부분 박해자들의 협박과 여론에 휩쓸려 거짓 증언자가 된다. 중세 마녀사냥의 경우, 본인의 자백과 두 명 이상의 증언자가 필요했다. 본인의 자백은 고문을 통해서 받아냈으며, 증언자들은 희생자를 미워하는 사람들, 또는 협박과 고문에 의해 할 수 없이 증언하는 가까운 이웃이나 가족들이다.

　표창장 사건에서도 기이한 현상이 벌어지는데, 학력 위조가 몹시 의심스럽고 증언의 동기가 수상한 어느 대학 총장의 증언이 정경심 교수에 대한 기소의 거의 핵심적 근거가 되었다. 자백을 강요하는 것이 검찰의 일차적 역할이다. 검찰은 중앙정보부, 보안사, 치안본부가 하던 자백의 강요 방식에서 가혹한 육체적 고문을 제외한 모든 방법으로 자백을 강요한다. 특히, 가족에 대한 협박은 가장 잔인한 자백 강요 방법이다. 노무현과 조국 사건에서 가족과 주변인물에 대한 압박을 통해 자백을 강요하는 장면은 중세 마녀사냥의 한 장면과 크게 다르지 않다. 조국 사건에서 조국 교수의 가족들은 자백을 위한 압력에 굴복하지 않았다. 본인의 자백을 받아내지 못한 정치검찰은 언론과 협력하여 주변인과 여론을 동원한 간접적인 증언을 만드는 것에 총력을 다했다. 전형적인 비난, 박해의 수단은 거짓 증언자의 동원이다.

희생양은 법적인 차원의 거짓 증언뿐 아니라 사회적 차원의 거짓 증언에 의해서 심판을 받는다. 지식인이라고 부르기에 적합하지 않은 사람들이 진보나 보수의 이미지를 악용하여 박해의 첨병이 된다. 그들은 조국 교수를 잘 안다고 주장하는 거짓 증언자들이다. 이들은 조국 사건에서 도덕적 타락의 끝이 무엇인지 보여준다. 프랑스가 전후에 독일에 부역했던 가짜 지식인과 언론인을 먼저 처형했던 것처럼 정의가 살아있다면 반드시 가장 먼저 사법적, 역사적 심판을 받아야 하는 대상이다. 사실 이들이야말로 희생양의 죽음에 직접 관여하면서도 객관적인 척하는 가장 교활한 박해자들이다.

희생양은 대부분 희생 집단을 대표한다. 정치적 집단박해에 있어서 박해자들의 목표는 희생양 자체가 아니라 희생양이 속한 집단인 경우가 많이 있다. 즉, 희생양이 가지고 있는 상징성을 훼손함으로써 희생양이 속한 집단의 도덕성과 생존의 명분을 박탈하는 것이다. 정치적 희생양 외에도 희생양이 될 가능성이 높은 사람들은 민족적, 종교적, 인종적 소수파와 구조적으로 차별 받는 계급이다. 또한 외국인, 타향인, 고아, 명문가의 자제, 빈털터리, 신참자들도 박해의 표적이 된다. 과거에는 육체적 질병, 정신 질환, 선천적 기형, 후천적 장애, 일반적 장애를 가진 사람들도 희생양 박해 및 추방의 대상이었다. 이들을 옹호하고 보호하려고 하는 것이 현대 사회의 위대함이다.

박해자들은 사회적, 문화적, 인종적 차별을 위하여 기형 또는 장애의 속성을 부과하여 차별을 정당화하기도 하였다. 박해자들은 인간과 사물을 '정상과 비정상'의 관점에서 구별하고 비정상적인 것들을 추방의 대상으로 선택한다. 육체적 비정상뿐 아니라 정신적인 비정상, 더 나아가서 확연하게 다른 존재양식 전체가 희생양 선택의 기준이 된다.

조국 교수가 희생양이 된 것은 그가 개혁을 추진하는 핵심인물이었기 때문이다. 그는 민주개혁 세력을 대표하여 희생양이 되었다. 시민들이 '우리가 조국이다'라는 깃발을 든 것은 그가 민주주의와 개혁을 지지하는 시민을 대표하여 고난의 십자가를 졌기 때문이다. 그리고 함께 고통당하는 가족을 가까운 곳에서 지키기 위해 장관직에서 물러나는 안타까운 결단을 통해서, 그가 일반 시민과 다르지 않은 한 사람의 남편이자 자녀들의 아버지임을 보여주었다. 조국 교수는 한 집단을 대표하는 상징적인 희생양이자 보편적인 한 인간 희생양의 양면성을 가지고 있다. 따라서 희생양을 옹호하는 변호인들은 감성적인 공감과 이성적인 의무를 함께 가지고 박해자들에게 저항할 수 있게 된다.

잘난 죄와 질투
― 비난의 메커니즘 (3)

희생양 메커니즘은 정치 경제적 권력투쟁을 넘어선 역사적 현상으로 나타난다. 사회적으로는 주로 보복의 가능성이 낮은 가난한 소외 계층과 외부의 계층이 희생 대상이 될 가능성이 높지만, 부자나 강자들과 같은 내부의 소외계층도 희생 대상이 된다. 집단폭력의 분노를 불러일으키는 기준은 평균적 대중의 관점에서 볼 때, 극단적인 성질을 가지고 있는 것들이다. 예를 들어, 지나친 추함과 아름다움, 지나친 성공과 실패, 지나친 선과 악은 호감과 함께 거부감을 불러온다. 너무 아름답거나, 너무 선한 사람도 작은 약점이라도 발견되면, 박해의 표적이 되는 이유는 그들이 아주 많은 사람의 모델이자 경쟁자의 역할을 하고 있기 때문이다. 연예인, 정치인 등 대중적으로 잘 알려진 사람들이 대상이 되는 이유는 이들이 대중의 모델이기 때문이다. 이들의 생활과 정치 행위가 항상 노출의 위험 속에 있기 때문에 작은 흠집이라도 생기면, 희생양이 될 확률도 높다.

조국 교수는 개혁과제의 강렬함과 대비하여 일견 어울리지 않는 부드러움과 신사도를 보여준다. 이러한 이미지는 영악한 하이에나들을 부르는 요인이 되었다. 조국 교수의 화려한 경력과 매력적인 외모도 질투와 경쟁심을 유발함으로써 박해에 한몫을 담당한 것처럼 보인다. 스스로 국가 권력을 움직인다고 생각하는 엘리트 집단은 모든 것을 갖춘 것처럼 보이는 개혁 엘리트의 완벽함을 참을 수 없다.

질투는 무엇보다 강력한 투쟁의 원동력이다. 한편, 조국 사건 중에 조국 교수를 걱정하는 척하면서 충고하는 메시지를 던지는 동료도 박해자이다. 더구나 아직 친구인지 모르겠지만, 스스로 학교 친구라고 주장하면서 충고의 비난을 던지는 정치인은 최소한의 인간적 금기를 깨고 박해자에 편승하여 희생양 박해의 이득을 취해보려는 자이다. 성서에 나오는 욥의 친구처럼 소위 친구를 정죄하면서 박해자 집단에 편승하는 것은 인간적으로 비난 받아 마땅하다. 그들의 치사한 정치적 행동 이면에는 질투와 경쟁심이 작동한다고 볼 수 있다.

조국 교수와 윤미향 의원이 표적이 된 것은 장관과 의원이 되었기 때문이다. 손혜원 의원은 대통령의 부인과 고교 동창생이라는 이유로 표적이 되었다. 물론 이들은 검찰개혁을 주도하거나 비판적 의견을 가지고 있다. 왕과 그 궁정은 항상 태풍의 눈이 된다. 왕이 복수할 힘이 없거나 권력을 다른 사람에게 위임하면, 왕과 그 가신들은 최고의 효과를 가진 희생 대상이다. 즉각적으로 복수할 가능성이 없는 경우, 대통령과 청와대는 핵심 표적이 된다. 검찰은 지금까지 정상적인 상황에서 청와대를 공격대상으로 삼은 적은 없었다. 오히려 그들은 정권의 충직한 신하 역할을 해왔다. 그런 집단들이 청와대 수사를 외치는 것은 민주정권으로부터 즉각적인 보복위험은 사라졌다고 보기 때문이다. 근본적으로는 고대로부터 내려온 전통, 무섭지 않은 왕은 희생양 메커니즘의 가장 좋은 표적이기 때문이다. 민주정권 하에서 이미 법적으로 보장된 만인에게 평등한 법적 의무를 '성역 없는 수사'란 말로 다시 강조하는 것은 희생양 메커니즘에 따른 수사라는 것을 반증한다. 검찰과 언론을 근본적으로 개혁하지 않으면, 청와대 표적 수사는 향후 일어날 또 다른 박해의 전주곡이 될 것이다.

대학입시비리, 집단의 책임 전가

> 박해자의 정신은 반대의 방향으로 움직인다. 박해자는 개인의 소우주에
> 서 지구적 차원의 영향 또는 모방을 보지 않고, 한 개인에게서 모든 해로
> 운 것의 기원과 원인을 찾는다. 희생양의 책임은 그것의 사실 여부와 관
> 계없이 환상적으로 과장된다(*The Scapegoat*, 21).

조국 교수의 자녀입시 문제는 상대적으로 이명박 정부에서 만든 불공정한 입시 제도를 기득권층이 향유했다는 것과 연관되어 있다. 영국에서 돌아온 조국 교수의 딸이 그 입시제도를 피할 수 있는 방법은 없었다. 조국의 가족은 제도의 틀 안에서 모방적으로 입시를 준비하여 대학에 입학하였다. 그것은 한영외고를 졸업한 다른 학생들과 크게 차이 나지 않았을 것이다.

현행 입시제도하에서 소위 명문대학 수시입학에 쓰인 표창장, 인턴, 봉사활동이 서류 그대로 진실인지 의심할 수밖에 없는 정황이 존재한다. 구조적으로 고등학교들은 명문대에 많은 학생을 입학시키고자 하는 모방경쟁에 빠져 있다. 소위 일류 대학에 보내기 위해 대부분의 고등학교에서 성적이 좋은 학생들에게 의도적으로 유리한 자격을 만들어 준다는 것은 모두가 쉽게 추정할 수 있다. 그 모방은 학력차별 사회의 여파가 고등학교의 명성을 위한 경쟁으로 이어진 것, 사회 전체의 구조적 문제로 인한 것이다.

명문대에 들어갈 가능성이 높은 학생들에 대한 특별한 배려는

역으로 다른 학생들에 대한 차별로 이어진다. 사실상 명문대에 들어간 학생들은 그들이 모르는 사이에 다른 많은 학생을 발판으로 삼아 한국 사회의 특수한 명문대 학력이라는 지위를 획득하였다. 그러나 이 학생들은 스스로 공부를 잘해서 명문대에 입학했다고 생각하기 때문에, 모든 불공정과 편법적인 요소에 관심도 없을 뿐 아니라 그것에 대한 기억은 지워버린다. 만약 조국 교수의 딸이 죄가 있다면 많은 교사들과 명문대에 들어간 학생들의 다수는 유사한 범죄로부터 자유롭지 못하다. 그러한 유사한 범죄자 리스트에는 선생과 학생 외에도 학부모, 거의 모든 입시 담당자, 학원들, 인턴증명서와 봉사활동 증명서의 발행기관이 포함될 수밖에 없다.

입시라는 경쟁의 속성상, 승리자가 있으면 다수의 탈락자도 있기 마련이다. 따라서 이러한 입시 모방경쟁이 가속화되면 상대적 박탈감을 지닌 다수의 심리적 패배자들을 양산한다. 조국 박해사건은 제도의 문제를 한 개인에게 이전함으로써 제도에 대하여 면죄부를 준다. 또한 불공정한 제도로 혜택을 본 사람들은 한 개인에게 책임을 전가함으로써 자신들의 잠재적인 죄의식을 희석시킨다. 이렇게 다수가 관련되어 있는 과오, 범죄일수록 집단적 박해의 목표가 될 가능성이 높고 파급성도 강하다. 일상에서 강렬한 모방경쟁이 진행되고 있는 문제는 나쁜 상호성이 작동하기 쉽다. 입시문제는 바로 나 또는 내 자녀의 경쟁의 문제이다. 검찰과 언론이 표창장에 그렇게 집착하는 이유는 바로 이러한 폭발력을 감지하고 있었기 때문이다. 이것은 전염병의 보편적 영향력이 희생양 박해로 이어지는 것과 유사하다. 입시 비리는 일종의 전염병 같은 역할을 하고 있다.

강남좌파, 차이로 인한 희생

　희생양은 박해자 집단과의 차이에 의하여 희생당한다. 모든 개인과 집단은 자신이 가장 특별하다고 생각한다. 대부분의 민족과 국가는 자신들의 문화가 지구상에서 독보적이며 가치 있다고 믿고 있다. 미국인의 미국문화에 대한 자부심, 프랑스인의 프랑스 문화에 대한 자부심처럼, 최근에 식민지 경험을 하지 않은 모든 나라의 자국 문화에 대한 자부심은 공통적이다. 이러한 집단적 자부심은 흔히 개인이 집단으로부터 영향을 받아서 형성된 것으로 보이지만, 근원적으로는 개인이 특별함을 추구하는 욕망에 기초하고 있다. 집단은 개인의 자부심을 그대로 이어받고 있다.

　이러한 특별한 동일성을 유지하고 있는 집단에서 차이를 발생시키는 사람은 이단아가 된다. 체제 밖의 차이를 가져온 이 사람은 집단의 자기동일성을 무너뜨리는 위험한 인물이다. 조국 교수와 같은 엘리트 계층이 진보적 개혁에 헌신하는 것은 구체제의 허위성을 폭로할 가능성이 높다. 차이의 발생은 그 체제가 가진 절대성을 파괴함과 동시에 취약성을 폭로함으로써 향후 그 집단의 소멸을 예고하기 때문에, 그 집단은 무슨 수를 써서라도 이단아를 추방하고자 한다.

　한편, 다른 관점에서 보면 기득권 집단에게 노무현 전 대통령과 조국 교수는 다른 영역에서 들어온 뛰어난 이방인처럼 보이기도 한다. 그들은 조국이 그들과 유사한 삶을 누리고 있는 것이 못마땅하다. 외지인처럼 보이는 개혁적 정치인이 그들이 독과점하고 있는 경제와 교육의 경험을 공유하고 있다는 사실이 불쾌한 것이다. 더구나 그가 진보, 개혁의 가치와 정치적 지위까지 가지고 있다는 점에 열등감과 질투가 증폭된다. 그러한 정신세계는 다른 아이의 장난감을 부러워하는 어린아이의 모방, 경쟁 심리 수준에 머물러 있다고 볼 수 있다.

의외로 근본 동기는 단순하고 직선적이다. 모방과 질투라는 단순한 동기는 본질적이고 결과는 파괴적이다. 살인에 이르는 인간의 원죄도 출발점은 모방과 질투이다. 소위 강남 좌파로 상징되는 실력 있고 부유한 개혁적 지식인은 기득권층의 가장 큰 미움의 대상이 되며 사실 은밀하게는 열등감과 질시의 대상이 된다. 따라서 그들의 생활환경과 이상의 차이는 박해자에게 위선으로 공격할 수 있는 비난의 소재가 된다. 빌 게이츠가 게이트 재단을 만들어 사회적 약자들을 돕는 일을 칭송하는 사람들은 가까운 이웃인 실력 있는 진보주의자들이 개혁에 나서는 것은 참을 수 없는 위선으로 본다.

기득권 엘리트와 개혁적 엘리트의 삶을 비교해 보자. 기득권 엘리트의 강점은 그들이 지독하게 현실적이라는 점이다. 그들은 일제 강점기부터 사회주도층으로서 누려왔던 권력, 재력과 정보의 네트워크를 통해 실제 사회가 어떻게 가동되고 여론이 어떻게 조작되어 가는지 누구보다 잘 알고 있다. 기득권 엘리트들은 이제 막 등장한 개혁적 엘리트의 현실 감각이나 능력을 과소평가하고 있으며, 항상 그들보다 위에 있다는 우월감을 가지고 있다. 그러나 결코 그들이 따라 갈 수 없는 점은 그들이 조국과 같은 개혁 엘리트처럼 민주주의나 역사와 같은 대의를 위하여 한 번도 인생을 거는 결단을 내려 본 경험이 없다는 점이다.

사실 한국 현대사에서 처음으로 이상理想에 목숨을 걸었던 집단이 이제 권력의 일부를 차지하게 되었다. 역사의 추가 흔들리기 시작한 것이다. 강력하고 현실적인 기회주의 집단과 그것을 뒤집으려는 개혁 집단의 본격적인 싸움이 시작되었다. 개혁적 엘리트의 삶은 기존 집단의 진부함, 부패 구조, 무기력을 역설적으로 보여주는 거울이 되기 때문에 위협적이다. 따라서 박해자들은 개혁적 엘리트를 자기들과 똑같은 부패한 기득권 집단으로 비난함으로써 대중들의 자기들을 향한 비난을 난반사시키는 효과를 거두려고 한다. 여기에 가장 앞장서는 것은 언론 집단이다. 그리고 효과를 극대화하기 위하여 가짜 진보 지식인 및 경쟁자 진보 정치 집단을 이용한다. 이 책이 밝히고 있는 것은 드러난 정치적 입장과는 무관하게 이들과 보수카르텔은 희생양 메커니즘의 동일한 박해자들, 집단폭력의 주도자들이라는 진실이다.

조국 사건은 개혁적 엘리트 계층이 처한 위험한 처지를 잘 보여준다. 기득권층은 하층민 또는 비주류라고 생각했던 사람들이 성장하여 사회의 주류에 편입하는 것을 그들의 세계가 오염되는 것처럼 생각한다. 사회의 창조적 역동성이 떨어져 계층이동이 제한되면 될수록 지배계층의 경험은 더욱 제한되고 문화는 폐쇄적으로 변한다. 폐쇄적인 지배계급의 몰락은 역사적 필연이다. 그러나 역사가 가르쳐 주고 있는 것은 몰락하는 보수 집단이 일으키는 반동의 폭력적 양상이다. 죽어가는 사자의 마지막 몸부림처럼 그 폭력성은 더욱 강렬하고 잔인하다. 그들은 고갈되어 가는 에너지를 폭력으로부터 끌어와 생명을 연장시키고자 한다. 따라서 한국 사회는 원천적이고 본질적으로 폭력을 억제하기 위한 제도적, 문화적 장치를 마련하지 않으면, 지속적이고 반복적인 집단폭력이 성행할 가능성이 높다.

박해 당하는 꿈, 상투적 비난

상투적인 비난은 위기와 집단적 박해와 희생양이 존재할 가능성을 보여주고 있다. 상식적이고 이성적인 비판과는 달리 희생양 박해에서는 매우 이상한 비난들이 등장하는데, 이는 마녀재판에서 상투적으로 사용된 기소장과 유사하다. 크리노^{krino}라는 하나의 어원이 희생양과 관련한 많은 의미를 담고 있듯이 조국 사건에서 일어난 상투적 비난을 상징하는 것은 '박해 당하는 꿈' 이야기이다. 부자가 되고 싶은 꿈도 기소의 대상이 되는 역사적 사례가 생겨났다.

부모의 유산을 받아 강북의 작은 빌딩 지분을 소유하고 있는 것으로 알려진 정경심 교수가 강남에 빌딩을 소유하고 싶다는 꿈을 꾸는 것이 검찰 기소의 증거가 된다는 것은 형법학 교과서에 수록될 만한 이야기이다. 강남에 빌딩 소유주가 되고 싶은 많은 국민도 잠재적인 범죄자가 된다. 그런 기사를 쓰는 기자들도 같은 꿈을 꾸고 있으므로 정경심 교수와 같은 입장이다. 이 기사의 표면적인 의도는 일반 시민들의 박탈감을 조장하여 조국 가족에게 부동산의 불평등 문제를 전가시키는 것에 있다. 그러나 이런 해석 불가능한 기괴한 기사의 이면에는 아마도 강남 부자들을 대변하는 언론이 기득권에 진입하고자 하는 민중의 소망, 차이의 소멸에 대한 은밀한 조롱이 담겨 있다고 볼 수 있다. 동시에 불평등한 부동산 문제에 대한 정당화도 수반되고 있다.

조선 성종 시대 개혁을 주창했던 신진 사림의 기수 조광조는 정적들에 의해 탄핵되었다. 정적들은 왕과 백성의 마음을 조광조로부터 돌리기 위하여 왕궁의 나뭇잎에 꿀을 발라서 벌레 먹은 글자를 위조해 냈다. 그 글자는 주초위왕走肖爲王, 조씨가 왕이 된다는 하늘의 경고였다. 조광조를 숙청하기 위해서 정적들이 사용한 테마는 적어도 국가를 전복하려는 꿈에 대한 이야기이다. 지금은 누구나 왕이 되는 꿈을 꿀 수는 있다. 현대 한국 사회에서 강남 빌딩 주인이 되는 꿈을 꾸는 것은 조선시대에 왕이 되는 꿈을 꾸는 것처럼 위험하다.

상투적 비난에도 사실은 들어있다. 박해의 텍스트를 조금만 손질하여 일반인에게 적용하면 사회적 가십이 된다. 조국 교수 딸의 입시 분투기는 강남과 목동과 수성구 해운대구 엄마 사이에서 회자되는 입시 정보와 다를 바 없다. 지역 신문 사회면 뉴스가 되기도 어려운 정보가 국민 모두의 비난을 받아야 마땅한 비리로 둔갑한 것이다. 조국 교수를 비난한 언론들의 경제부 기자들은 정경심 교수의 사모펀드의 성격과 그 배경에 대하여 잘 알고 있었을 것이다. 또는 투자금융 분야에서 조금이라도 일해 본 사람을 취재한다면, 정경심 교수가 자본시장에서 코스닥 우회상장을 주도할 수 없다는 것을 파악할 수 있다. 따라서 대부분의 언론은 최소한 사모펀드 관련 사실을 파악하고 있었을 가능성이 아주 높다. 만약에 그것을 모른다면 능력이라는 관점에서 기자로서의 자격이 없는 것이고 알면서도 방관했다면 직업윤리라는 관점에서 기자라는 직업을 가지면 안 된다. 어떤 직업도 최소한의 능력 기준과 직업윤리가 있다. 두 가지 충분조건을 충족하지 않는 사람들은 결국 그 직업세계에서 퇴출되는 것이 일반적이다.

최소한의 직업윤리를 위반한 이러한 기사는 박해자의 의식으로 무장한 채 신화의 세계에 매몰된 것을 증명한다.

언론사와 언론인들은 얼마나 뻔뻔하고 우스꽝스러울 수 있는지 조국 사건을 통하여 스스로를 폭로하였다. 이와 같이 독자를 기만할 정도로 무시하는 것은 두 가지 이유이다. 첫째는 언론의 재정적 기반이 광고주 또는 후원자인 기업이라는 점이다. 따라서 그들에게 독자는 부차적인 존재이기 때문에 광고주인 기업을 잘 관리하는 것이 더 중요한 문제인 것 같다. 이들은 두 가지 방법으로 기업을 관리한다. 먼저 언론은 그 신화적인 역할을 이용하여 자연스럽게 기업의 정치, 경제적 이익을 대변하는 광고본부의 역할을 한다. 그러나 더 결정적인 것은 기업이라는 잠재적 희생양에 대한 잠재적 폭력을 행사하는 메커니즘이다. 어떤 기업이든지 잠재적으로 조국 교수처럼 될 수 있다는 것을 경고함으로써 거의 자동적으로 재정 문제는 해결된다.

둘째는 언론의 휴브리스, 오만함이다. 이미 집단지성의 수준이 언론의 정보력과 지적 수준을 넘어섰음에도 불구하고, 언론 소비자들의 수준을 무시한다. 오히려 노골적으로 정치 편향을 가진 저급한 기사를 내보내는 것에 목숨을 건 것처럼 보인다. 모든 것이 자신들의 이익을 지키기 위한 몸부림처럼 보인다. 이익 중심의 경영구조는 언론기업 직원들의 경쟁으로 인하여 지적인 충전과 사색의 시간과 공간을 없애버렸다. 중장기적 연구개발이 없는 기업들이 결국 경쟁력을 상실하듯이 한국의 언론은 집단폭력과 희생양 메커니즘, 보수 카르텔이 없으면 생존의 위기에 봉착할 것이다. 이러한 사유로 언론은 검찰과 마찬가지로 노쇠한 사자처럼 말기적 반동, 폭력에 더욱 의존하고 있다. 노쇠한 사자의 노골적인 사냥은 썩어가는 이빨을 만천하에 드러내 보여주고 만다.

상투적인 비난은 스스로 본질을 폭로한다. 우스꽝스러운 광경의 이면에 존재하는 의도, 본질은 드러나게 마련이다. 정치검찰과 언론이 수준 낮은 주장과 선동을 하는 것은 어떤 필연적인 메커니즘, 빠져나오기 힘든 미궁 속에 빠져 있다는 것을 증명한다. 그 필연성은 박해자가 가지고 있는 단순한 욕망이 무엇인지 추론할 수 있게 한다. '박해 받는 꿈' 이야기는 박해자의 순진성, '무엇이든지 해야 하는 하수인들'이 보여주는 악의 평범성이 잘 드러나는 대목이다.

6장

박해자의
신화와 환상

사탄

"괴물 같은 희생양의 모습은 거울처럼 박해자의 상태를 투영하고 있다. 이러한 박해자의 기괴한 정신 상태는 위기에 처한 집단이나 개인의 괴물과 같은 모습이다. 박해자들은 스스로 만든 괴물의 모습과 성향을 희생양에게 투영하게 된다."

"박해자는 결국 무의식적으로 자신과 가족 그리고 자신의 집단 스스로를 심판하고 있다. 그들은 박해의 칼로 경쟁자를 찌름과 동시에 자신의 양심을 찌름으로써 악마의 은총, 즉 절대성의 부적을 구한다."

"표창장은 마녀라는 확실한 증거를 보여주는 부적이다. 조국 가족을 발가벗겨 놓고 머리를 뒤져봐도 뿔이 없었고, 발을 뒤져 봐도 염소 발굽이 없었다. 작은 종기라도 발견되면 뿔의 흔적이라고 주장하고자 했다. 그러나 결국 외부에서 마녀의 증거인 부적을 찾아야 했다."

"박해자들은 원시 감옥에 갇혀있는 죄수들과 같다. 그들이 옹호하는 것은 감옥의 규칙이며 그들의 정신은 폐쇄적이고 폭력적이다. 감옥의 평화는 주기적으로 희생양을 공개 처형함으로써 만들어 진다."

독화살, 가짜 지식인들

일반적으로 우리는 지식인에 대한 환상에 빠져 있다. 지식인에 대한 신화는 조국 사건에서 결정적인 타격을 받았다. 진짜 지식인은 다른 신화뿐 아니라 자신들, 지식인에 관한 신화도 거부한다. 진짜 지식인들은 프랑스 드레퓌스 사건에서 진실의 편에 선 에밀 졸라와 같이 진실의 문제에 있어서 단호한 입장을 견지함으로써 사회의 진보를 이끌어 왔다. 모든 과학의 전선에서 진짜 지식인은 진실의 조각을 찾기 위해 조작된 데이터에 의지하지 않는다. 자연과학의 세계에서는 데이터를 조작하여 잘못된 이론을 발표한 학자들은 추방된다. 그러나 사회과학과 인문과학의 세계에서는 교묘한 데이터 조작과 해석이 너무 손쉽게 일어나고 있다. "지식인은 사실에 입각하여 진실을 추구한다"라는 신화가 해체되고 있다. 아직도 지식인이라는 신화를 이용하여 희생양을 비난하면서 관심을 끌거나 밥벌이를 하는 자들은 시장의 사기꾼보다 사회에 더 큰 해악을 끼친다.

정치검찰, 언론과 결탁한 가짜 지식인들은 의도적인 박해자일 가능성이 높다. 유명한 정치인을 비난함으로써 자신의 위상을 동등한 수준으로 끌어올리고자 하는 모방욕망이 치열하게 작동하고 있다. 그들의 정신구조의 밑바탕에는 인정욕구를 충족하지 못함으로써 발생한 심각한 열등감이 자리 잡고 있다. 집단박해에서 언론과 가짜 지식인의 협력은 마치 언론이라는 화살과 가짜 지식인이라는 독물의 관계와 같다. 희생양을 비난하는 언론은 가짜 지식인의 글

(독)로 만든 독화살을 희생양의 가슴으로 날린다. 수십 년 전에는 언론인도 지식인의 대접을 받았으나, 이제는 단지 특권을 가진 직업인으로 인식되고 있다.

일반적으로 이상주의와 실증주의에 함몰된 많은 지식인의 한계에도 불구하고 한국 사회는 스승에 대한 존경심, 학문을 장려하는 문화로 인해 지식인의 의견이 존중 받아 왔다. 그러나 지식과 지식인이 처한 환경은 급속도로 변화하고 있다. 구글 검색과 유튜브 시대에 이르러 지식과 정보는 지식인을 통하지 않고 대중에게 직접 전달된다. 훈련된 대중은 점점 자기 자신의 경험 속에서 선택적으로 지식을 선택하고, 이것을 현실적으로 해석하는 능력을 가지게 되었다. 많은 사람이 가짜 지식인을 구별하는 눈을 가지게 되었다. 따라서 이제 집단지성은 가짜 지식인을 쉽게 분별하여 그들을 지식인이 아니라 정치꾼 또는 장사꾼으로 보게 되었다. 이들 정치꾼은 지식인의 신화를 더 이상 더럽히지 말고 자신의 정치적 입장을 고백한 후, 정치에 입문하는 것이 옳은 일이다.

이상한 것은 조국 사건의 문제제기에도 불구하고 치열한 이론적 공방이 별로 없다는 사실이다. 진영논리를 넘어서 민주공화국의 토대가 흔들리는 인권 문제에 대하여 광범위한 이론적 투쟁을 찾아보기 어렵다. 더구나 많은 사람이 제기했던 공정이라는 의제도 단지 비난의 소재로 사용되고 말았다. 또한 정치적 권력투쟁, 개혁과 저항이라는 도식을 제외하면, 사건 자체를 해석하기 위한 새로운 담론을 제기하는 것도 잘 보이지 않는다. 헌법의 기초를 이루는 보편적 인권의 문제는 지식인들이 가장 예민하게 반응해야 하는 주제이지만 이에 대한 심각한 문제제기가 없는 것 같다. 많은 지식인이 기능주의적 사고방식으로 거대한 지식 세계의 부품처럼 변해 가고 있다. 실증적 과학이 대세를 이루면서 인문과학의 몰락이 가속화되어, 이제 철학이 결핍된 실증주의자의 후예들이 권력을 지배하고 있다. 지식인들의 일부는 집단폭력에 직접 가담하지 않았지만, 박해의 기록을 받아들임으로써 이 폭력에 자양분을 대어주고 있으며 희생양의 집단폭력에 가담하고 있다. 사실 많은 지식인은 희생양의 피로부터 자유로울 수 없다.

테마와 구조, 가짜 전문가들

르네 지라르는 폭력을 행사하는 자들이 스스로 희생양을 이용했다고 고백하는 친절을 베풀지 않는다고 말한다. 그들이 오랫동안 사회를 지배한다면, 모든 폭력의 기록은 삭제되거나 왜곡될 것이다. 그렇기 때문에 희생양의 존재가 숨겨진 신화와 역사를 해석하는 것은 희생양을 기억하는 사람들의 몫이다. 가장 무도한 박해자의 텍스트는 폭력과 희생의 사실과 구조를 거의 완전히 삭제하려고 한다. 박해자의 텍스트에서 폭력이 나타나지 않으면 않을수록, 더욱 잔혹한 폭력과 희생이 존재했을 가능성이 높다.

일반적으로 박근혜 정부의 교과서 개정 문제를 정치적 투쟁의 관점, 정치적 독재와 경제적 성과에 대한 평가의 관점에서 해석하려는 경향이 있다. 그러나 인류사적 역사 해석의 관점으로 보면, 교과서 개정의 문제는 박해의 텍스트에서 폭력과 희생을 더욱 숨기려는 의도로 볼 수밖에 없다. 박해자들이 만든 지식의 체계는 희생양 살해의 근원으로 접근하는 것을 차단한다.

현상적인 지식과 정보는 땅 위에 드러난 식물의 줄기와 잎과 열매에 관한 지식이다. 농업에 비유하자면, 진정한 농업은 땅 속에 있는 뿌리와 토지의 성분에 대해 연구한다. 그리고 환경과 생태계, 식물과 인간의 유기적 관계 속에서 농업을 이해하지 않으면 제대로 된 농사를 지을 수 없다. 초보적인 농부는 열매의 수확에만 관심을 가진다. 토마토 열매라는 테마에 빠져 있는 것이다. 사안의 본질을 이해하기 위해서는 사건 전체를 관통하는 구조, 메커니즘을 보아야 한다. 테마 자체와 테마의 연관성에만 집중하는 방법은 전체 구조 속에 위치한 사실의 의미 해석이 불가능하다. 구조와 맥락이 빠진 테마는 자의적인 결론의 도구로 전락하기 쉽다.

구조는 그 사건 또는 사실이 발생하는 제도적, 문화적 배경과 준거를 제공하고 행위의 한계를 설정한다. 조국 교수 딸의 입시 문제는 당시 이명박 정권이 만든 입시제도의 틀 속에서 해석되어야 사건 당사자의 의도를 공정하게 평가할 수 있다. 그러한 구조적 해석 안에서 당시 유사한 입장에 있던 학생들과의 형평성, 사건의 중요성을 이해할 수 있다. 여기에 개인의 특수성, 개인의 역사적 맥락을 고려해야 필요충분조건을 만족하면서 사건의 전체를 볼 수 있다. 그런 후에야 실증적 분석을 통하여 사실 여부와 그 의미를 평가할 수 있다.

조국 사건에는 박해를 집행하는 법률전문가, 여론전문가, 시민운동가 등의 전문가 그룹이 존재한다. 조국 사건에서 보수카르텔의 전문가들이 맹목적으로 일련의 테마에만 집중하고 있는 것을 볼 수 있다. 사건이 가지는 구조적, 역사적 원인과 배경은 말할 것도 없고 실증적인 수준의 질문에 답하려는 의지도 전혀 보이지 않는다. 보수카르텔의 전문가들이 기능적으로 테마에만 집중하는 것에 대한 설명으로 몇 가지 가설을 세울 수 있다. 첫째는 그들이 고의적으로 구조적, 근원적 시각을 회피했다는 것이고 다른 하나는 애초에 그러한 능력을 가지고 있지 않다는 것이다.

첫 번째 가설은 그들이 맹목적 집단박해의 모방욕망에 빠진 나머지, 신화적 사고에 매몰되어 모든 상식적인 질문들을 무시할 수밖에 없다는 것이다. 이들은 구조적, 역사적 고려를 할 수 있는 여유도 없을 뿐 아니라, 처음부터 실증적 진실에 접근하는 것 자체를 의식적, 무의식적으로 회피했다는 것이다. 보수카르텔을 구성하고 있는 사람들은 대부분 대학을 졸업하고 사법고시, 언론사 시험 등 통과의례를 넘었기 때문에 최소한의 지적 수준은 있을 것이라고 가정할 수 있다. 즉, 알고 있으면서 자기를 속이거나, 남을 속인 것이다. 시민의 생활 현장에서 조금이라도 복잡한 문제들은 구조와 역사를 알지 않으면 진실을 파악할 수 없다. 사회의 정의와 진실을 지킨다고 주장하는 검찰과 언론과 지식인들이 적어도 우리 일상생활 속의 해결사들과 유사한 수준에 있을 것이라는 생각이 일반적 믿음이다.

두 번째 가설은 이들 집단은 구조적, 역사적 이해 능력, 진실을 파악할 수 있는 능력이 처음부터 결여되어 있다는 것이다. 물론 이들은 직업적으로 법체계, 사회제도, 사회구조, 한국사, 세계사에 대한 파편적 지식은 가지고 있겠지만, 대다수의 구성원이 종합적 통찰력을 가지고 있지 못한 것으로 보인다. 법과 사회를 지탱하고 있는 역사적, 철학적, 경제적, 과학적, 역사적 기반을 이해하지 못하면 단지 기능인으로서의 역할만 수행할 뿐이다. 구조와 기능, 현상과 본질, 부분과 전체, 방법과 결과, 과거와 현재를 연결하여 사고하는 훈련이 결여되어 있으면 기능, 현상, 결과, 현재라는 2차원의 세계에 갇힐 수밖에 없다.

첫 번째 가설과 두 번째 가설을 종합하면 박해집단의 전문가들은 진실을 알고자 하는 의지도 없고, 진실을 파악할 수 있는 능력도 없다는 세 번째 가설이 도출될 수도 있다. 이 가설이 사실이라면, 건강한 사회를 위하여 무능하고 부패한 전문가들의 퇴출과 양심적이고 경쟁력 있는 전문가들의 양성이 절실하다.

법률기능인

박해를 주도하는 정치검찰의 지적 수준은 기능적인 차원에 머무르고 있다. 법을 집행하는 사람들이 법철학과 법이 기반하고 있는 역사에 대한 소양이 없을 때, 그들은 단지 법률기능인에 머물게 된다. 이들 법률기능인들은 자신들의 이익을 지키기 위해서라면, 별 고민 없이 집단폭력을 주도하거나 가담한다. 숙련된 보일러 기술자는 보일러의 기계적 구조와 부품의 기능, 설치된 주택의 구조와 열의 전달체계, 설치된 보일러의 역사에 대한 통찰에 기초하여 부품을 선택하고 전체 기계를 정상화한다. 형사법 전문 기능에 갇힌 검사는 용어, 즉 부품의 체계는 더 복잡할 수 있겠지만 2차원의 세계에 살고 있고, 보일러 기술자는 3차원의 세계에 살고 있는 것이다.

법률가의 통과의례인 시험과목에는 법철학과 법사회학과 같은 고도의 사고 훈련이 필요한 과목이 누락되어 있다. 아마도 그런 과목들은 정해진 명확한 정답을 찾기가 어렵기 때문으로 보인다. 지금의 한국 법률이 독일법 체계를 따르고 있고, 법철학적으로는 주로 독일의 법철학자 한스 켈젠의 법실증주의를 수용하고 있다. 법실증주의의 현실적 장점과 한계에 대한 많은 논의가 있다. 조국 사건에서는 정치검찰이 법실증주의 자체도 충실하게 따르지 않고 있기 때문에 더 깊은 고민의 흔적을 찾는 것은 아예 기대할 수 없다. 특히, 한국의 정치검찰은 실증주의적 전문가라기보다는 제의적 사고를 가진 기능인에 가깝다고 할 수 있다.

4차 산업혁명 시대에 분과 학문은 이미 그 경계가 무너지고 있다. 예를 들어 자동차에 대한 연구는 기계공학, 전기전자공학, 소재공학, 컴퓨터공학, 경영학 등이 융합되어 이루어진다. 인공지능 시대에 들어서면서 공학뿐 아니라 모든 영역에서 과거의 기능적 사고는 무너져가고 있다. 그러나 사법체계의 보수적 특성상 법률 해석이 시대를 따라가기는 어려운 상황이다. 그래서 학교 다닐 때 총명했던 친구들이, 물론 일부 법률가들은 예외이지만, 법조계에 가서 일정 정도가 지나면 일반인들과 소통하는 데 어려움을 겪게 되는 것이다. 여기에 정치적 또는 종교적 편견까지 의식에 개입되면, 일반인의 상식과 동떨어진 법 집행이 이루어진다. 어떤 재판관들은 정치검찰과 같이 휴브리스에 빠져서 현실감이 떨어진 의사결정을 내리고, 참혹한 결과에 대하여 사법부의 신화 뒤편으로 숨어버린다.

역사적 기록, 신화, 문학 또는 예술 속에서는 실제 있었던 사실, 사라진 사실과 변형된 사실이 혼재하고 있다. 누가 그것을 기록했는가에 따라서 기록자 집단의 의도가 개입된다. 따라서 텍스트의 구조와 테마를 동시에 보지 않으면 진실을 찾아낼 수 없다. 또한 설계된 구조를 보아야 설계자의 의도를 간파할 수 있다. 예를 들어 조국 사건은 단순하게 표현하면 "검찰개혁이라는 위기에 처한 검찰과 그들에게 우호적인 언론이 조국이라는 검찰개혁주의자에 대하여, 수년 전 이명박 정권이 만든 대학입시제도하에서 자녀의 입학과 관련하여 어떤 비리의 혐의가 있다는 것과 부인의 재정 운영에서 적절하지 못한 혐의가 있다는 것을 문제제기한 사건"이다. 물론 위 문장보다 더 복잡한 구조적인 문제와 역사적인 맥락이 존재하고 있다. 다시 말하자면 조국 사건은 조국 가족의 표창장 위조와 사모펀드 사건이 아니다.

위 사건을 묘사한 텍스트에 부재하는 본질적인 사실은 무엇일까? 그것은 개혁을 둘러싼 정치투쟁과 상징조작 그리고 희생양 박해의 메커니즘이다. 그러한 구조에 포함된 의도를 의식적 또는 무의적으로 은폐하기 위하여 검찰과 언론은 표창장, 입시비리라고 하는 기능적 테마에만 집중하고 있다. 그들은 사건에 대한 실증적 입증에도 실패하였기 때문에 법적으로는 이미 실패하였지만 정치 사회 드라마의 테마를 사랑하는 많은 군중들의 상상력을 자극하는 데는 성공하였다.

괴물 같은 희생양

오스트리아의 심리학자인 빅터 프랭클은 『죽음의 수용소에서』라는 자전적 저서에서 자신이 아우슈비츠수용소에서 살아남은 경험을 말해주고 있다. 수용소에 갇힌 유대인들은 저녁마다 한 잔의 따뜻한 커피를 공급받았다. 대부분의 사람은 그 커피를 모두 마셔버렸으나, 그는 반 잔을 마시고 나머지 반 잔으로 얼굴을 닦고 유리조각으로 면도를 하였다. 매일 아침, 나치들은 더 이상 필요 없어 보이는 사람들을 가스실로 보냈다. 프랭클 박사는 끝까지 살아남아 해방을 맞이하게 된다. 프랭클 박사는 자신이 살아남은 이유를 그 반 잔의 커피 때문이라고 말한다. 잔혹한 나치들도 인간의 얼굴을 가진 사람을 죽이는 것을 꺼려했다. 나치는 유대인들을 수용소에 가두어 놓고 잔혹한 노동과 더러운 환경 속에서 유대인들이 짐승처럼 변하기를 기다렸다. 그들도 사람이 아니라 짐승을 죽이고 싶어 했다.

박해자들은 희생양을 희생시킬만한 괴물로 변화시킨다. 많은 신화에서 희생양은 괴물의 모습으로 변형된다. 괴물은 인간과 신 또는 인간과 동물이 혼합된 기괴한 복합체의 모습을 가지고 있다. 이집트 신화의 스핑크스는 사람과 동물이 기묘하게 혼합된 괴물이다. 스핑크스는 여자의 머리에 사자의 몸, 뱀의 꼬리, 독수리의 날개가 달려 있다. 고대 신화에 나오는 인물들은 대부분 인간과 동물이 혼합된 존재, 동물이 인간으로 변화된 존재로 나타난다. 신화의 괴물들은 "인간의 무의식 속에 가득찬 전설적 원형들"이다.

우리는 그 원형의 틀 안에서 새로운 괴물 변종을 만들고 있다. 박해자의 괴물 같은 속성은 무의식 속에서 계속 새로운 괴물을 창조하고 있다. 1970년대 빨갱이는 꼬리 달린 늑대였으며, 그 인식의 흔적은 아직도 극우파 군중의 머릿속에 남아서 현재의 대통령을 그렇게 묘사하고 있다.

신화는 역사적 박해보다 더 극단적인 박해에 대한 왜곡이 들어있다. 박해자 의식을 물려받은 신화의 저자들은 그들이 가진 희생양에 대한 인식을 해체한 뒤 그 파편들을 재구성하여 괴물을 창조한다. 이와 같이 박해자들은 희생양을 괴물 같은 범죄자로 재구성한다. 범죄가 아무리 사소하더라도 희생양은 괴물의 모습을 가지게 되어 공동체로부터 배척된다. 조국 사건에서 박해자들은 조국과 그 가족의 인생을 분쇄기에 넣어서 해체한 후, 그 파편화된 정보로 괴물을 창조해냈다. 비난의 정보들은 사람들 머릿속에서 재구성되어 엉뚱한 괴물이 탄생한다. 고대 사회에서 괴물은 정신적인 기괴함과 육체적인 기괴함이 혼재되어 있지만, 육체적 장애에 대한 금기가 있는 현대 사회의 괴물은 주로 정신적인 기괴함으로 나타난다.

괴물과 같은 모습은 '가면'(페르조나)으로 나타나기도 한다. 희생 제의에 등장하는 가면은 범죄자인 희생자 또는 정의로운 박해자의 모습을 상징하기도 한다. 가면은 사람과 동물, 신과 무생물을 결합시킴으로써 모든 차이가 소멸된 세계를 상징한다. 가면은 상반된 두 가지 페르조나를 만들어낸다. 언론은 가면, 즉 페르조나를 만들고 씌우는 역할을 한다. 그들은 조국 교수에게 범죄자의 가면을, 정치검찰에게는 영웅의 가면을 씌워 라이벌로 만든다.

괴물은 박해자의 거울

정신적 기괴함은 박해자들의 정신 상태를 반영하고 있다. 괴물 같은 희생양의 모습은 거울처럼 박해자의 상태를 투영하고 있다. 이러한 박해자의 기괴한 정신 상태는 위기에 처한 집단이나 개인의 괴물과 같은 모습이다. 박해자들은 스스로 만든 괴물의 모습과 성향을 희생양에게 투영하게 된다.

노무현 전 대통령과 조국 교수에게 뒤집어씌운 대부분의 혐의는 박해자들의 모습이다. 그 괴물은 박해자의 속성으로 만들어진다. 그들의 관행, 습관, 문화와 의식이 그대로 희생양에게 투영된다. 괴물에는 진실과 거짓이 같이 들어있다. 진실과 거짓의 공존의 결과는 거짓이다. 마치 시나리오대로 분장하고 연기하는 영화배우처럼 자연인 배우는 영화 속의 인물로 재창조된다. 희생양으로 선택된 배우는 살해하기에 적합한 희생양으로 분장된다. 분장사들은 모방의 천재들로서 능숙하게 자신들의 경험과 지식을 투사하여 작업을 진행한다.

남로당 당원이었던 박정희 대통령은 인혁당이라는 빨갱이 집단을 만들었다. 박해자의 지역주의, 영남 패권주의는 피해자의 호남 지역주의를 만들었다. 고급 명품 시계를 뇌물로 주고받은 사람들이 논두렁 시계라는 스토리를 만들어서 노무현 전 대통령을 부패의 괴물로 만들었다. 수시입학이라는 제도를 이용하여 입시 특혜를 집단적으로 향유한 사람들이 조국 교수 가족을 입시 비리의 괴물로 만들었다.

　금융 비리의 주범이 된 정경심 교수는 박해자들의 모습을 거울로 비춘 것일 수도 있다. 박해자들은 정경심 교수를 희생양으로 삼아 자신의 가족과 친지들의 범죄혐의로 인한 수치심과 분노를 해소하고 있는지도 모른다. 정치검찰은 그들 아주 가까운 곳에서 주식 투자 비리 및 금융 비리에 관한 생생한 정보를 습득한 결과, 대통령에게 조국 가족이 엄청난 펀드 사기에 관련이 있다고 인사 철회를 압박하기에 이른다. 이것은 자학적인 블랙 코미디의 한 장면이다.

　박해자는 희생양에게 자기 집단의 괴물 같은 속성들을 투영하여 심판함으로써 결국 자기 자신을 처벌한다. 정치검찰과 언론은 내부의 부패를 그대로 조국 교수에게 전가하여 처벌한다. 정신 깊은 곳에 뿌리 박혀 있는 박해자의 양심과 감성은 무의식적으로 자기의 죄에 대한 처벌을 요구하고 있는데, 그 양심과 감성은 모방욕망에 기인한 경쟁과 복수심으로 인해 방향을 잃어버린다. 그들은 심판의 대상, 반성의 대상을 자신, 자기 집단이 아니라 가장 손쉬운 희생양으로 바꾸어 버린다. 박해자들은 희생양에게 모든 것을 전가하는 것이 용이하고 효과적인 방법이라는 것을 인지하는 역사적 유전자를 가지고 있다. 검찰총장의 가족을 수사하는 것보다는 조국 장관의 부인을 처벌하는 것이 훨씬 쉬운 길이며 다양한 효과를 노릴 수 있다. 이것은 박해자에게 무의식적 만족을 주지만, 자기 대신 타인을 처벌하는 최악의 비윤리적 범죄행위이다.

박해자의 기괴한 정신세계

박해의 뒤틀린 전도 현상은 박해 권력의 신성불가침이라는 착각 속에서 나온다. 검찰과 언론은 신성하다는 자기 착각 없이는 신성불가침의 무차별적 폭력을 행사하기 어렵다. 이러한 무차별적 폭력은 역설적으로 부패한 자기 자신도 포함하지 않을 수 없다. 따라서 '자신의 신성을 훼손한 자신'을 심판하기 위하여 자신과 닮은 배우를 만들어 대신 처형하게 된다. 이것은 박해자의 정신에서 일어나는 희생대체이다. 따라서 조국 사건의 다른 하나의 본질은 검찰과 언론의 자기 심판self-judgement이라고 볼 수 있다. 검찰과 언론이 분장한 조국이라는 연극배우의 얼굴은 분장사 그 스스로의 얼굴 모습이다. 박해자는 결국 무의식적으로 자신과 가족 그리고 자신의 집단 스스로를 심판하고 있다. 그들은 박해의 칼로 경쟁자를 찌름과 동시에 자신의 양심을 찌름으로써 악마의 은총, 즉 절대성의 부적을 구한다.

박해자의 기괴한 정신세계는 소시오패스처럼 지독할 정도로 냉정하고 현실적으로 보인다. 그러나 그들은 욕망과 현실을 혼동하고 있다. 그들은 욕망을 객관적 시각으로 보지 못하기 때문에 믿고 싶은 것을 현실로 본다. 그들은 자기 환상에 빠져 그들 집단을 절대적이고 신성한 존재라고 믿고 있다. 이것은 희생양에게 투영되어 희생양 또한 절대적인 존재라고 믿게 된다. 희생양이 모든 문제의 근원인 것이다. 모든 문제는 희생양에게 전가되고 영웅적으로 희생양을 처형함으로써 문제를 해결할 수 있다고 믿는다.

관동대지진 조선인 학살 때 자경단은 아주 현실적이고 냉정하게 조선인이 우물에 독약을 타서 사회가 더 큰 혼란에 빠질 것이라고 믿었다. 그들은 혼란에 빠진 일본을 구하는 신성한 집단이라는 환상에 빠져있었다. 그들이 나라를 구하는 절대적 존재인 것처럼 조선인은 나라를 망하게 할 능력을 가진 절대적 존재라고 믿었다. 박해자의 기괴한 정신세계는 결국 신화에 종속되어 있다.

위기에 처한 사회가 무정부적인 혼란에 빠지면, 희생양들은 폭력의 탐욕에 빠진 박해자들로부터 스스로 벗어날 방법이 별로 없다. 애초에 박해자들은 희생양이 유죄인지, 무죄인지 관심이 없다. 그들은 어떤 사소한 핑계로도 희생양 살해의 욕망을 채우고 만다. 조국 사건에서도 그러한 무정부적인 징후가 나타난다. 최소한의 규범조차 무시하고 진행된 수사, 언론의 무자비한 보도, 무조건적 영장 발부, 폭력 성향의 집회 등이 사실상 무정부적인 상황을 조성하였다. 나치는 가장 민주적인 바이마르 정부하에서 성장하였다. 또한 일본 군국주의도 일시적이나마 민주적인 다이쇼 체제에서 시작되었다.

희생양의 범죄는 마치 "그 사람의 환상적인 본질이거나 존재적 속성"인 것으로 간주된다. 그는 전염병을 퍼트리는 균주처럼 인식된다. 희생양 메커니즘이 작동하면, 희생양의 방어 능력은 축소된다. 모방욕망으로 인한 경쟁, 갈등, 분노, 살의는 신화적 사고에 의하여 지배되기 때문에 논리적인 해명은 영향을 미치지 않는다. 어떠한 반론도 불난 집에 기름을 붓는 것처럼 분노를 증가시킨다. 결국 태풍이 잦아들고 근대적인 재판정으로 가면 희생양에게 변명할 수 있는 최소한의 기회는 제공된다. 그러나 중세 사회, 전체주의 사회는 그런 기회조차 가질 수 없었다. 또한 모방에 물든 판사가 주재하는 재판은 희생양 박해의 모방폭력이 모든 곳을 지배한다는 것을 입증하는 것에 불과하다.

역사적으로 볼 때, 현대 사회 이전에는 희생양이 공정한 재판을 받은 경우가 거의 없다. 그것이 체제 권력에 의한 박해든지, 군중에 의한 박해든지, 재판정은 처음부터 스스로 박해자이거나, 모방폭력에 휩쓸려서 공정한 재판을 할 수 없다. 희생양에 대한 재판 기록은 박해 기록으로 역사에 남아서, 직·간접적으로 모두가 박해에 가담했음을 증명하게 된다. 관동대지진 조선인 학살에 대한 재판에서, 일본 사법부는 학살을 주도한 살인자에 대하여 거의 모두 간단한 처벌에 그침으로서 면죄부를 발부하였다. 반면, 일부 조선인의 사소한 범죄를 부각함으로써 은연중에 집단살해의 정당성을 부각하였다.

모방에 빠진 재판관은 희생양 박해에서 최종적인 신화의 창조자들이 된다. 이들은 박해자들 중 일부를 처벌하는 척하면서, 뒤틀리고 은폐로 가득한 판결문을 통해, 인간사냥과 살해를 정당화시키는 박해의 기술자들이다. 이들은 환상과 사실을 적절하게 전도시키거나 배합하는 기술을 가지고 있어서 범죄와 죄인을 구분하지 않고 뒤섞어 버린다. 가짜뉴스와 악마적 판결문의 기원은 악의적 신화의 창조에서 시작되었다. 희생양에 대한 재판은 법정 문 앞에서 이미 끝났다. 희생양 박해에서 죄인과 범죄는 구분되지 않는다. 신화의 세계에서 괴물이 하는 모든 행동은 범죄이며 괴기스러운 것으로 간주된다. 모방에 물든 법정이 폭력에 가담하면서, 괴물 같은 희생양에 대한 처형은 막을 내린다. 이러한 판결과 처형은 결국 사법부의 신화를 해체함으로써 집단폭력을 널리 억제하기 위해서는 사법부의 개혁이 필수적이라는 인식이 널리 퍼지게 되었다.

희생양에 대한 환상

현대인들은 믿기 어렵겠지만, 14~16세기 중세 시대에 대부분의 사람은 마녀가 존재하며 그들이 나무 빗자루를 타고 지붕 위를 날아다닌다는 말을 믿고 있었다. 마법에 대한 일반적인 믿음은 당시의 사회적인 속성으로서 많은 사람이 가지고 있던 환상에 근거한다. 이러한 환상은 사회적 합의와 유사하게 사회를 관통하고 있다.

중세 시대에 마녀로 희생당한 많은 여성은 민간치료사였다. 그들은 예전 게르만족이나 켈트족의 전통에 따라 마을에서 아픈 사람들에게 치료요법을 제공하기도 하고, 어려운 고민들을 상담하기도 하였다. 현대적으로 보면 이들은 전통적인 의사, 산파, 심리상담사 역할을 하고 있었다. 그동안 그들의 신비한 치료를 신뢰했던 많은 사람은 마녀사냥이 시작되면서 이들을 마법을 부리는 악마의 파트너로 정죄하고 처단하는 데 동참했다.

마녀 처형 의식이 진행되는 날이면 마을은 거의 축제의 분위기로 바뀌었다. 마녀 처형을 행하는 도시의 광장, 화형대 주변에는 도시의 모든 사람이 모여서 참혹한 광경을 즐겼다. 희생양들은 박해자들에게 의사였으며 동시에 악마였다. 사람들은 병을 만드는 능력과 병을 낫게 하는 능력을 동일하다고 보았다. 현대 사회에서도 사회의 병을 치료하는 개혁과 사회를 병들게 하는 탐욕이 공존할 것이라는 의심이 상존한다.

아직도 그러한 마법의 "원초적인 성스러움의 흔적"은 남아있다.

"우리 시대에도 의사로부터 받는 성스러움 같은 두려움"(*The Scape-goat*, 46)은 오랜 역사적 감정을 반영하고 있다. 마법에 대한 원초적인 의식은 집단적 환상으로서 시대를 따라 계승되고 있다. 재판정의 엄숙한 분위기도 이러한 마법의 "원초적인 성스러움의 흔적"이라고 볼 수 있다. 이러한 집단적 의식은 개인, 집단 및 사물에 대한 선호와 증오로 나타난다. 르네 지라르는 "편견과 명성은 하나의 동일한 태도가 가진 두 개의 얼굴"이라고 표현한다. 어떤 집단 또는 개인에 대한 명성의 뒤에는 항상 편견이 따라다닌다. 따라서 명성이 높은 사람일수록 편견에 의하여 비난을 당할 가능성도 높아진다. 명성과 편견은 대부분 환상에 근거하기 때문에 깨어지기 쉬운 그릇과 같다.

현대 사회에서도 수많은 환상이 존재하는데 그것은 그 사회가 가진 특수한 집단적 경험에서 유래한다. 한국 사회의 일제 강점기 통치와 대통령의 독재적 지배 경험은 "대통령이 무소불위의 권력을 가지고 있다"는 환상으로 존속된다. 따라서 국가에 어떤 문제가 발생하면 역사적인 원인이나 국가 운영시스템에 대한 고려 없이 바로 대통령을 비난하는 경향이 있다. 또한 탈권위적인 스타일을 가진 대통령, 민주적 절차를 준수하는 대통령에 대하여 무능하다는 이미지를 씌우기도 한다. 마찬가지로 유사한 환상은 정부의 요직에 있는 조국 장관과 같은 사람이 권한 이상의 능력으로 국정을 좌지우지할 수 있다고 믿게 한다. 희생양은 단지 수동적으로 공격당하는 약자가 아니라 마법적인 힘을 가진 적진의 장수라고 생각한다.

중세 마녀사냥에서 마녀가 악마와 소통하는 하수인이 된 것처럼 희생양은 상황을 조작하는 악마의 이미지를 가지게 된다. 대부분의 희생양 박해에서 악마라는 테마가 되풀이되고 있다. 또한 희생양을 동물에 비유하여 비하하거나 동일화하는 것도 일반적 현상으로 나타난다. 르네 지라르는 현대에 이르기까지 유럽에서는 공공연하게 유대인을 염소나 돼지로 묘사하는 출판물들이 많이 있다고 지적하고 있다. 16세기 독일의 한 일간지는 심지어 유대인 여자가 쌍둥이를 출산했는데, 그 아이들이 돼지라는 기사를 실을 정도로 유대인에 대한 모욕적인 기사가 만연하였다. 마법의 신화에서 악마의 모습은 동물과 인간이 혼합된 모습으로 나타난다.

실제로 마법사나 마녀는 염소와 유사하다고 믿었기 때문에 마녀 사냥 때 뿔, 혹, 또는 발굽을 검사하였다. 그래서 마녀로 지목되어 끌려온 사람들의 옷을 전부 벗기고 머리를 밀어서 동물의 흔적을 검사하였다. 어떤 사람들은 머리나 몸에 난 사마귀, 종기 등을 증거로 기소되어 화형에 처해졌다.

한국에서는 특이한 미투^{MeToo} 현상이 일어나고 있다. 때로 어떤 미투에서는 고소인이 존재한다는 사실만으로 피고소인의 인생의 옷을 전부 벗겨 알몸을 만들고 머리를 모두 밀어서 검사한다. 머리에서 발견한 흔적이 무엇인지 알 수 없는 상태에서, 이미 피고소인은 머리에 뿔이 달린 염소가 되어 버린다.

박해자의 환상

마법의 이야기들에는 원인과 결과를 구성하는 인과율이 존재한다. 현대인들은 황당하다고 보이겠지만 우물에 독약을 퍼트리는 이야기처럼 그럴듯한 면을 가지고 있다. 중세의 연금술이 과학의 발전에 영향을 미친 것처럼 마법의 인과율은 과학적 사고의 기원을 제공하기도 한다. 르네 지라르에 의하면, 마법의 인과율은 희생양 메커니즘에 내재한 신비한 사회적 필연의 법칙에 영향을 받고 있다. 이러한 사회의 신비한 인과적 법칙은 과학에서 인과의 법칙을 찾는 정신에 영향을 미친다. 현대 과학 문명에도 뿌리 깊은 원시적인 정신이 깃들어 있다.

박해자가 '과학보다 초라한 마법에 빠지는 것'은 조급하기 때문이다. 희생양에 대한 단호한 처형을 원하는 집단의 압력은 신속한 결정을 요구한다. 희생양 메커니즘에서 작동하는 모방적 폭력의 압력은 합리적 절차나 추론에 필요한 정신적, 시간적 여유를 주지 않는다. 그런데 마법적 사고에 빠진 박해자들은 역설적으로 마법을 예방하고 추방하기 위해 신속하게 희생양을 처형해야 한다고 생각한다.

마녀사냥의 재판관들은 악마적인 고문 수단과 무자비한 고문 철학을 가지고 마법을 퇴치한다는 모순에 빠져있다. 재판관들은 악마들은 사소한 고통도 느끼지 못하기 때문에 가장 잔인한 고문 방법을 고안해냈고 그러한 고문은 악마도 자백할 수밖에 없다는 또 다른 모순된 마법을 신뢰했다. 그러나 실제로 고문관들은 본능적으로 고통의 과학을 믿고 있다. 마법과 과학은 서로 혼합되어 버렸다. 정치 검찰은 희생양의 가족을 인질로 희생양을 고문하는 원초적 마법을 부리면서도, 법적 권한과 절차, 법과 원칙을 주장하고 있다. 그러나 그들은 마녀 고문관처럼 단순하고 명쾌한 고통의 과학을 믿고 있는 것이다.

표창장은 마녀라는 확실한 증거를 보여주는 부적이다. 조국 가족을 발가벗겨 놓고 머리를 뒤져봐도 뿔이 없었고, 발을 뒤져 봐도 염소 발굽이 없었다. 작은 종기라도 발견되면 뿔의 흔적이라고 주장하고자 했다. 따라서 결국 외부에서 마녀의 증거인 부적을 찾아야 했다. 보수카르텔은 마녀의 증거인 표창장을 찾는 데 혈안이 될 수밖에 없었다. "그들은 왜 그렇게 표창장에 집착했는가"라는 의문은 그들의 마법적인 사고로만 해명될 수 있다. 대형 비리의 증거인 뿔이 없으니 부적이라도 찾아서 마녀임을 증명해야 하지 않겠는가?

'마법적 추론'은 '신화적 사고'이다. 두려운 것은 아직 이러한 마법과 신화가 사회를 지배할 수 있다는 점이다. 마법은 미디어라는 또다른 마법의 지팡이를 통해 사회구성원의 정신을 지배하려고 한다. 박해자 집단이 정치 권력을 장악하면 마법적이고 신화적인 정신을 체계, 제도, 인적관계로 고착화시킨다. 모든 신화적 찬양과 기적은 다른 사실들과 반론을 은폐하려는 목적이 있다. 그들은 은폐된 진실을 영원히 땅 속에 묻어버리기 위해 사람들의 생각과 행동에 영향을 미치는 것을 제도적으로 차단하고자 한다. 그들은 신화적인 제도를 바꾸고자 하는 모든 노력, 개혁을 반대한다. 박해자들은 거꾸로 사회적 개혁을 마법이라고 비난한다. 기득권 집단은 오히려 개혁이라는 마법사의 부당한 행위로부터 자신들을 지키고자 하는 모든 행위가 합법적이고 정당한 저항이라고 생각한다.

희생양 메커니즘이 가지고 있는 거짓의 구조로 인하여, 박해자의 환상은 음흉하고 교활한 성격을 가지고 있다. 이러한 환상은 근대에 들어 고도의 심리적, 상업적 기법과 결합하여 훨씬 더 정교하게 변한다. 한국 보수 언론이 박해자의 편에 서서 현대사의 역동기를 적응하고 진화해온 과정은 놀라울 정도이다. 현대 사회에서 희생양에 대한 폭력이 옛날보다 더 잔인하다고 말할 수는 없지만, 폭력은 더욱 음흉하게, 교활해지고 은밀해지는 경향이 있다. 시민들은 아침마다 출근길에서 자기도 모르게 인터넷 포탈의 집단적 가짜뉴스를 통해서 매일 희생양의 제사상에 올라온 제사음식을 맛보고 있다. 인터넷 포탈을 장악한 미디어 권력자들은 오랜 금기와 전범을 무시한 채, 의식적, 무의식적으로 이상한 제사상을 차려 주고 있다.

희생양의 변호인들

　우리 문명은 정신분열증을 가지고 있다고 볼 수 있다. 원시적 사고와 현대적 사고가 공존하고 있으며, 마법과 과학이 공존하고 있다. 폭력과 비폭력이 공존하고 있으며, 희생양을 당연시하는 정신과 희생양을 변호하는 정신이 함께 존재하고 있다. 본질에 대한 탐구와 현상에 대한 탐구는 순서 없이 뒤섞여 있다. 드러난 현상의 교집합을 본질이라고 주장하고 있다. 현상을 지배하는 자들이 본질적 가치를 지배하는 것처럼 보인다. 이유와 상관없이 힘을 행사하는 자들이 진실의 힘을 가진 것처럼 보인다. 무한 권력을 행사하는 반지의 제왕이 되기 위한 모방은 반지의 마법을 신봉하는 신자들의 사회를 만들고 있다. 현대 사회의 절대반지는 돈과 권력이다. 절대반지를 둘러싼 모방과 경쟁의 산물인 희생양은 이미 모든 분야에서 필수적인 재화처럼 재생산되고 있다.

　희생을 만드는 메커니즘 안에서 희생양 박해자와 희생양 변호인 간의 지난한 투쟁이 지속되고 있다. 희생양 변호인은 이성과 합리성을 무기로 집단폭력과 싸우기 때문에 희생양과 동일하게 박해를 받을 위험에 처하게 된다. 마녀사냥의 야만성을 지적한 학자들과 종교인들은 교황청의 파문을 받아 유배되거나 유사한 박해를 받았다. 박해자들은 폭력과 희생을 폭로하는 사람들을 또 다른 희생양으로 만들어 버린다. 인류는 전염병, 외부의 침입, 종족 간 분열과 같은 두렵고 절박한 생존을 건 싸움 속에서, 다수에 의한 희생양 박해의 메커니즘을 유지해왔다. 모든 불안, 공포를 희생양에게 쏟아냄으로써 그들은 단결을 통해 상황을 타개해 나왔다. 희생양에 대한 박해는 본능처럼 인간에게 뿌리 깊게 박혀 있다. 따라서 박해자들은 이미 박해의 성공을 위해서 어떤 수단이라도 사용할 정신적 준비가 되어 있다.

박해자들이 쉽게 단결할 수 있는 강력한 본능적 에너지를 가지고 있는 것에 비해, 희생양의 변호인들은 양심과 이성의 결단하에 위험을 무릅써야 한다. 또한 박해에 가담한 학자, 언론, 법률가들과 이론적, 법률적 투쟁을 해야 하므로 다양한 전선에서 박해자들과 맞서야 한다. 이러한 이유로 박해의 메커니즘이 오래전에 폭로되었음에도 불구하고, 인류의 역사에서 희생과 박해가 오랫동안 유지되고 있다. 인류는 최근에 와서야 박해자를 변호하는 것이 통상적으로 옳은 일이 될 수 있다는 것을 인정하게 되었다.

희생양이라는 말에는 이미 희생양의 무고함, 박해의 집단성, 잔혹한 결과가 의미로서 포함되어 있다. 집단폭력은 한 사람 또는 하나의 집단에게 다수의 관심과 폭력이 집중되기 때문에 희생양은 아무리 돕는 사람들이 있다고 하더라도 무력화될 수밖에 없다. 노무현 전 대통령과 조국 교수의 자기변호는 폭력의 회오리 속에서 흔적도 없이 사라졌고, 오히려 또 다른 박해의 소재를 제공하였다. 예를 들어 조국 교수 딸의 우수한 영어 성적이 공표되면, 검찰 출신 야당의원은 학생기록부를 발표해서 사실을 왜곡하고 대부분의 언론은 그것을 선전한다. 이러한 과정에서 그들은 침묵을 지키거나 생명을 건 항의를 할 수밖에 없었다. 그러나 희생양에 대한 용감한 변호인들에 의하여 희생양 문제는 전 지구적인 화두가 되었고, 세계는 진보하고 있다.

희생양이라는 말은 일반적으로 정치적 음모의 희생양, 불공정한 제도의 희생양과 같이 사람들의 의도적인 목적으로 인하여 피해를 본 사람들을 의미한다. 그 사용 범위는 매우 다양하고, 잘못 적용되는 사례도 많기 때문에 심지어 '희생양 코스프레'라는 말까지 등장하고 있다. 현대 사회에서 희생양이라는 말은 너무 흔하고 쉽게 사용되고 있다. 희생양이라는 말은 원래의 의미를 상실하는 위기에 처해 있다. 르네 지라르는 마키아벨리적 책략이나 거짓 효과를 위한 군중 조작은 희생양 박해 또는 제의의 방법이 될 수 있을지는 몰라도, 그것 자체가 본질이라고 볼 수 없다고 말한다. 박해자들은 하나의 체계, 즉 환상의 세계 안에 갇혀 있기 때문에 스스로 박해자인 것을 의식하지 못하고 있다. 이러한 환상의 세계를 깨기 위한 유일한 무기는 진실이다. 진실로 무장한 희생양의 변호인만이 폭력으로부터 세계를 구출할 수 있다.

사회에서 능숙하게 희생양을 찾아내고, 박해 혐의자를 찾아내는 사람들도 대부분 정작 자신이 가하는 박해에 대해서는 무지하거나 무시한다. 이 수수께끼를 풀기 위해서는 우리 모두 희생양 문제와 관련하여 자신의 입장, 자신의 의식과 행동을 자문해보아야 한다. 희생양의 변호인들이 박해자의 환상과 음흉한 책략을 깨트리기 위해서는 자기 자신을 성찰하는 시민들의 집단적인 지성으로 뭉칠 수밖에 없다. 깨어 있는 시민들 각자의 축적된 삶의 경험과 지성을 모아서 박해의 책략을 폭로하고, 변론의 전선을 구축해야 한다.

이유 없는 미움과 무의식의 감옥

르네 지라르는 희생양과 박해자는 무의식의 메커니즘에 갇혀있다고 말한다. 만약 우리가 중세 시대의 유럽인을 만나 마녀사냥이 환상에 불과한 것이라고 설명한다고 해도 그들은 그것을 수긍하지 않을 것이다. 우리가 그런 주장을 포기하지 않으면, 결국 우리도 마녀로 몰려 함께 처형당할 위험에 빠지게 된다. 마찬가지로 1940년 독일에서 우리가 인종주의 환상을 비판한다면, 유사한 일이 일어날 것이다. 집단폭력의 희생양 메커니즘은 사회 전체를 환상의 감옥에 가두어 버린다. 그들은 스스로 환상의 감옥에 갇혀있다는 사실을 알 수 없다. 박해의 무의식에 완전히 빠져 있는 박해자들을 이해시키는 것이 쉬운 일이 아니다. 따라서 가능한 한 많은 사람, 특히 박해자에게 일시적으로 동조하는 사람들에게 박해의 본질을 알림으로써 박해에 저항하는 방어진을 넓히는 것이 목표가 될 수밖에 없다.

한국 현대사에서 진행 중인 모든 희생양에 대한 집단폭력과 희생양 제의는 원시적이다. 그 원시적인 정신과 행위가 현대 문명 사회 속에서 일어나고 있는 것이 현실이다. 사회가 성스럽다고 믿고 있는 많은 것들은 맹목적이고 집단적인 환상에 기초한 것이다. 사람들은 너무 쉽게 환상적인 믿음에 굴종하고 거짓 교사의 유혹에 빠진다. 희생양 메커니즘에 의존하는 사회야말로 보편적이며 오히려 그렇지 않은 사회가 예외적 소수일 수도 있다. 사실 인권을 표방하는 정상적인 민주사회에서도 그 이면에는 희생양 메커니즘이 구조화되어 있다. 현대 미국 사회의 인종차별, 일본 사회의 민족차별, 한국 사회의 지역 차별, 인도의 계급 차별을 보면 볼수록 그런 의심을 지울 수 없다. 사회 체계의 기둥을 떠받치고 있는 땅 밑에는 다른 성질의 지하 세계가 존재하고 있는 것 같다. 지하 세계는 활화산처럼 주기적으로 분출하여 지상 세계를 유지하고 변화시킨다.

조국 사건을 겪으면서 의아한 것 중 하나는 왜 사람들이 조국 교수를 그토록 무자비하게 비난하고 미워하는가라는 점이다. 촛불 집회에 참가한 시민들의 경우, 박근혜 전 대통령의 실정에 대해 비판하는 사람들은 많았지만, 인간 자체에 대하여 증오의 감정을 드러낸 경우는 거의 보지 못했다. 사람들은 그녀의 무리한 야망과 부족한 능력에 대하여 비판한다. 하지만 촛불 시민 중에는 한 인간으로서, 그녀의 기구한 삶의 여정에 대해 동정심을 가진 사람도 적지 않다. 조국 교수에 대한 증오는 정치적인 반대와 범죄혐의로 인한 미움으로 보기에는 너무 극단적으로 표출되고 있다.

그 이유는 박해자의 환상이 이유 없는 극단적 미움을 낳기 때문이다. 박해자들은 원시 감옥에 갇혀있는 죄수들과 같다. 그들이 옹호하는 것은 감옥의 규칙이며 그들의 정신은 폐쇄적이고 폭력적이다. 감옥의 평화는 주기적으로 희생양을 공개 처형함으로써 만들어진다. 환상의 감옥에 갇힌 죄수들은 감옥의 규칙을 벗어날 수 없다. 또 하나의 중요한 감옥의 규칙은 거짓된 비난이다. 박해자들은 희생양을 이유없이 비난하지만 그것이 어떠한 명분도 정당성도 없다는 것을 알지 못한다. 박해자들은 환상의 지하 감옥이 천상의 나라라고 착각하고 있다. 그들은 그곳이 현실이며, 그곳이 세상이라고 착각하고 있다. 신화적 환상이 아니면 이들은 정신 분열에 이르게 될 것이다. 희생양 박해를 통해 얻는 티모스와 죽음의 충동을 만족시키는 카타르시스는 천국의 마약과 같다. 이들을 감옥에서 해방시키기 위해서는 이들에게 제공되는 마약의 공급 채널을 차단하고 환상에 물든 정신을 치유해야 한다.

의식적인 계획, 행동, 감정의 이면에는 무의식이 존재하고 있다. 사회적 행동의 이면에는 집단 무의식이 움직이고 있다. 우리 자신 안에 숨겨져 있는 것을 밝혀내기 위해서 무의식적인 성격을 밝혀낼 필요가 있다. 원시공동체에서 시작된 초석적 폭력, 희생양 살해의 기억은 인류의 뇌리에서 사라지지 않았다. 폭력과 희생의 환상은 운명처럼 호모사피엔스의 무의식을 지배하고 있다. 박해자들은 희생양이 유죄라고 하는 환상을 불러일으킨 무의식의 감옥에 갇혀 있다. 그들은 스스로 자유의지에 의해 움직이고 있다고 믿고 있지만, 사실은 그들을 가두고 있는 감옥의 벽을 보지 못하고 있다. 다른 관점에서 보면 박해자들은 욕망에 이끌려 무지의 감옥을 선택하였다.

예수가 유대인들의 집단박해로 십자가에서 처형될 때 희생양으로서 남긴 말은 그들이 무지하므로 용서해달라는 말이었다. "아버지 저들을 사하여 주옵소서 자기들이 하는 것을 알지 못함이니이다"(신약성서 누가복음 23장 34절). 박해자들은 조국 교수가 유죄라고 맹신하고 있다. 증거로 기소하는 법학을 배운 검사들과 진실한 정보를 찾아내는 것이 사명인 기자가 비과학적이고 비논리적인 신념에 의해 움직이는 부조리는 그들의 무의식으로 해명될 수밖에 없다. 그들은 의식화되지 않은 무의식의 지하 세계에 존재하는 것이다. 즉, 양식 있는 시민들과는 다른 세계에 살고 있다. 이들과 논리적 소통이 불가능한 이유는 박해자들은 다른 상징 세계에 살고 있기 때문이다. 즉 언어의 의미체계가 다르기 때문에 현대 사회의 합리적 지성을 가진 일반인과는 대화할 수 없게 되어 버렸다. 문제는 합리적 지성, 인권과 헌법의 정신은 지배적 다수 시민의 공유물이 아니며 희생양 메커니즘에 의하여 쉽게 훼손되고 무너질 수도 있다는 사실이다. 무의식이 의식보다 깊은 곳에서 무차별적인 영향력을 가지고 있다. 르네 지라르의 표현에 따르면, "무의식적인 군중과 지도자들"은 그들이 정확하게 무엇을 하는지도 모른 채 그들의 욕망이 이끄는 대로 가고 있다.

7장

박해의 본질,
모방과 악마성

세례요한의 참수, 살로메의 모방욕망 | 모방욕망의
이율배반 | 조국이라는 장애물, 스캔들 | 살로메의 춤
사위, 언론의 기교 | 폭력 중독자의 운명 | 엘리트 집
단, 모방의 포로 | 살로메의 제자들, 보수우파의 만장
일치 | 모방에 빠진 군중들 | 희생양의 책임 | 집단폭
력의 비밀과 악마적 속성

세례요한의 죽음 잔치

"모방된 욕망은 원래의 욕망, 원형적 욕망보다 약하지 않다. 헤로디아의 욕망을 모방한 딸, 살로메의 욕망은 어머니의 욕망보다 강하게 변화된다. 복사된 욕망의 강도는 원본의 강도를 넘어서 확산된다."

"박해자들은 모두 조국의 매력에 빠져서 미친 듯이 조국을 증오하는 주연들이 되었다."

"언론의 춤판에서 군중들을 묶고 있던 정치적, 경제적, 사회적 욕망의 사슬은 풀어 헤쳐진다. 춤판의 목적은 질서를 해체함으로써 질서 안에 묶여 있는 군중들의 파괴적인 에너지를 끌어내는 것이다. 군중의 의식이 억누르고 있던 악령들이 감옥에서 풀려나온다. 언론의 몸짓 하나하나에 박해의 집단 무의식이 되살아난다."

"한국의 보수카르텔이 박해의 무의식에 지배당하고 있는 이유는 그들이 한 번도 그것을 밝은 의식의 세계로 끌어내 보지 않았기 때문이다."

"박해자 집단은 모방욕망, 경쟁, 질투에 의한 사회의 분열과 희생양 박해를 통한 사회의 통합이라는 두 개의 바퀴로 달리는 자전거와 같다."

세례요한의 참수, 살로메의 모방욕망

전에 헤롯이 자기가 동생 빌립의 아내 헤로디아에게 장가든 고로 이 여자를 위하여 사람을 보내어 요한을 잡아 옥에 가두었으니 이는 요한이 헤롯에게 말하되 동생의 아내를 취한 것이 옳지 않다 하였음이라.

헤로디아가 요한을 원수로 여겨 죽이고자 하였으되 하지 못한 것은 헤롯이 요한을 의롭고 거룩한 사람으로 알고 두려워하여 보호하며 또 그의 말을 들을 때에 크게 번민을 하면서도 달갑게 들음이러라.

마침 기회가 좋은 날이 왔으니 곧 헤롯이 자기 생일에 대신들과 천부장들과 갈릴리의 귀인들로 더불어 잔치할새 헤로디아의 딸이 친히 들어와 춤을 추어 헤롯과 그와 함께 앉은 자들을 기쁘게 한지라.

왕이 그 소녀에게 이르되 무엇이든지 네가 원하는 것을 내게 구하라 내가 주리라 하고 또 맹세하기를 무엇이든지 네가 내게 구하면 내 나라의 절반까지라도 주리라 하거늘 그가 나가서 그 어머니에게 말하되 내가 무엇을 구하리이까 그 어머니가 이르되 세례요한의 머리를 구하라 하니 그가 곧 왕에게 급히 들어가 구하여 이르되 세례요한의 머리를 소반에 얹어 곧 내게 주기를 원하옵나이다 하니 왕이 심히 근심하나 자기가 맹세한 것과 그 앉은 자들로 인하여 그를 거절할 수 없는지라.

왕이 곧 시위병 하나를 보내어 요한의 머리를 가져오라 명하니 그 사람이 나가 옥에서 요한을 목 베어 그 머리를 소반에 얹어다가 소녀에게 주니 소녀가 이것을 그 어머니에게 주니라

(신약성서 마가복음 6장 17-28절).

본문은 신약성서에서 예언자 세례요한의 죽음을 기술한 부분이다. 세례요한은 평민들의 존경을 받는 예언자였으나, 기존 종교 권력과 지배층에게는 두려움의 대상이었다. 헤롯은 로마 식민통치하에 있던 이스라엘의 봉분왕이다. 그가 동생의 아내인 헤로디아를 취하는 것을 세례요한이 비난하자 체포되어 투옥되었고, 헤로디아는 자신의 결혼을 반대하는 세례요한을 몹시 증오하고 있었다. 본문은 모방욕망과 증오가 어떻게 한 희생양을 죽음에 이르게 하는지를 잘 묘사하고 있다.

르네 지라르는 세례요한이 죽음에 이르는 성서의 사건을 해석하면서 모방욕망이 어떻게 희생양 살해를 만들어내는지를 보여준다. 모방이론의 핵심은 모방이 급속하게 전파되는 속성을 가지고 있다는 것이다. 모방이 커지면 모방에 끌리는 매력과 경쟁의 힘이 커지면서 모방은 한 사람으로부터 다른 사람에게, 다른 사람으로부터 또 다른 사람에게 퍼져나간다. 모방욕망 경쟁이 강화되면 증오는 파괴의 욕망으로 변한다. 이러한 파괴의 욕망은 빠르게 전파된다. 살로메는 헤로디아의 어린 딸로서 어머니의 욕망을 모방한다. 그리고 살로메의 춤과 잔치의 분위기를 통해 살로메의 욕망은 모든 하객들에게 전염된다.

모방된 욕망은 원래의 욕망, 원형적 욕망보다 약하지 않다. 헤로디아의 욕망을 모방한 딸, 살로메의 욕망은 어머니의 욕망보다 강하게 변화된다. 복사된 욕망의 강도는 원본의 강도를 넘어서 확산된다. 욕망의 모방은 평면적인 확산이 아니라 토네이도처럼 나선형의 상승곡선을 그린다. 세례요한과 무관한 헤로디아의 딸은 어머니를 모방하여 더 강렬하게 세례요한의 목을 요구한다. 노무현, 조국 사건에서 정치검찰과 언론은 정치 경제적 이해의 결탁, 기존의 친분이 작용하여 한몸처럼 움직이고 있다. 그런데 많은 경우 검찰보다 언론이 앞서나가는 것은 검찰의 욕망을 언론이 모방하여 그것을 강화하고 있는 것을 보여준다. 그리고 그 언론을 유튜버가 모방하고 그것을 일반 군중이 모방하여 결국 살의를 느낄 수 있는 수준의 증오로 발전한다.

르네 지라르는 세례요한의 죽음을 통하여 모방욕망 그 자체의 본질을 설명하고 있다. 어린아이인 살로메의 모방은 순진한 욕망이다. 따라서 모방욕망 그 자체는 애초에 텅 빈 그릇처럼 투명하다. 텅 빈 것이야말로 충분한 에너지를 담을 수 있는 공간을 제공하기 때문에, 순진한 욕망은 욕망이 가지고 있는 힘과 가능성을 보여준다. 어린아이의 욕망은 욕망의 대상에 대한 결핍을 충족하는 것이 아니라 모방욕망 그 자체를 충족하려고 한다. 살로메의 욕망에 대한 해석을 통해서, 우리는 사람들이 욕망의 대상이 아니라 모방욕망 자체를 모방할 수 있다는 사실을 발견한다. 사람들은 강남의 부동산을 욕망하는 것처럼 보이지만, 더 강력한 욕망의 동력은 모두가 가지고 있는 강남 부동산에 대한 타인의 욕망 그 자체를 모방하는 것이다. 명품을 욕망하는 것이 아니라 명품에 대한 다른 사람의 욕망을 욕망하는 것이다. 역설적으로 살로메는 어린아이의 순진무구함을 이용하여 최상의 모방폭력을 일으킨다.

20세기 아프리카 내전에서 많은 어린이가 살육의 도구로 사용되었다. 선악을 구분하기 어려운 아이들은 모방에 의해 성인 군인보다 더 용감하게 전투와 살인에 참여했다. 전체주의 독재정권은 어린아이들을 체제 선전의 최전선에 내세우고 폭력의 정당성을 홍보하는데 이용한다. 어른들이 노린 것은 아이들의 순진한 모방 능력이었다. 세례요한을 죽인 것은 노련한 정치인 헤롯이 아니라 모방욕망에 빠진 작은 어린아이, 살로메였다.

모방욕망의 이율배반

르네 지라르는 헤로디아의 욕망을 내재화한 살로메가 어머니와 동일화되어 버린다고 설명한다. 욕망의 전파로 인한 주체 간의 동일화 과정은 사람들을 획일화시킨다. 욕망에 대한 긍정과 찬미의 문화 속에서 사는 우리는 욕망이 사람들을 쉽게 획일화시키는 메커니즘을 알아차리지 못하게 만들고 있다. 사회적으로 순진한 사람들이 박해하는 군중으로 쉽게 변하는 이유는 이들이 모방이라는 순진한 욕망에 쉽게 빠지기 때문이다. 이것은 조국의 개혁으로 이익을 볼 수 있는 평범한 사람들이 오히려 박해자의 편에 서서 조국에게 돌을 던지는 이유를 설명해준다.

독일 나치정권의 핵심 지지층은 제국주의 전쟁에 동원되어 가장 큰 피해를 당한 평범한 독일 국민이었다. 이들 평범한 시민들이 유대인을 색출하고 고발하는데 앞장섰으며, 진정으로 유대인들을 미워했다. 평범한 독일 국민은 전쟁터와 군수공장에서 죽어 나갔고, 최종적으로는 연합국의 폭격으로 죽어 나갔다. 그들은 자기도 모르게 스스로를 죽음으로 내몬 것이다. 미국의 평범한 백인들이 일자리를 빼앗는다는 그럴듯한 명분으로 유색인종을 미워하여 인종차별에 앞장서며, 외국인 차별에 앞장서는 극우 정치인에게 매료되는 것도 같은 현상이다. 미국 민주당 정부가 추진하는 최소한의 의료보험 정책과 복지 정책이 사실은 이들 저학력 공화당 지지자들에게 혜택을 주는 정책임에도 불구하고 이들은 자기 이익 대신 모방적 증오를 선택한다.

자신의 이익을 배반하는 이러한 이율배반은 욕망의 순수성, 확장성 때문이다. 생물학적인 욕망은 채워지면 감소하지만 모방욕망은 경쟁자 또는 자신을 제거할 때까지 확장된다. 미국처럼, 한국 사회의 보수적 노령층 다수가 복지 정책과 보건 정책에서 노약자 계층에게 우호적인 정당보다는 자신의 이익에 반하는 정책을 가진 보수정당을 지지하는 현상도 사회적 모방의 결과이다. 신자유주의를 지지하는 보수정당이 집권하면 복지 예산은 우선순위에서 밀려나고, 궁극적으로 의료민영화가 이루어지면 다수의 가난한 노인들은 생명의 위협을 받게 된다. 그럼에도 이들이 보수정당을 지지하는 것은 근대화의 신화를 믿는 사회적 모방의 결과이다. 산업화와 근대화의 역군으로 경제성장을 위해 희생적으로 일한 세대는 성장, 성공의 신화를 쓴 사람들을 모방한다.

한국의 보수 집단은 모방의 대상인 근대화의 아버지 박정희, 정주영과 한몸이 되어 획일화되었다. 이들은 모방 대상이 받는 존경과 찬사를 같이 누리고 싶어 한다. 그들은 과거 정권의 후예들과 그들의 지원하에 탄생한 재벌 대기업과도 일체감을 가지고 있다. 따라서 과거와 현재의 영광을 훼손하는 어떤 세력에 대해서도 적대적인 감정을 가지고 있고, 때로는 자신의 인생에 대한 위협으로 느낀다. 보수 집회에서 느낄 수 있는 분위기는 거의 적대자에 대한 살의에 가깝다. 이들은 심지어 적대자 또는 경쟁자들을 제거하거나 무력화하기 위해서 전체주의적 독재체제를 수립하는 것도 정당하다고 생각하는 경향이 있다. 따라서 검찰과 언론의 무차별적, 자의적 폭력성에 대해 열광하는 것이다. 모방자들은 박해자와 정신적으로 일체화함으로써 획일성, 폭력성은 그들의 주요 속성이 된다.

조국이라는 장애물, 스캔들

헌법 상 모든 국민은 법 앞에서 평등하다. 단지, 군중의 스캔들이 되는 희생양은 예외이다. 특히, 사람들은 스캔들 현상 앞에서 매우 취약하다. 현대 사회에서 스캔들의 그 사전적 의미는 "충격적이고 부도덕한 사건 또는 치욕적인 소문이나 평판"을 의미한다. 그래서 흔히 정치인이나 연예인의 부도덕한 사건을 정치 스캔들, 연예 스캔들이라 말한다. 르네 지라르에 따르면, 스캔들의 고대 그리스어는 *skadzein* 또는 *skandalon*으로 '뜻하지 않은 장애물'을 의미한다. 스캔들은 욕망의 충족을 막고 나서는 장애물을 의미한다.

르네 지라르의 모방이론에서 "욕망은 다른 사람이 욕망하는 것을 욕망함으로써 그 모델을 경쟁자와 장애물로 여긴다"(*The Scapegoat*, 132)라고 설명하고 있다. 욕망하는 주체는 장애물이 전면에 나서면 장애물에게 매력을 느끼고 집착하게 된다. 이러한 집착은 장애물에 대한 강렬한 증오로 바뀌어서 분노가 폭발하도록 내버려두게 한다. 매력과 증오는 동전의 앞뒷면과 같다. 보수카르텔은 조국을 장애물로서 인식하고 있지만, 그들 마음 깊은 곳에서는 조국에게서 치명적인 매력을 느끼고 있는 것이다.

검찰총장 개인 또는 정치검찰 집단, 기자 개인 그리고 언론기관에게 조국은 경쟁자이자 장애물이다. 정치검찰은 내면적으로 조국에 대하여 질투, 집착하고 있다. 이러한 욕망은 마치 질투의 수갑이 되어 정치검찰을 구속한다. 욕망의 수갑에 묶인 정치검찰은 질투와 증오에 눈이 먼 열정으로, 신속하고 무차별적인 복수의 행동에 나선다. 이것으로 그들은 스스로의 덫에 걸린다. 사람들은 스스로 자신의 무덤을 파고 자신을 지옥에 가둔다. 지나친 열정은 방법의 합법성, 공정성을 무시하고 박해라는 목표에만 집착하게 한다. 그들은 온갖 잔인하고 유치한 방법도 마다하지 않으며, 오히려 그것을 즐기는 듯한 모습을 보여주고 있다.

노무현의 죽음에서 부분적으로 폭로되기 시작한 허구적인 검찰 신화와 언론 신화는 이제 그 전면적인 얼굴을 드러냈다. 복수의 열정이 지나친 나머지 신화의 가면은 벗겨지고 말았다. 이것은 이중의 효과를 가지게 되는데, 박해에 가담한 군중들에게는 카타르시스를 제공하지만 그렇지 않은 시민에게는 박해자의 순진한 의도를 광고하게 된다. 보수카르텔의 노골적인 욕망과 유치한 방법은 필연적으로 공정하지 않은 결과를 가져온다. 희생양에 대한 공정하지 않은 박해 과정과 결과에 대해 함께 분노하는 시민의 존재는 결국 검찰과 언론에게 더 커진 장애물로 등장한다. 검찰과 언론은 스스로 무덤을 파고 있다.

박해자들은 모두 조국의 매력에 빠져서 미친 듯이 조국을 증오하는 주연들이 되었다. 박해자들은 각자가 가지고 있던 장애물을 조국 교수로 대체한다. 이것을 장애물의 상호대체라고 한다. 희생양 메커니즘은 장애물의 상호대체를 통하여 본격적으로 작동하기 시작된다. 살로메의 춤은 장애물의 상호대체, 욕망의 모방을 가속화한다. 하객들이 춤 속으로 빠져들면서 모든 사람의 욕망, 장애물은 하나의 장애물, 희생양으로 수렴된다. 드디어 스캔들의 획일화가 완성되어 모든 사람은 한 사람, 세례요한의 목을 은쟁반 위에 올려서 전시할 것을 요구한다. 박해자 개인들이 가지고 있는 다양한 욕망의 장애물들,* 예를 들어 조직 내의 경쟁자, 잘난 척하는 친구, 바람피우는 배우자는 춤판의 진짜 주연인 희생물인 조국 교수로 대체된다.

르네 지라르가 세례요한의 참수 사건을 모방과 희생양 이론으로 해석한 것처럼 조국 사건도 동일한 이론으로 해석할 수 있다. 세례요한의 죽음이라는 메타포는 조국 사건의 이야기 구조와 성격을 잘 보여준다. 르네 지라르의 헤롯의 잔치 비유를 적용해서 조국 사건의 스토리보드를 구성해보면 다음과 같다.

> 조국은 정치검찰의 장애물이었다가 모방에 의해 보수 언론의 장애물이 된다. 이제 보수 언론은 뛰어난 기술을 사용하여 조국을 모든 언론과 군중들의 장애물로 바꾸어버린다. 언론은 모든 욕망을 묶어서 정치검찰이 선택한 희생양, 조국에게로 향하게 한 것이다.
> 난마처럼 뒤얽힌 욕망의 족쇄가 풀리기 위해서는 그 족쇄의 화신인 희생양, 조국이 죽어야 한다. 그가 죽어야 하는 이유는 너무나 사소한 이유 때문이다.

정치검찰과 언론은 헤로디아와 살로메의 관계처럼 작동한다. 정치검찰, 헤로디아가 지정한 장애물은 언론, 살로메의 장애물이 된다. 살로메는 헤로디아보다 더 영리하게 욕망을 퍼뜨리고 장애물에게 괴물 분장을 하여 그 시체를 전시한다. 희생물의 목을 쟁반에 담아 헤로디아에게 바치는 것은 살로메이다. 정치검찰과 언론은 헤로디아와 살로메처럼 환상의 궁합을 만들어낸다.

군중들의 장애물은 정치검찰과 언론과 보수 정치 세력의 장애물인 조국 교수로 빠르게 대체된다. 이것 또한 모방욕망이 작용하는 것이다. 언론과 검찰이 연주하는 음악과 춤사위는 모방을 가속화시켜 구경꾼으로 참석한 군중은 사실상 폭도로 변신하여 더 극단적인 처벌을 요구하게 한다. 복사된 욕망이 더 무섭고 강렬하기 때문이다. 조국과 관련한 네이버 댓글, 유튜브 방송과 광화문 집회의 살기등등한 분위기는 광주에서 시민을 학살한 군인들의 살기와 유사하다. 개인들의 좌절된 욕망, 입시의 실패, 인간관계의 실패와 갈등, 개혁의 두려움, 가난과 상대적 빈곤의 모든 원인은 조국 가족의 입시 비리와 펀드 사기로 인한 것이다. 조국은 모든 개인의 삶의 장애물이 된다. 그래서 그들은 서둘러서 조국 교수의 머리를 요구하게 되었다.

살로메의 춤사위, 언론의 기교

조국 사건은 한편의 춤판을 보는 듯하다. 처음에는 검찰과 언론과 야당이 주연으로 등장하지만 박해자에게 동화된 모든 군중이 함께 주연으로 등장하는 춤판과 같다. 조명이 커지자 무대는 검찰청에서 국회로, 국회에서 광장으로, 오프라인에서 온라인으로, 학교에서 희생자의 자택으로 현란하게 변화한다. 검찰의 무차별적인 수색과 실시간 중계, 쏟아지는 기사들은 현란하고 신명 나는 춤사위 같다.

르네 지라르는 모방의 회오리가 가진 영향력을 살로메의 춤으로 비유한다. 살로메의 춤의 위력은 샤먼의 신비로운 춤과 같이 관중을 사로잡아서 일상의 사슬에 묶여 있던 사람들을 해방시킨다. 살로메는 모든 사람을 춤추게 하여, 그녀를 사로잡고 있던 악마의 힘을 전파한다. 언론의 분노가 담긴 기사는 사람들의 분노를 일으키고, 사람들의 분노는 언론을 다시 춤추게 한다. 살로메의 욕망은 이제 완전히 사람들을 지배하게 되어 희생양을 향한 분노를 증폭시켜 최종적인 처형으로 나아간다. 사람들은 삶의 모든 괴로움을 조국의 처형과 바꾸어 버린다. 살로메의 춤은 사람들을 대신한 복수이기도 하다. 춤은 무의식의 마법으로 희생양 살해를 위한 만장일치를 만들어낸다.

언론의 폭발적이고 역동적인 춤은 정해진 상식의 한계를 넘어 창조적인 경지에 이르렀다. 단편의 사실들을 찾아내고 그 파편들을 오려 붙여서 그림과 시나리오를 만드는 경지는 예술적이다. 언론들은 희생양의 범죄라는 유일한 하나의 테마로 거대한 무도장을 만들었다. 그 무도장에서 붓이라는 무기를 든 살로메의 후예들이 춤을 춘다. 이 춤은 군중들의 모든 모방욕망의 결과물들, 즉 경쟁, 갈등, 오만, 질투, 치욕, 원한, 무기력을 흡수하여 생명력으로 돌려준다.

언론의 춤판에서 군중들을 묶고 있던 정치적, 경제적, 사회적 욕망의 사슬은 풀어 헤쳐진다. 춤판의 목적은 질서를 해체함으로써 질서 안에 묶여 있는 군중들의 파괴적인 에너지를 끌어내는 것이다. 군중의 의식이 억누르고 있던 악령들이 감옥에서 풀려나온다. 언론의 몸짓 하나하나에 박해의 집단 무의식이 되살아난다.

이 거대한 춤판의 목적은 진실을 규명하는 토론이 아니라 이미 정해진 하나의 목표, 즉 집단살해라는 단순한 클라이맥스를 향해 나가는 것뿐이다. 언론의 사악한 욕망은 군중들의 욕망으로 전이하고 모든 욕망은 조국을 살해하는 것으로 획일화된다. 다시 말하면, 모든 개인적 모방욕망은 언론이 목표하는 희생양 살해라는 모방욕망으로 바뀌어 희생양의 머리를 은쟁반 위에 올릴 것을 요구한다. 그리하여 이러한 집단살해를 통해 군중들의 폭력에 대한 욕구는 해소된다. 이러한 광란적인 소동은 본질적으로 르완다 종족 살해나 관동대지진 조선인 학살의 광란과 크게 다르지 않다. 집단살해의 현상적 발현 형식이 달라진 것일 뿐이다.

희생양 박해를 일반적으로 정의하자면 정치적으로는 권력 투쟁이고, 문화적으로는 집단 유희이고, 사회적으로는 갈등의 카타르시스이다. 그 현상을 어떻게 정의하든지, 실제로는 '집단폭력에 의한 희생양 박해'가 이루어지고 있다. 모방욕망은 가진 것을 지키고자 하는 초조함과 빼앗긴 것을 찾고자 하는 복수심이 혼합된 형태로 나타난다. 백화제방百花齊放. 억눌렸던 분노의 말들이 쏟아져 나오고 행동으로 표출된다. 한편으로는, 박근혜 탄핵 및 보수 정권의 패배로 인하여 정치적 좌절감에 빠져있던 일단의 군중들에게 복수의 마당이 열린 것이다.

존경받았던 세례요한에게 어떠한 적의를 가지고 있지 않았던 손님들도 살로메의 춤에 빠져 집단살해에 가담하는 것처럼, 문제의 핵심은 조국에게 반감을 가지고 있지 않았던 군중들의 가담이다. 살로메의 후예들의 목표는 세례요한의 새로운 종교운동에 대해 반대하던 종교지도자나 귀족들만이 아니라, 그런 것에 무관심하거나 중립적인 모든 관객에게 감동을 주어 박해로 끌어들이는 것이다.

언론의 목적은 정치적으로 각성된 일부 시민을 제외한 모든 국민을 춤판에 끌어들여 집단살해의 주역이 되게 하는 것이다. 살해의 경험을 공유하는 것만큼 박해자의 진영을 공고하게 결속시키는 방법은 흔치 않다. 한편, 희생양을 옹호하는 집단에게는 굴욕과 좌절감 그리고 결정적으로는 죄의식을 주입함으로써 보복의 의지를 꺾어 버리고자 한다.

폭력 중독자의 운명

박해자들은 폭력의 욕구 충족에 집중하고 있기 때문에 희생양이라는 폭력의 대상을 제대로 이해할 수 없다. 술에 만취한 알코올 중독자가 술의 종류를 가리지 않고 계속 술을 마시고 흡연의 중독자가 담배의 맛도 모른 채 급하게 담배를 피우는 것처럼, 폭력에 빠진 박해자들은 균형감각과 인지 능력이 극도로 저하된다. 대부분의 알코올 중독자가 스스로 알코올 중독임을 부인하는 것처럼 박해자들도 그들이 폭력에 중독되어 있음을 부인한다. 알코올 중독에 대하여 아직 현대 의학이 그 원인을 규명하지 못하고 있는 것처럼, 폭력 중독에 대해서도 그 원인과 현상을 이해하지 못하고 있다. 알코올 중독에서 해방되기 위해서는 중독자 스스로가 중독을 인정하는 것이 기본적인 전제조건인 것처럼, 폭력 중독자도 마찬가지다.

희생자를 박해하는 보수카르텔은 일시적으로 상황과 타협할 수 있지만 집단살해의 기억을 끈질기게 간직하고 있다. 한국의 보수카르텔이 박해의 무의식에 지배당하고 있는 이유는 그들이 진정으로 그것을 밝은 의식의 세계로 끌어내 보지 않았기 때문이다. 이들의 박해 기록은 너무나 명확하게 역사적 기록으로 남아있다. 그 기록은 타인의 기록이 아니라 스스로 자필로 쓴 공소장과 기사의 형태로 남아있다. 명명백백한 증거가 남아있음에도 불구하고 이들이 아직 공식적으로 어떤 반성도 하지 않는 것은 아직 박해자의 속성을 가지고 있기 때문이다.

특히, 정치검찰과 일부 보수 언론은 '일본제국주의에 부역하여 민족을 반역한 과거, 독재정권에 굴종하여 사실상 민주시민을 박해한 과거, 끊임없이 민주주의와 공정성을 훼손한 과거, 항상 강자의 편에서 약자를 억압한 과거'를 훈장이나 무용담처럼 생각하는 것 같다. 교도소에서 어떤 재소자들이 그들의 범죄 수법을 무용담처럼 자랑하고 전수하는 것처럼 이들은 과거를 부끄러워하지 않는다. 경제적 위기 상황을 모면하기 위해 강도 행각에 가담하고 탈취한 재물로 가족을 부양하는 가장이 자신의 현실 돌파 능력을 자랑스러워하는 것처럼, 이들은 속으로 굴곡 많은 한국 현대사에서 탁월한 변신 능력으로 살아남은 것에 자부심을 가지고 있는 것 같다. 보수카르텔은 진실이나 정당성은 권력으로 만들어지는 것이라고 생각한다.

보수카르텔은 사실 신화적 세계관을 가지고 있지만, 자기 스스로가 가장 현실적이며, 경쟁자들은 허망한 이상주의자이거나 이데올로기에 빠진 낭만주의자라고 여긴다. 민족을 배반한 자들이 민족신문이라는 이름을 자랑하고 민주주의를 반대하는 편에 항상 서 있던 자들이 검찰의 독립성과 민주공화국 언론의 자유를 주장한다. 보수카르텔은 지독한 알코올 중독자와 흡사하다. 알코올 중독자들은 음주에 관한 한 매우 현실적이다. 과음 후 폭력을 행사하거나 큰 실수를 하면 어떻게든지 상황을 모면하기 위하여 변명하거나 사과한다. 알코올 중독자는 음주를 위해서라면 매우 교활하며 거짓말을 하는 것에 대해 양심의 가책을 가지지 않는다. 그들은 실수를 인정할 수는 있지만 근원적인 문제는 인정하지 않는다. 음주 습관은 본인 의지를 넘어서 있는 어떤 초월적 힘으로 이들을 다시 만취상태로 인도한다.

보수카르텔을 조종하는 초월적인 힘은 집단폭력의 신으로부터 나오고 있으며, 그들의 복음은 희생양이다. 그들이 알코올 중독자처럼 폭력에 중독된 것은 일본군국주의와 독재자들이 베푸는 폭력의 술잔치에 너무 자주 참가하였기 때문이다. 그들의 초대장을 거부한 많은 사람이 고문과 가난으로 피폐한 삶을 사는 동안, 이들은 부와 명예와 사회적 영향력이라는 잔칫상에서 떨어지는 부스러기를 만끽하였다. 알코올 중독처럼 폭력 중독은 아직 특효약이 없다.

> 살로메의 죽음에 대한 잘 알려진 전설이 있다. 살로메는 얼음 위에서 춤추다가 미끄러져 그녀의 목이 날카로운 얼음조각에 찍혀서 목이 베어져 죽었다(*The Scapegoat*, 135).

모방욕망의 포로가 되어 균형감각을 상실한 보수카르텔은 희생양을 살해하는 그 춤판에서 넘어지게 되어있고, 그 대가는 자신들의 목이다. 얼음 위에서 춤춘다는 것은 이미 그녀의 모습이 제3자에게 투명하게 비치고 있다는 의미로서, 하나의 춤판이 끝나면 군중들은 그들의 역할과 메시지를 분명하게 알게 된다는 의미이다. 환호하는 군중들은 주기적으로 더 강한 카타르시스를 요구하게 된다. 일부 관중들은 극우 유튜버나 극우 종교인과 같은 무대에 집중하고 기성 언론은 딜레마에 봉착한다. 균형을 잃은 정치검찰과 언론은 드디어 법의 한계를 넘어 계속 시나리오를 조작하다가 발각되기에 이른다.

엘리트 집단, 모방의 포로

르네 지라르는 헤로디아의 욕망과 살로메의 춤 앞에 권력자들은 무너진다고 설명한다. 헤롯왕은 요한의 목숨만은 구하려 하지만 부인인 헤로디아와 살로메는 그를 죽이려고 한다. 살로메의 욕망은 헤롯왕의 잔치에 참여한 모든 사람을 지배하게 된다. 헤롯왕의 잔치에 참여한 손님은 당시 왕국을 다스리던 지배계층이었다. 이들 엘리트들은 행정관리, 로마 장교, 종교지도자와 부자들이다. 그들은 살인적인 살로메의 욕망 앞에 모두 무릎을 꿇고 만다. 마치 다수의 독일 지도층들이 나치의 저급한 욕망 앞에 무릎을 꿇은 것처럼, 20세기 초에 뉴욕 경찰이 마피아의 욕망 앞에 무릎을 꿇은 것처럼, 사람들은 어이없게도 가장 저급한 욕망의 포로가 된다. 당대의 엘리트들은 모방욕망에 빠져서 어떠한 비판도, 부정도 할 새 없이 어린아이의 살인극에 참여하였다.

헤로디아의 욕망은 살로메의 욕망으로, 살로메의 욕망은 잔치에 모인 하객들의 욕망으로 급속하게 퍼져나간다. 헤롯왕의 잔치에 모인 사람들은 당시 왕국의 지배자들이었지만 어린아이의 춤에 매료되었다. 살로메의 춤사위에 홀린 권력층들은 모두 세례요한의 처형을 원한다. 세례요한의 처형을 결정하는 헤롯은 거기 모인 사람들 중 심지어 종교지도자들과 재판관들까지 세례요한의 죽음을 원한다는 것을 알게 된다. 헤롯왕과 재판관들은 이 무리에 합류하는 마지막 사람의 하나가 된다.

정치검찰의 욕망은 보수 언론의 욕망으로, 보수 언론의 욕망은 모든 언론과 엘리트 집단의 욕망으로 발전한다. 재판관들도 모방의 포로가 된다. 재판관들은 항상 특유의 신중함으로 천천히 합류한다. 조국 사건에서 수없이 많이 발부된 영장을 보면, 재판관들이 모방의 회오리에 빠진 것이라는 의심을 지우기 어렵다. 재판부가 정치적 편향성을 가지고 있다는 주장도 있지만, 아무리 정치적 판단을 하더라도 비난이 두려워 최소한의 법적 타당성을 검토하지 않을 수 없을 것이다. 희생양 메커니즘은 사법부의 영장 발부와 희생양 박해의 연관성을 설명할 수 있는 흔치 않은 합리적 이론을 제공한다.

희생양 메커니즘 안에서는 권력과 대중은 동일화된다. 사법부가 희생양 박해의 마지막 방점을 찍는 것은 많은 역사적 사건에서 필수적 절차, 기능으로 존재한다. 사법부가 가지고 있는 성스러움이라는 환상은 집단폭력을 정당화하는 매우 유용한 도구이다. 한국 사회에서 사법부에 속한 재판관들이 공정할 것이라는 환상은 이미 많은 도전에 직면하고 있다. 조국 사건의 영장 발부는 광주학살 사건의 희생양에게 사형 판결을 내린 것과 같은 맥락에서 해석할 수 있다.

인류가 희생양의 유혹에 직면하여 보여주는 나약함은 폭로되고 비판받아야 한다(*The Scapegoat*, 145).

살로메의 춤에 빠진 사람들은 그녀의 혼에 사로잡힌다. 언론의 현란한 상징조작은 사람들의 혼을 지배한다. 현대판 살로메는 사람들의 혼에 자신들의 혼을 중첩시킨다. 하객들에게 중첩된 살로메는 결국 그들도 함께 춤추게 한다. 언론의 춤사위에 사로잡힌 엘리트들은 최면상태에서 희생양 박해에 가담하게 된다. 물론 엘리트 재판관들은 자신의 사법적 권한과 절차를 따를 것이다. 그러나 더 근본적으로 자의적인 모방폭력의 힘은 합리적인 규칙, 질서를 초월한다. 재판관도 인간의 숙명인 모방욕망으로부터 자유로울 수 없다. 살로메의 춤에 매료된 재판관들에 의해 억울한 희생자의 보호라는 법의 정신은 희생된다. 희생양 제의의 과정은 '말'을 희생시키고, '법'도 희생시킨다.

많은 역사적인 정치재판에서 희생양 살해에 정당성을 부여한 사법부는 그들의 나약한 모습을 여지없이 보여준다. 일제 강점기, 자유당 독재, 유신독재, 신군부 독재, 박근혜 정부의 사법 농단에 이르기까지 사법부는 대부분의 경우 집단폭력의 편에 섰다. 공정과 정의를 지키고자 했던 소수의 용감한 판사들은 억압당하였다. 사법부의 공정성이라는 신화는, 상식적인 판사들의 노력에도 불구하고, 모방에 물든 판사들에 의하여 여지없이 무너진다.

조국 사건에서 가장 주목해서 분석해야 할 핵심 의제는 사법부의 문제이다. 정치검찰과 언론의 정치편향적 폭력에 대해서는 이미 많은 사람이 알고 있고, 그들에 대한 정의와 공정의 신화는 깨지고 있다. 그러나 재판관들은 헤롯왕의 잔칫상 상석에 앉아 가장 늦게 그러나 결국 모방의 덫에 빠지고 만다. 불행하게도 재판관을 지배하고 있는 것은 살로메라는 우상이다. 우상을 섬기는 재판관은 몰렉신이나 바알신에게 아이를 바치는 제사장의 정신 상태와 같이 된다. 이데올로기나 국가주의라는 우상에 바쳐진 수많은 희생양들은 모두 이들 재판관의 손을 거쳤다. 이들이 공정한 재판관의 임무를 저버린 이유는 그들이 폭력의 신에게 굴복했기 때문이다. 사람들은 이러한 재판관이 존재하는 법원에게 정의의 여신 디케의 저울을 맡길 수 없다. 오히려 법원의 정문에는 경고의 의미로 희생양들의 동상을 세워야 한다. 사법부의 독립성을 보장하는 민주 정부하에서 이들은 진정으로 자신의 신화를 지킬 수 있을 것인지에 대한 시험대에 올랐다.

살로메의 제자들, 보수우파의 만장일치

　사적인 경험이지만, 청년 시절 친하게 지낸 한 친구는 사회문제에 대해 어느 정도 균형 있는 시각을 가지고 있었다. 둘 다 제대 후, 그 친구는 사법고시에 합격하여 법원에 판사로 취직했고, 나는 회사에 취직했다. 그 당시 나는 출근하자마자 가장 먼저 경제신문을 읽고 난 후, 조선일보부터 한겨레신문까지 모든 신문을 자유롭게 읽었다. 어느 날, 다시 만난 그 친구와의 식사자리에서 깜짝 놀란 것은 그가 말한 두 마디 문장이었다. "조선일보 외에 다른 신문은 신문이라고 볼 가치가 없다. 우리는 조선일보만 본다." 조선일보는 당시 사회 주류 집단의 오피니언 메이커라는 것이다. 그들은 주류 엘리트 집단의 정신적 지침을 제공했고, 그 신문사의 논객들은 그들을 움직이는 리더가 되었다. 다수의 판사들은 살로메의 제자들이 되어 버렸다. 물론 모든 판사에게 이 사례가 적용되지는 않겠지만 조선일보가 가진 영향력이 대단히 크다는 것을 알 수 있었다.

　살로메의 신들린 춤처럼, 그 신문은 탁월한 정보력과 영리한 해석으로 엘리트 집단을 유혹했다. 일제 강점기로부터 독재정권을 거쳐, 지금까지 살아남는 과정에서 단련한 그들의 신들린 솜씨는 노무현과 조국 사건을 비롯한 모든 박해 사건에서 유감없이 발휘되었다. 아침에 보는 신문의 정보는 대부분 가공된 사실들이다. 가공된 사실을 해석하기 위해서는 자신의 경험과 지식 필터를 가지고 있어야 한다. 보수 언론이 무서운 것은 정보를 거르는 필터 자체를 조작하려는 시도를 하고 있다는 것이다. 흔히 우리는 이것을 세뇌라고 한다. 지속적이고 의도적으로 사실을 해석하는 논리를 제공하는 것, 지속적으로 희생양을 제공함으로써 논리를 강화하는 것은 르완다 집단학살의 이론을 제공한 잡지 「캉구라」보다 더 집요하고 무섭다.

한국 사회의 정치재판은 물리적 폭력에 관련한 것이 아니라 주로 '진실과 거짓'과 관련되어 있다. 거의 모든 정치의 정적 살해는 희생양을 이데올로기 범죄자로 조작하여 처형하는 방식으로 진행되었다. 한국에서는 분단 상황 속에서 좌파, 빨갱이, 주사파, 종북이라는 이데올로기 범죄자로 낙인찍어 희생양을 만들었다. 이데올로기 재판은 진실과 거짓의 싸움, 양심의 싸움이었으나 대부분 박해자의 편에서 판결이 이루어졌다. 소수의 정의로운 판사들의 저항이 없진 않았으나 법원에는 모방에 빠지거나 굴복한 기회주의자들이 살아남았다. 그들은 부당한 판결로 인한 희생양의 피에 대하여 사과는 물론 변명도 하지 않는다. 그들은 실정법이라는 신화의 장막 뒤에 숨어 그들이 만든 괴물들이 실제로는 무고한 희생양이라는 사실을 회피한다. 역사의 많은 희생양이 다수의 사람이 듣고 싶어 하지 않는 진실을 말하다가 죽었다. 진실을 말하는 것은 희생양이 될 수 있는 징후가 된다. 정의를 외치는 예언자들은 아직도 돌무덤에 묻혀 있다.

살로메의 춤에 홀린 사람들은 살로메의 꼭두각시들이 된다. 보수언론에 완전히 동화된 자들은 그들이 가리키는 희생양에 대한 박해에 가담한다. 보수와 진보의 경계를 넘어 모두 보수 언론의 눈치를 본다. 오랜 습관으로 아침 일찍 조선일보 기사를 보는 것으로 하루를 시작하는 정치인들은 국회에서 희생양을 변호할 용기를 가지지 못한다. 살로메의 춤의 또 다른 영향력은 세례요한의 처형을 반대하는 목소리를 잠재우는 것이다.

모방이 가진 강력한 힘은 사람들의 무의식에서 작동하는 것이다. 무의식적인 두려움의 실체는 무엇일까? 쿠도스의 신비한 힘, 폭력의 아우라는 스스로 의식하지 못하는 순간, 인간을 지배한다. 그 매력과 공포로 인하여 많은 사람이 빨려 들어가고 일부는 한발 물러서게 된다. 사람들이 보수 언론이 가진 은폐된 폭력의 아우라 앞에서 당황하는 것도 같은 이치이다. 우리는 언론폭력이 가진 강력한 동일화의 욕망 앞에서 대립의 무기를 꺼내는 용기가 무너지는 것을 속절없이 바라보게 된다. 그러나 깨어 있는 시민들은 광주시민과 노무현 전 대통령을 보낸 아픈 기억의 눈으로, 스스로의 비밀을 폭로한 폭력의 얼굴을 보았기 때문에 그 아우라가 허상이라는 사실을 알게 되었다. 사람들이 폭력의 얼굴을 보지 못하는 이유는 유사한 욕망에 빠져 있기 때문이다. 많은 지식인과 정치인들이 폭력을 제대로 응시하지 못하는 이유는 그런 이유 때문이다.

누구든지 세례요한이 될 수 있다. 박해자들은 지속적으로 희생양을 물색하여 그 집단의 결속력을 유지하고 에너지를 충전한다. 그 희생양 살해의 대가로 박해자 집단 내부의 단합과 평화를 가져온다. 희생양 메커니즘은 소위 보수 집단 내에서 조국 교수 박해에 대해 어떠한 반대도 없었던 이유를 설명해준다. 조국 사건은 보수 집단 내에서 정치, 사법, 언론계의 엘리트와 군중이 동일화된 만장일치적인 희생양 박해 사건이다. 사람들은 건설적인 일이 아니라 파괴적인 일에 쉽게 만장일치를 만들어낸다. 특히, 희생양의 살해는 너무 쉽게 합의한다.

만약, 국가의 법과 질서를 중시하는 진정한 보수파라면 조국에 대한 무리한 수사 절차와 언론의 과장 보도에 대하여 법의 원칙에 따라 문제를 제기해야 한다. 유치한 이유로 법무부 장관을 기소하는 것은 법 질서와 상식을 파괴하는 행위이기 때문에 우파들이 나서서 반대해야 한다. 왜냐하면 우파들이 진정으로 두려워하는 것은 기존의 법과 질서를 벗어난 혁명적 상황이기 때문이다. 법체계를 벗어난 민중의 봉기와 지배 권력의 전복이야말로 우파가 가장 피하고 싶은 선택이다. 그런데 조국 사건처럼 법과 질서를 벗어난 박해가 정당화된다면 그들이야말로 진보적 민중의 표적이 될 수 있다. 따라서 진정한 보수 집단이라면 집단적 희생양 박해를 예방하는 것이 장기적으로 유리하다는 것을 알 수 있다. 그러한 이유로 선진국의 보수 정치 세력은 관용을 중요한 정치 사회적 가치로 여긴다. "관용은 본래 보수적인 실천양식이다 (중략) 관용이란 권력을 가진 다수집단이 소수집단에게 베풀어주는 것이기 때문이다"(폭력의 위상학 78). 보수정치 집단이 관용을 가지기 위해서는 "견고한 자아표상, 명확한 윤곽을 지닌 정체성"(폭력의 위상학 78)을 가지고 있어야 한다. 쉽게 말해 견고하고 넉넉한 정신적 자산이 있어야 타인의 사소한 실수도 용납할 수 있는 것이다. 그러나 한국의 보수 집단은 군국주의와 독재정권에 의해 양성되었기 때문에 진정한 보수적 가치를 내재화하는 것에 실패했다. 그들이 법에 의한 통치를 이야기하는 것은 오직 그들이 행정권력과 입법 권력을 주도할 수 있을 때에만 그러하다. 조국 사건에 대하여, 특히 보수 법조계에서 어떠한 반론도 제기하지 않는 것은 보수적인 모든 집단이 만장일치적 폭력의 회오리 속에 빠진 것을 역설적으로 증명한다.

모방에 빠진 군중들

희생양 박해의 폭력 모방이 가속화되면 희생양을 옹호하는 사람들에 대한 박해도 일어난다. 조국 사건의 문제점과 진실을 규명하는 정치인과 지식인은 박해자들의 또 다른 박해 대상이 된다. 이러한 박해 가능성은 많은 사람이 조국 문제에 대하여 침묵하거나 방관하게 만든다. 유시민 이사장처럼 조국 사건의 진실을 알리는 사람에 대한 보수카르텔의 공격은 미수에 그쳤다. 만약, 감옥에 있는 증언자가 보수카르텔의 협박과 유혹에 굴복했다면, 유시민 이사장은 또다른 조국이 되었을 것이다. 유시민 이사장 희생양 만들기 미수사건은 정치검찰과 언론의 폭력적인 음모를 만천하에 드러냈다. 그러나 보수카르텔의 뻔뻔한 꼬리 자르기와 반격의 행태는 그들이 100년 동안 희생양 메커니즘의 중독에서 벗어나지 못했음을 보여준다. 이들은 중독이 너무 심하여 격리되지 않으면 안 되는 환자이다.

조국 교수가 범죄자로 기정사실화 되면 박해자들은 자신들에게 적극적으로 동의하지 않는 사람들에게 "당신도 조국과 한패인가?"라는 협박성 질문을 던진다. 이 질문은 "당신은 유대인인가", "당신은 조선인인가", "당신은 투치족인가"와 같은 맥락에서 집단폭력의 만장일치적인 성격을 보여준다. 마치 하나의 적에 맞서 모두가 친구가 되는 것처럼, 사람들은 적대감으로 뭉친 동질집단이 된다. 희생양을 만드는 것은 박해자들이 급속하게 동일한 족속으로 뭉치는 지름길이 된다.

일부이지만 조국 교수와 같은 정당 내에서도 박해자에게 동조하는 목소리가 나오고, 조국 교수 문제를 회피하게 된다. 조국 교수에 대한 재판에서 검찰의 기소와 언론의 비난은 그 증거가 부족하다는 정황이 꾸준하게 나오고 있음에도 불구하고 조국은 여전히 당연하게 범죄자로 취급받고 있다. 마치 '빨갱이'라는 말이 금기와 비난의 상징으로 고착화되듯, '조국'은 새로운 금기, 신화적 상징으로 되어 가고 있다.

폭력과 희생의 신화 속에서 박해자는 뻔뻔하게 희생양에게 부끄러움을 강요한다. 모방의 회오리 속에서 어이없게도 '폭력의 후안무치와 희생의 수치스러움'이라는 감정의 전도현상이 나타난다. 박해자의 교활한 의도는 희생양의 동료와 지지자들이 수치심에 빠져 희생양을 포기하도록 만드는 것이다.

부끄러움도 대표적 모방적 감정이다. 부끄러움은 타인의 시각으로 자신을 보는 것, "종속적인 모방"이다. 노무현 대통령 재임 시, 어떤 지지자들은 모든 사람이 멸시하고 있는 노무현 대통령을 부끄럽게 생각했다. 그 부끄러움은 자신이 좋아했던 모델을 창피스럽게 여기고 있으며, 자신의 기대를 저버린 것에 대하여 배반감을 느끼는 것이다. 결과적으로 그것은 자기 자신에 대해 부끄러움을 느끼는 것을 의미한다. 노무현을 지지했던 많은 국민의 이탈과 배반은 이미 예고되어 있었다. 노무현의 지지자들조차 성공의 이데올로기에 빠져 있었기 때문이다. 노무현의 동료들과 지지자들은 그가 빠른 시간 안에 개혁을 통해 민주적이고 공정하고 부유한 국가를 만들어 줄 것을 기대하였다. 그들은 모방적인 욕망에 사로잡혀 '노무현의 존재 의미와 메시지'의 진정한 성격을 알 수 없었다. 국민들은 대통령 임기 중의 단기적인 성과를 성공의 척도로 생각했다. 그러나 노무현의 역사적 의미는 권위주의 시대의 종식과 기득권 체제 개혁의 시작이다. 그리고 결과적으로 박해자의 숨겨진 본질을 폭로하였다. 예수의 죽음으로 기독교가 등장한 것과 같이 노무현의 죽음으로 각성한 시민과 촛불혁명이 태어났다.

군중의 모방욕망이 극에 달하면 세렝게티 평원의 마라강을 건너가는 누우떼나 호수에 빠져 집단 자살하는 돼지떼처럼 된다. 마라강을 두리번거리던 누우떼는 용기 있는 한 마리가 강물에 뛰어들면, 다른 무리도 일제히 악어떼가 기다리는 강물로 뛰어든다. 심지어 한 마리가 발을 삐끗하여 강에 빠지더라도 동일한 현상이 일어난다. 아주 사소한 사건도 모방의 단초가 되어 물속으로 집단을 밀어 넣게 된다. 돼지떼가 호수에 빠져 집단 자살하는 것도 사소한 첫 번째 모델의 우연한 사건에서 시작된다. 물론, 필연성이 존재하는 그럴듯한 사건이 모방을 부추기기에 유리할 것이다. 그러나 집단은 언제나 용감한 첫 번째 모델을 따라 강물로 뛰어들 준비가 되어있다.

희생제의에 참가하는 군중들은 명분에 크게 개의치 않고 강물로 뛰어드는 누우떼처럼 강물 주변을 서성거리고 있다. 호수로 뛰어드는 돼지떼처럼 모방욕망은 자동적으로 작동한다. 사소한 명분이라도 주어지면 그들은 움직인다. 검찰개혁이라는 무게와 비교하면 별 것 아닌 것처럼 보이는 표창장과 사모펀드는 목숨을 걸만한 엄청난 명분이 된다. "사소하고 쓸모없는"것일수록 신비롭게 포장된다.

공동체에 대한 책임을 모두 희생양에게 전가한 박해자 집단은 균형감각을 상실하여 몸의 균형을 잡을 수가 없다. 책임감이야말로 사물을 객관적으로 보고 과학적인 의식으로 균형을 모색하게 하는 원동력이기 때문이다. 보수카르텔이 정치투쟁보다는 희생양 만들기에 본능적으로 집착하는 이유는 공동체에 대한 책임감이 결여되어 있기 때문이다. 이들은 개혁을 막는 것이 공동체에 대한 책임이라는 식으로 공동체가 당면한 중요한 과제로부터 도피한다. 따라서 보수카르텔은 집권하더라도 순종적인 관료 집단에게 의지할 수밖에 없다.

책임감을 가진 사람은 인내를 가지고 실패를 통해 학습하고 스스로를 교정할 수 있다. 그러나 책임감이 없는 박해자들이 균형을 상실하고 발을 헛딛는 순간, 집단 전체가 바다 속으로 빠져버린다.

희생양의 책임

박해의 신화적 성격은 희생양에 대한 신비화가 전제되어 있다. 처음에는 희생자의 입장에서 극히 부당한 이러한 신비화는 희생양 메커니즘이 작동하게 되면 마치 당연한 것으로 변한다. 희생양의 동료들, 친구들이 침묵하거나, 비난에 동참하게 된다. 심지어는 희생양 스스로 체념하거나 그것을 인정하고 죽음을 받아들인다. 희생자의 다수가 박해자의 정신과 동일화되어 스스로의 괴물임을 인정한다. 중세 시대 마녀사냥의 희생자들은 고문과 재판과정에서 공포와 고통과 체념으로 포기하거나, 어떤 경우에는 스스로 마녀임을 진정으로 믿고 화형대를 선택하였다. 이와 같이 박해자의 정신을 내면화하는 것은 부분적 또는 전면적으로 이루어진다. 모방폭력의 광풍은 희생자 스스로 자신의 잘못을 추론하여 고백하는 어이없는 일도 만들어낸다.

조국 장관이 기자회견을 통해 입시에서 공정한 기회를 가지지 못한 청년들에 대하여 사과하였다. 진보적 사회운동에 참여했던 학생 시절부터 꿈꾸던 공정하고 평등한 세상에 대한 이상과 명문대 교수이자 공직자가 된 자신의 삶의 현실 사이에 괴리가 있을 수 있다. 그것은 철학적, 정치적 신조를 떠나 많은 사람의 운명이다. 조국 사건은 조국 교수가 누구보다도 안락하고 유복한 삶을 살 수 있는 조건을 가지고 있었다는 것을 보여준다. 그러나 그는 현실적인 한계 안에서라도 사회 정의를 위한 이상을 버리지 않았고, 실천으로 공익적인 삶의 모범을 보였다.

일반 시민이 조국 교수의 입장에 서면 현실적인 반문을 할 수밖에 없을 것이다. 어느 누가 삶을 이상적으로만 살 수 있는가? 진보적 이상을 가진 사람들은 모두 가난하게 살아야 하는가? 여유 자금을 사모펀드에 투자하는 것이 죄인가? 영국에서 돌아온 딸이 본인의 실력으로 당시 인문계 명문 고등학교에 입학한 것이 죄인가? 그 딸이 당시의 입시제도에 따라 주변 학생들과 같이 성적과 스펙을 만들어서 대학에 입학한 것이 죄인가? 그 과정에서 일반 학생들은 접근하기 어려운 인턴 과정이 포함되어 있다는 것이 아버지의 죄인가? 그 당시 대학입시에서 그런 기회를 전혀 가지지도 못했거나, 공정한 기회를 가지지 못한 많은 학생은 누구의 책임인가? 이명박 정부가 만들어서 지금까지 그 틀이 유지되고 있는 대학입학제도의 책임을 왜 조국 교수가 져야 하는가?

보수카르텔은 조국 교수 박해를 통하여 능력 있는 엘리트 집단은 자신들의 이익을 지키기 위하여 이기적인 선택하는 것이 현명하다는 메시지를 던지고 있다. 다시 말하면, 자신의 경제적 기반과 다른 이타적 선택을 하는 엘리트에게 보내는 경고이다. 능력 있고 소신 있는 공직자가 조그만 약점이라도 있으면, 언제든지 국사범이 될 수 있다면, 누가 공직에 진출하려고 하겠는가? 따라서 능력 있는 전문가들과 시민들이 보수카르텔의 이익에 반하는 공적 활동에 진출하는 것을 억제함으로써 잠재적인 경쟁자들을 배제하는 효과를 거둔다. 이를 통하여 기득권 집단은 그들의 부와 권력의 지위를 어리석은 자손들에게 물려주는 것이 더욱 쉬워진다.

조국 교수도 책임이 있다. 단지, 그의 책임은 다른 국민이나 공직자들이 가진 책임만큼 있다. 그러한 제도를 개선하거나, 사회의 불평등을 빨리 개선하지 못한 잘못, 불공정한 제도와 구조와 관행 안에서 이익을 향유하고 있는 박해자 집단의 권력을 청산하지 못한 잘못, 그런 잘못을 모두 가지고 있다. 민주공화국에서 국민은 그 권리와 의무에서 평등하다. 이는 그저 말뿐이 아니라 모든 국민은 민주공화국의 모든 문제에 대하여 책임을 가지고 있다.

국회의원의 입법 권한과 대통령, 지방단체장의 행정 권한은 국민이 선출하여 위임한 것이다. 그 최종 위임자인 국민, 그 모든 개인은 위임의 책임이 있다. 주식회사의 최종 책임은 주주가 질 수밖에 없다. 선임된 대리인인 경영자가 모든 책임을 지는 것이 아니다. 결국 기업의 성공이든 실패든 그것을 만든 경영자를 선임한 주주, 즉 오너가 책임을 져야 한다. 부화뇌동하는 군중이 아닌 평등한 권리와 책임을 자각한 개인이 진정한 국가의 주인이다. 주인은 주인다운 품격과 자세를 가져야 한다. 공직자에게는 주어진 책무와 권한의 한계 안에서 책임을 추궁하는 것이 상식적으로 올바르다. 조국 교수가 진심으로 청년 세대의 불공정 문제에 대하여 사과했다고 믿지만, 그것은 헌법의 관점에서 볼 때 비합리적이다. 조국 교수는 모든 국민이 책임을 가진 문제에 대하여 국민 한 사람의 몫만큼, 또는 행정부의 한 사람으로서 공정의 문제에 대한 책임감을 가지는 것이 합리적이다. 공직자의 과도한 애정과 책임감은 사람들에게 착각을 불러일으킴으로써 비난과 증오의 부메랑으로 돌아올 수도 있다. 공직자에 대한 부조리한 환상을 깨는 것은 모든 개인의 인권 존중과 직결되는 문제이다.

집단폭력의 비밀과 악마적 속성

박해자 집단은 모방욕망, 경쟁, 질투에 의한 사회의 분열과 희생양 박해를 통한 사회의 통합이라는 두 개의 바퀴로 달리는 자전거와 같다. 한국의 보수카르텔은 원천적으로 사회의 분열을 토대로 권력을 유지해왔다. 일본제국주의와 식민지, 좌익과 우익, 영남과 호남, 부자와 가난한 자를 나누고 거의 항상 강자의 편에서 적을 만들어서 통치한다. 제국주의적 분할 통치^{Divide and Rule}의 유산은 지금까지 이어져오고 있다.

보수카르텔은 본질적으로 분열에 기초해 있기 때문에 민족주의나 평화주의적 정신을 가지기 어렵다. 따라서 한국의 소위 보수카르텔에게 통합의 정치를 기대할 수는 없다. 이것은 보수 야당이 정치검찰, 언론을 등에 업고 끊임없이 투쟁하는 본질적 이유를 알려준다. 이들이 끈질기게 나라를 지배할 수 있었던 힘은 통합된 공동체의 힘이 아니라 분열과 폭력의 힘이다. 희생양 메커니즘에 의존하고 있는 보수카르텔은 지속적으로 위기를 조성함으로써 폭력과 희생의 긴장을 통해 체제를 연장해왔다. 위기는 이들에게 기회이기 때문에, 이들은 공동체 전체의 위기상황을 이용하여 사회의 통합을 깨뜨리고, 자신들의 정치적, 경제적 이익을 추구하는 것에 주저하지 않는다.

이 책은 악마의 정의 자체를 깊이 논의하지 않는다. 따라서 본장에서 악마는 종교를 가진 사람에게는 종교적 의미의 악마, 종교를 믿지 않는 사람에게는 문화적 상징, 메타포로서의 악마를 의미할 수 있다. 박해자 집단의 악마성은 '거짓과 폭력적 추방'이다. 그들은 거짓으로 희생양을 만들고 사회에서 추방함으로써 통치권을 유지해왔다. 이들은 무질서와 질서, 원심력과 구심력의 순환 메커니즘을 이용하여 자신들의 권력을 유지해왔다. 사회적 위기 상황의 무질서, 원심력과 희생양 박해를 통한 질서, 구심력이 순환하면서 박해자의 권력은 유지된다.

또한 이들은 이 과정에서 자기 집단의 일부도 추방함으로써 희생양 메커니즘의 비밀을 유지할 수 있었다. 보수카르텔은 위기 상황과 희생양 박해에 책임이 있는 내부자를 스스로 추방함으로써 책임을 모면한다. 스스로 추방하는 것은 체제 자체를 유지할 수 있는 가장 큰 비밀이다.

집단폭력과 추방이라는 희생양 메커니즘은 악마적인 속성을 가지고 있다. 종교적인 의미에서 악마는 살인자, 거짓말쟁이, 고발자, 비난하는 자로 나타난다. 악마는 의식적인 거짓으로 남을 비난하여 살인에 이르게 하는 자를 의미한다. 악마는 모방의 천재이다. 그는 신을 모방하다가 신의 세계, 진리의 세계에서 추방당하여 악마로 전락한 자이다.

악마의 탁월한 모방 능력은 희생양에 대한 무고한 비난이 급속하게 모방될 수 있도록 한다. 따라서 악마성은 거짓을 모방하게 함으로써 사람들 사이에서 "욕망과 증오, 선망과 질투"를 만들어내는 어떤 힘이다. 정치검찰이 무고한 사람을 고발하는 것, 언론이 무고한 사람을 비난하는 것은 악마성이 나타난 것이다.

악마성은 나쁜 상호성을 통하여 모방의 회오리를 만든다. 나쁜 상호성에 빠진 인간의 모방욕망은 비극적 결말을 맺는다. 이명박 전 대통령은 부자가 되는 모방욕망의 모델이었고, 그의 당선은 국민들의 집단적 모방욕망이 실현된 것이다. 이명박 전 대통령은 국민들의 모방욕망을 이용하여 자신의 욕망을 충족한 것으로 판명되었다. 국민은 모방욕망의 소용돌이 가운데서 이명박 정권을 탄생시켰고, 그 정권이 추구하는 욕망의 노리개가 되었다. 이명박 정권의 특징은 무차별적인 부의 추구, 특권의 추구이다. 이와 유사하게 국민은 독립성과 정의를 주장하는 것처럼 보이던 정치검찰의 가면 뒤에 숨겨진 권력욕의 노리개가 되었다. 거짓과 폭력은 뗄 수 없는 관계를 가지고 있다.

악마는 아주 가까이, 우리 내부에 있다. 박해자들은 악마적 바이러스에 감염된 악마의 아들딸이다. 감염된 군중들은 무의식적으로 집단폭력에 가담한다. 희생양 메커니즘은 사람들이 집단폭력에 가담하는 것을 알 수 없게 한다. 따라서 사람들은 그들이 폭력과 관계없다고 생각하고 스스로 어떤 죄책감도 느끼지 않는다. 르네 지라르가 희생양 만장일치 메커니즘에서 '메커니즘'이란 말을 쓰는 이유는 과정의 무의식적 성격, 즉 참여자들이 제대로 알지 못하고 의식도 하지 못한 결과를 꼭 집어서 말하기 위해서이다. 물론 박해에 가담하는 개인의 선택과 동기를 부정할 수는 없다. 사람은 자신 또는 집단의 신념과 동기에 따라 의식적으로 상황과 행동을 선택하며, 무지와 망각도 그 선택의 범주에 들어간다. 박해자들이 매몰된 희생양 메커니즘 자체가 거짓과 폭력적 추방이라는 악마적 속성을 가지고 있다.

악마의 속성은 부당한 비난과 거짓말이다. 악마가 인간을 지배할 수 있는 것은 무고한 희생양을 만들어내는 힘으로부터 나온다. 악마의 시도는 희생양에 대한 거짓 비난을 통해 사람들을 전염시킴으로써 사람들을 지배하게 되었다. 사람들은 그들이 모르는 사이에 악마의 공범이 되어버린다. 만약 사람들이 처음부터 희생양이 무고하다는 것을 알았다면 악마에게 동조하지 않겠지만, 악마의 탁월한 거짓 창조 능력은 인간을 처음부터 마비시킨다. 희생양을 살해하기 위해 의도적으로 거짓을 말하는 자들이 악마이다.

악마가 일하는 방식을 알기 위해서는 희생양 제의의 제사장들과 열성 신자들과 참가자로 나누어서 살펴볼 필요가 있다. 물론 이들은 모두 모방의 회오리 속에서 하나의 박해자 집단으로 획일화되지만, 그들의 역할과 속성은 차이가 있다. 악마는 바이러스처럼 움직인다. 희생제의의 제사장은 일차 숙주, 최초 감염자들로 이미 오래전에 감염되었다. 그들은 지성과 감성과 양심이 죽어버렸다. 희생양의 무고함을 이미 알고 있었거나 눈치채고 있었음에도 불구하고 스스로 세뇌되어 박해를 주도하는 이 사람들은 악마의 화신이라 부를 수 있다. 이들은 바이러스 그 자체와 구분할 수 없을 정도로 동화된다. 입을 열면 거짓말이 자연스럽게 나온다. 이들은 악마의 최초 숙주가 되어 거짓말을 자동으로 생산해내는 공장장들이다

이들이 생산해내는 감염된 식품을 섭취한 군중들은 모두 전염되어 좀비처럼 변한다. 그들 중 열성적인 일부는 자발적으로 악마의 공장에서 복무한다. 그들은 2차 숙주로서 클러스터를 만들어낸다. 그들의 지성과 감성은 죽어버렸고, 바이러스 유전자가 지시하는 대로 거짓을 복제해내는 도구, 박해의 기능적인 실행자가 된다. 박해에 가담하는 군중들은 N차 감염자가 된다. 그들 모두는 복수와 폭력의

도구로 변한다.

　인간의 악마성은 거짓과 폭력으로 드러난다. 박해자가 어떤 정치적, 사회적 명분을 제시하더라도 무고한 희생양을 거짓으로 무고하고 박해한다면 그 본질은 악마적이다. 신화와 달리 역사적 기록은 언젠가 거짓말을 찾아낸다. 전두환 전 대통령의 거짓말, 이명박 전 대통령의 거짓말과 같이 조국 박해 사건에서 박해자들의 거짓말은 모두 폭로될 것이다.

8장

희생양의
부활

서초동집회

"모방폭력에 빠진 사회에서 개인주의는 허구가 된다. 자기동일성이 파괴된 개인주의는 모방적 환상일 뿐이다."

"신화는 기본적으로 박해자의 기록이다. 희생양 박해의 진실을 말하는 기록은 인간과 신과 세계를 보는 패러다임의 전환, 박해자의 기록에 대한 완전한 전복을 의미한다."

"새로운 역사는 희생양의 고난, 인내와 부활, 그리고 거짓 비난으로부터 모든 희생양의 이름이 회복되는 이야기이다. 그 이야기는 계몽적 이성의 빛과 평화와 박애의 연대를 통해, 괴물이 되어 신화와 역사의 저편으로 사라졌던 희생양의 인간성을 복원하고, 오히려 박해자의 악마성을 폭로하기 위한 인류의 투쟁사이다."

"박해자들은 조국을 십자가에 못 박은 것이 궁극적으로는 정반대로 그들 자신의 종말을 촉진할 것이라는 것은 전혀 알지 못하였다. 그들은 조국의 수난이 진실을 폭로할 힘이 있을 줄은 미처 알지 못했다. 박해자들은 조국의 십자가에 자신을 못 박고 있었다."

모방의 회오리

조국이라는 한 개인과 반대하는 집단이 부딪힐 때, 우리는 '집단의 강력함', 다른 의미에서 '모방의 강력한 힘'을 알 수 있다. 군중들의 살벌한 적대감의 물결에 휩쓸리면 대부분의 사람이 희생양으로부터 등을 돌린다. 군중은 물리적으로는 자신의 문제를 희생양에게 전가하는 개인들로 구성되어 있다. 개인은 모방의 회오리에 빠져들어가 활성화된 바이러스가 되어버린다. 군중은 바이러스로 구성된 거대한 결합체가 된다. 모방의 회오리에 빠진 활성화된 개인들은 모방경쟁을 통해 다른 개인들을 생화학적으로 변화시킨다. 개인은 이기적이고 적대적인 성질이 활성화된 개체가 되어 전체와 결합된다.

모방폭력에 빠진 사회에서 개인주의는 허구가 된다. 자기동일성이 파괴된 개인주의는 모방적 환상일 뿐이다. 모방을 자각하고 있지 않은 개인은 생물학적 개별 실체라고 말할 수는 있지만, 사회적으로는 개별적 인간이라고 부를 수 없다. 엄밀한 의미에서 그들은 개인이라는 환상을 가지고 있을 뿐이다. 국가권력 또한 모방의 회오리를 단호하게 피하지 못한다. 국가도 모방이 엄청난 속도로 군중을 사로잡는 힘과 대립하는 것을 두려워한다. 보수카르텔이 노리는 것은 모방의 힘에 감염된 군중들의 희생양에 대한 적대성을 무기로 개혁을 전복하는 것이다.

조국 교수를 어쩔 수 없이 군중의 박해 속으로 넘겨준 것은 군중의 반란을 막기 위한 오랜 관습 같은 정치적 선택이라고 할 수도 있다. 그러나 헌법상 보장된 인권의 관점에서 보면, 그러한 정치적 선택 또한 "군중의 집단적 모방 압력에 대한 굴복"으로 비칠 수밖에 없다. 민주당 일부 의원들의 적극적인 변호에도 불구하고 국가의 수동적이고 방어적인 태도는 사실 군중의 집단모방이 확산되는 것에 대한 두려움 때문이라는 의심을 지울 수 없다. 민주공화국의 인권 정신에 기초하여, 희생양을 방지하는 정교한 법적, 제도적 장치가 시급하다.

모방인류학, 희생양 메커니즘의 관점에서 볼 때, 조국 사건은 위기에 처한 보수 집단과 모방 갈등과 스캔들에 빠진 군중이 조국만을 반대하기로 합의를 보는 순간이다. 모방적 경쟁상태와 결과는 스캔들이다. 르네 지라르는 스캔들을 "피하기 어려운 기묘한 장애물"이라고 말한다. 스캔들은 인력을 가지고 있기 때문에 밀어낼수록 더욱 사람들을 끌어당긴다. 사람들은 스캔들로 인하여 좌절하고 상처 받지만 더욱 열정적으로 스캔들에 빠져든다. 스캔들은 모방적 경쟁관계를 만들어서 결국 사람들을 질투와 원한과 증오로 밀어 넣어 버린다. 스캔들을 조작하고 퍼뜨리는 언론은 사회적 모방의 기폭제 역할을 담당한다. 모방적 경쟁이 가속화될수록 평화적 교류의 상호성이 아닌 "복수의 상호성"이 강화된다. 자연상태로 스캔들이 지속되면 연쇄적인 복수로 이어진다. 연속적인 복수는 폭력이 모방을 만나서 폭발한 결과이다.

모방의 회오리는 하나의 스캔들로 집단적 폭력이 모이는 과정을 의미한다. 개인들 사이의 스캔들은 희생양을 매개로 해서 집단적 차원의 거대한 스캔들로 발전한다. 작은 물줄기가 합쳐서 큰 강을 이루듯이 개인의 스캔들은 하나로 모여 회오리치는 큰 강으로 모인다. 르네 지라르는 이 현상을 "모방의 회오리"라고 부른다. 보수카르텔이 노리는 것은 개인적 스캔들이 정책적 노력에 의해서 해결되는 것이 아니라, 어떤 명분이든지 모방의 회오리를 만들어 지목하는 희생양에게 향하게 하는 것이다. 집단폭력의 경험을 통해 박해에 동참하는 사람이 늘어날수록 권력을 쟁취할 가능성이 높아진다고 생각하는 것이다.

스캔들의 대체

개인들이 가지고 있는 스캔들은 서로 대체작용이 일어나서 하나의 우월한 스캔들로 수렴된다. 르네 지라르는 개별적인 스캔들이 다른 스캔들로 대체되는 것을 스캔들의 대체라고 말한다. 스캔들은 기회주의적 속성, 다른 말로 융통성을 가지고 있기 때문에 사람들의 모방욕망에 의해 우월한 스캔들로 대체될 수 있다.

거꾸로 보면, 스캔들은 고정적인 실체, 또는 진실성을 가지지 못하다는 것을 증명한다. 사람들은 도저히 해결할 수 없어 보이던 스캔들로부터 나와서 더 강한 스캔들로 가서 붙어버린다. 이것은 스캔들 사이의 모방경쟁이라고 부를 수 있다. 이 메커니즘은 부분적으로 보수카르텔이 여론을 물타기하거나, 국면을 전환할 때 흔히 쓰는 수법이기도 하다. 스캔들의 대체작용은 특히 동질적인 집단에서 장애물 없이 신속하게 이루어진다.

모든 스캔들을 흡수하는 대상이 바로 희생양이다. 군중들에게 희생양이라는 스캔들(장애물), 경쟁자를 향하는 모방경쟁은 가속화된다. 사람들, 각 개인 또는 작은 집단이 가지고 있던 스캔들은 조국이라는 더 매력적으로 보이는 스캔들로 이전된다. 각자가 가지고 있던 모방으로 인한 갈등, 불편한 인간관계, 적대감은 일시적이지만 조국에 대한 적대감으로 흡수되어 버린다.

원래부터 사람들은 모방의 대상이 아니라 모방 그 자체에 빠져 있기 때문에 대상의 변경은 어렵지 않다. 즉, 대상에 대한 합리적인 사유보다는 집단의 모방본능에 이끌리는 것이다. 그것은 전기 자력 그 자체와 같아서 더 강한 구심력을 가진 대상으로 끌려들어 간다. 정치검찰과 언론은 군중들이 가지고 있던 갈등과 분노의 대상을 대체할 수 있는 아주 매력적이고 흡인력 있는 상품을 만들어냈다. 정치검찰과 언론은 기업이 제품을 개발하고 제조하여 판매하듯이 스캔들을 기획하고 제조하여 판매한다.

정치검찰은 스캔들을 만들어낼 수 있는 독점적인 제도적 능력을 과시하면서 자신의 몸값을 증명하고 권력 행사를 방해하는 자들을 매장하는 이중의 성과를 보고 있다. 언론은 스캔들 그 자체로 고객을 확보하고 경제적 수익을 거둠과 동시에, 권력 행사를 방해하는 자들을 매장하거나 견제하는 효과를 보고 있다. 이들이 만드는 스캔들은 군중들의 일상적 모방 갈등과 경쟁하여 이길 수 있는 매력을 가지고 있어야 하는데, 마케팅 차원에서 보면 보수카르텔은 법적 제도와 선동 및 홍보 수단을 가지고 있기 때문에 매우 유리한 경쟁력을 가지고 있다.

정치검찰과 언론에 의해 동원되고 흡인되는 군중들은 각자의 스캔들로 인한 스트레스를 집단적 카타르시스를 통해 해소한다. 그들은 상대적으로 적대적 비난의 정당성이 있는 것처럼 보이는 스캔들에 집중함으로써 그들의 모방본능이 가진 심리적, 도덕적 딜레마로부터 탈출한다. 즉, 모방적 경쟁에 의해 유발된 부당한 감정들을 정의감과 같은 도덕적 우월감으로 대체하게 된다.

다수의 범죄자, 지배적 스캔들

스캔들은 모방경쟁의 속성을 가지고 있다. 경쟁력이 강한 스캔들은 죄를 지은 사람의 명성과 더불어 얼마나 많은 사람이 같거나 유사한 죄에 연관되어 있는가라는 사실에 의해 좌우된다. 경쟁력이 강한 스캔들은 경쟁력이 약한 스캔들을 흡수한다. 약한 스캔들은 강한 스캔들에 의해 전염되어 결국은 소멸한다. 마치 시장에서 경쟁력이 강한 상품이 시장을 장악해 나가듯이, 경쟁력이 약한 상품은 강한 상품과 모방적으로 경쟁하다가 소멸된다. 결국 가장 경쟁력이 강한 상품이 독점적 시장을 구축하게 된다. 박해의 기술자들은 희생양이라는 상품을 만드는 기술과 더불어 상품을 출시하는 시점과 상품을 포장하고 홍보하는 탁월한 기술을 가지고 있다.

조국의 범죄 혐의인 입시 부정은 만약 사회적 관용이 사라져서 모든 사람의 범죄 혐의를 찾아낸다면 많은 국민이 범죄 피의자가 될 수 있다. 사회적 부조리, 불공정에 대한 개인들의 불만은 집단적 수준의 스캔들로 집중된다. 조국 가족이 모든 부조리와 불공정의 원흉이 되었다. 박해자들은 오랜 통치 경험을 통하여 군중들에게 희생양의 스캔들을 던져주면 머리와 본능이 따로 작용한다는 것을 알고 있다. 이들은 배고픈 사람들에게 진수성찬을 차려 주면 대부분의 사람이 결국에는 다른 사람을 따라서 염치를 버리고 음식에 탐닉한다는 것을 알고 있다.

입시제도의 수혜자인 검사와 기자들이 대학입시라는 아주 많은 공범을 보유한 스캔들을 만들어냈다. 그리고 그 스캔들은 법무부 장관의 가족이라는 명성을 얻어서 폭발력을 가지게 된다. 스캔들의 파괴력은 가지고 있는 의미와 중요성이 아니라 사소할지라도 대중적 보편성에 따라 결정된다.

언론은 오랫동안의 희생양 박해 경험을 통해서 스캔들의 파괴력에 대한 감각이 탁월하다. 언론은 그들의 정치적 목적과 상업적 목적에 따라 주기적으로 스캔들을 생산하여 유통시킨다. 정치검찰과 정치 세력 또한 이러한 언론과 결탁하여 스캔들을 만들어낸다. 이들이 협력하여 만들어내는 스캔들은 결국 언론에 의해 최종적으로 가공되어 유통된다. 스캔들은 서로 경쟁하고 흡수하여 하나의 강한 스캔들로 통합된다. 검찰개혁의 과제, 남북평화 문제, 언론개혁의 문제 등 중요한 이슈들은 표창장 사건에 묻혀 버린다.

많은 사람이 골치 아픈 정치 문제보다 인기 스타의 불륜 문제에 더 분개하고 관심을 가진다. 조국 사건에서 희생양 메커니즘은 정치권력 투쟁과 현대 사회의 상업주의적 요소가 가미되어 새로운 양상으로 나타난다. 현대 대중 소비사회에서 스캔들은 더 자주 정치 투쟁의 수단이 되고, 하나의 폭력적 게임이나 공포 영화처럼 소비된다.

따라서 기업의 마케팅이 일상적으로 일어나는 것처럼, 박해자들은 더 주기적, 일상적으로 스캔들을 만드는 경향이 있다. 악화가 양화를 구축한다는 속담처럼 칭찬보다는 비난이 훨씬 더 빠르게 전달된다. 모방의 회오리는 순식간에 희생양을 집어삼킨다. 조국 사건 이후에도 이들은 윤미향 의원, 박원순 전 시장, 추미애 장관으로 이어지는 스캔들을 만들어내고 있다. 유시민 이사장을 대상으로 한 스캔들 만들기 미수사건은 검언유착에 의한 스캔들 조작의 이면을 생생하게 보여주고 있다. 검언유착 사건의 한 축인 언론은 이 사건의 진실을 알리기보다는 박해자, 즉 자신을 옹호하고 진실을 은폐하기 위해 몸부림치고 있다. 거의 모든 언론이 박해자를 희생양으로 위장하기 위해 메이크업 디자이너로 변신하고 있다.

보수카르텔은 기득권이 흔들리는 위기 속에서 개혁이라는 스캔들에 빠져 있다. 스캔들에 빠진 이들이 느끼는 극도의 위기감은 더 큰 스캔들, 즉 조국 사건에다가 개혁을 파묻어서 소멸시키려고 한다. 이와 같은 스캔들의 대체를 통한 여론조작과 정치적 박해는 아주 일반적인 현상으로 나타나고 있다.

에베소의 거지와 간음한 여자

르네 지라르는 아폴로네우스의 이야기를 통하여 집단폭력만 나타나는 반쪽짜리 희생제의를 소개하고 있다. 로마시대 2세기경, 소아시아의 중심도시 에베소에 전염병이 찾아왔다. 사람들은 정신적 지도자인 아폴로니우스에게 기적을 베풀 것을 요청한다. 아폴로니우스는 사람들을 데리고 극장 앞에 있는 거지를 찾아가서, 그 거지를 악마라 주장하며 사람들에게 그를 죽이면 병이 나을 것이라고 연설했다. 사람들은 한동안 애처로운 거지를 죽이는 것을 망설였지만, 아폴로니우스의 거듭된 선동에 따라 몇 사람이 거지에게 돌을 던지기 시작하자 모두 따라 하였다. 거지는 흉악한 모습으로 변하여 살해되었고, 거지의 시체 주변에는 커다란 돌무더기가 생겼다. 악령을 쫓아낸 자리에 도시의 영웅 헤라클레스의 흉상을 세워 기념하였다. 이 내용은 필로스트라토스가 쓴 역사서에 나오는 "아폴로니우스의 기적"이라는 일화이다.

위의 기적과 비교하여, 신약성서에는 간음한 여인에 관한 일화가 있다.

> 서기관들과 바리새인들이 음행 중에 잡힌 여자를 끌고 와서 가운데 세우고 예수께 말하되 선생이여 이 여자가 간음하다가 현장에서 잡혔나이다 모세는 율법에 이러한 여자를 돌로 치라 명하였거니와 선생은 어떻게 말하겠나이까

그들이 이렇게 말함은 고발할 조건을 얻고자 하여 예수를 시험함이러라 예수께서 몸을 굽히사 손가락으로 땅에 쓰시니 그들이 묻기를 마지 아니하는지라 이에 일어나 이르시되 너희 중에 죄 없는 자가 먼저 돌로 치라 하시고 다시 몸을 굽혀 손가락으로 땅에 쓰시니 그들이 이 말씀을 듣고 양심에 가책을 느껴 어른으로 시작하여 젊은이까지 하나씩 하나씩 나가고 오직 예수와 그 가운데 섰는 여자만 남았더라

(신약성서 요한복음 8장 3-9절).

에베소에서 아폴로니우스는 기적을 베푸는 지도자가 되었으며, 커다란 돌무덤과 영웅의 흉상이 남았다. 심판자들로부터 한 여인을 구한 예수의 행동은 평화의 메시지로 남았다. 이 두 가지 상황에서 둘 다 중요한 문제는 첫 번째 돌이었다. 첫 번째 돌은 모방의 회오리를 일으키는 기폭제가 된다. 예수는 심판자들의 살기등등한 적대적인 눈빛을 피하기 위해 시선을 땅으로 두고 그들과 대적하지 않았다. 예수는 "너희 중에 누구든지 죄 없는 사람이 먼저 돌을 던지라"는 폭력을 절제하는 원칙으로 관심을 돌렸다. 예수는 모든 관심을 그 첫 번째 돌로 유도하고, 거기에 방어진을 설치한 것이다.

에베소 사람들은 거지에게 동정심을 가지고 있었다. 시민들은 모두, 자신과 크게 상관없는 그 불쌍한 거지에게 돌을 던지는 것을 꺼려했다. 문제는 첫 번째 돌이었다. 첫 번째 돌이 힘든 것은 그것이 모방할만한 모델이 없기 때문이다. 누군가 모델 역할 해준다면 모방 메커니즘이 작동될 것이다. 아폴로니우스가는 폭력의 첫 번째 돌을 만들기 위해 그 거지가 악마임이 틀림없다고 연설했다. 마침내 한 사람이 첫 번째 돌을 던졌을 때, 거지를 불쌍하게 여기던 모든 시민이

맹렬하게 돌을 던져, 순식간에 돌무덤이 만들어졌다. 돌무덤 사이에서 참혹하게 일그러진 거지의 모습을 본 시민들은 그가 악마임이 틀림없다고 확신하며 아폴로니우스를 찬양했다.

이와 대조적으로 예수는 폭력을 비폭력의 방향으로 돌림으로써 분노에 가득 차 이제 곧 폭발하는 폭력으로부터 여인을 구해냈다. 아폴로니우스와 예수의 차이는 결과적으로 폭력과 비폭력을 상징하는 것으로 보인다. 그러나 이 과정을 보면 결정적인 것은 모방의 문제라는 것을 알 수 있다. 모방적 폭력을 부추기고 폭력으로 방향을 인도하는 자와 그것을 지연시키고 방향을 틀어서 모방욕망을 사라지게 하는 자의 차이가 본질적인 것이다.

모방, 전염, 미메시스의 힘은 이천년이 지난 지금도 그 위력을 잃지 않고 집단행동으로 나타나고 있다. 무의식적인 집단폭력 성향은 매우 불편한 진실이다. 이념적, 정치적 지향을 떠나 첫 번째 돌을 절제할 수 있는 깨어 있는 시민이 많아야 집단폭력은 억제될 수 있다. 아폴로니우스는 군중이 가지고 있는 집단폭력의 무의식에 호소한 반면, 예수는 그 무의식적 폭력에 빛을 비추었다. 폭력을 방어하기 위해서는 폭력의 어두움에 진실의 빛을 비추어야 한다.

법률은 집단폭력을 억제하는 장치이다. 그러나 검찰과 언론은 법률의 형벌조항을 남용하여 집단폭력의 정당성을 부여하였다. 그들은 역설적으로 법의 절차를 이용하여 첫 번째 돌을 던진 것이다. 부부는 동일체이며 사모펀드는 사기라는 검찰총장의 확신은 무지와 욕망의 결과다. 그러한 확신은 첫 번째 돌이 되어 무고한 희생양 박해의 서막을 열었다. 탐욕에 빠진 현실 감각이 없는 사람들이 법을 집행하거나 미디어 역할을 수행하는 것이 위험한 것은 그들이 너무 쉽게 첫 번째 돌을 던지는 결정하기 때문이다. 법의 집행자가 던지는 돌 만큼 좋은 모델을 어디에서 찾을 수 있을까?

결국 전쟁과 평화, 폭력과 비폭력은 무의식과 의식의 싸움이다. 의식화란 잠재된 무의식을 밝은 빛 가운데로 끌어내는 것이다. 개인과 집단 차원에서 폭력을 억제하는 의식화의 노력을 게을리하지 않아야 하는 이유가 여기에 있다. 폭력을 억제하는 것이 법률의 기본 정신이다. 따라서 법을 집행하는 기관의 정화는 기본적인 과제이다. 보수카르텔은 위기를 해결하기 위해 조국 교수를 살해하는 기적을 만들어내고 그 돌무덤 위에 살아있는 검찰총장의 흉상을 세웠다.

신화, 박해자의 기록

신화는 초석적 폭력, 희생양의 만장일치적 살해와 신성화의 이야기다. 그러나 신화는 집단폭력의 진실을 직접 표현하지 않는다. 우리는 인류학적 증거 및 신화와 유사한 역사적 사실을 토대로 신화가 은폐하고 있는 진실을 찾아낼 수 있다. 항상 신화는 예기치 않은 사회적 재난과 문화적 위기로 시작된다. 사회적 위기를 극복하기 위한 신들과 인간들의 갈등과 투쟁 그리고 영웅의 등장, 사회적 위기의 해결과 공동체의 기원과 같은 신화의 이야기는 실제 존재했던 사실들을 재가공한 것이다.

현대인은 에베소의 거지가 악마가 아니었다는 것을 알고 있다. 그러나 1970년대에 한국의 초등학교(당시 국민학교) 학생들은 북한 사람들이 진짜 늑대처럼 생겼을 것이라고 믿었다. 에베소의 거지는 원래부터 악마가 아니라, 돌에 맞아서 죽었기 때문에 악마가 된 것이다. 희생양은 원래 악마가 아니라 박해를 당했기 때문에 악마가 되었다.

고대의 신화는 시대가 지나면서 변형이 일어난다. 에베소의 기적 이야기와 같이 죽은 희생양의 신성화가 보이지 않는 반쪽짜리 신화가 나타난 후, 중세 마녀사냥과 같이 폭력적인 요소만 차용한 변형된 신화가 등장한다. 신화의 기본적 진실은 동일하기 때문에 아폴로니우스의 신화, 중세의 마녀사냥, 예수의 수난 기록, 아즈텍 인신제사, 히틀러의 나치 학살과 노무현, 조국 사건은 모두 동일한 차원의 기록이다. 그런데 학자들이 진실을 보지 못하는 이유는 "신화에 대한 미학적, 문화적 숭배" 때문이다. 특히 고대 신화의 경우, 서구에서는 르네상스 시대부터, 동양에서는 오래전부터 국가나 민족의 설화가 되어 미화되었다.

신화는 기본적으로 박해자의 기록이다. 희생양 박해의 진실을 말하는 기록은 인간과 신과 세계를 보는 패러다임의 전환, 박해자의 기록에 대한 완전한 전복을 의미한다. 둘 사이의 간극은 생명과 죽음의 차이와 같다. 박해자의 기록에서 무죄인 박해자와 유죄인 희생양은 희생양의 기록에서 정반대가 된다. 박해자의 기록에서 은폐되었던 사건의 진실은 희생양의 기록에서는 박해와 희생의 사건이 진실로 밝혀진다. 제주 4.3 사건처럼, 한국 현대사에 드리워진 신화적인 기록은 하나, 하나 진실의 기록으로 수정되고 있다. 조국 사건이라는 신화도 폭력과 희생의 본질이 드러남으로써 해체될 것이다.

드레퓌스와 조국 사건, 신화의 허구

르네 지라르는 19세기 말 프랑스 사회를 뜨거운 논쟁으로 몰아넣은 드레퓌스 사건을 통해 민주적 근대 사회에서 발생한 집단적 환상에 대해 설명하고 있다. 1894년 프랑스에서 일어난 드레퓌스 사건에서 절대 다수의 반드레퓌스파 사람들은 희생양이 합당하게 벌을 받고 있다는 믿음으로, 감옥에 갇힌 드레퓌스에 대한 처벌에 찬성하고 있었다. 당시 대다수 사람은 드레퓌스의 억울함을 변론하며 진실을 옹호하는 사람들을 사회 불평분자, 매국노라고 비난했다. 또한 드레퓌스 사건의 진실을 찾는 것이 부도덕한 정치적 편견 때문이라고 생각했다.

잘못된 판결로 억울하게 범죄자가 된 드레퓌스 사건의 진실은 결국 무고한 것으로 밝혀졌다. 드레퓌스의 범죄 사실을 믿어 의심치 않았던 많은 사람은 신화를 믿었던 것이 증명되었다. 드레퓌스에 대한 부당한 판결과 비난들은 진정한 의미에서 환상에 빠진 것이었다. 박해자들이 가지고 있었던 확고한 신념은 신화에 기초한 것이다.

신화로 가공된 사실, 그것에 기초한 거짓에 대한 집단적 신념은 결국 깨졌고, 그 후 프랑스에서 조국 사건과 유사한 사건이 법정에 회부되는 일은 거의 없게 된다. 불확실한 혐의에 대한 비난은 반인간적이고 반사회적 행위로 간주되며, 사실을 조작하는 고의적 비난의 대가는 경제적, 사회적 신용의 파멸이다. 또한 다른 것들, 차이에 대한 사회적 관용, 즉 똘레랑스가 문화적으로 정착되었다.

프랑스에서 조국 사건과 같은 비합리적이고 반인권적인 일이 일어나는 것은 거의 상상도 할 수 없는 일이다. 노무현 사건, 조국 사건, 윤미향 사건, 추미애 사건, 이상한 미투 사건은 한국이 기술적, 경제적으로 선진국 수준에 이르렀음에도 문화적 후진국, 인권 후진국임을 여실히 보여준다.

드레퓌스의 무고함을 주장하는 언론과 에밀 졸라 같은 지식인들이 없었다면 드레퓌스 대위는 역사의 어두운 무덤에 갇힌 이름 없는 희생양으로 끝났을 것이다. 드레퓌스 사건은 진실과 거짓의 편에서 싸운 언론들 간의 전쟁이기도 하다. 모방의 회오리 안에서 분명한 진실을 말할 수 없는 분위기를 만드는 것도 언론의 목표이다. 드레퓌스에 대한 왜곡된 공격에 앞장섰던 「르 프티주르날」과 같은 언론의 주장은 당시 사람들의 환상에 기초한 믿음일 뿐이었다. 그러한 신문사의 공신력을 신뢰하는 것 또한 환상에 대한 믿음이다. 드레퓌스 사건에서 사법부와 언론과 일반인들의 환상은 여지없이 깨어졌다. 언론과 사법제도의 신화에 대한 환상으로부터 벗어나야 참된 언론, 정의로운 사법부를 만날 수 있다.

조국 가족의 범죄라는 신화를 깨고 진실을 찾기 위해서는 사건과 관련한 신화, 사람들의 환상을 살펴보아야 한다.

'언론이 보도하는 것은 사실이기 때문이다. 아니 땐 굴뚝에 연기 나지 않는다.'
'많은 기사들이 똑같은 내용을 보도하는 것은 진실이기 때문이다.'
'검찰이 기소하는 것은 범죄이기 때문이다.'
'법원이 영장을 발부한 것은 죄인이기 때문이다.'

'법원이 재판을 진행하는 것은 유죄 가능성이 높기 때문이다.'

'국회의원이 비판하는 것은 근거가 있기 때문이다.'

'대학 총장이 하는 말은 신뢰성이 높다.'

'지식인들이 하는 말은 신빙성이 높다.'

'다수의 의견이 맞을 가능성이 높다.'

'소수의 의견은 어떤 다른 목적이나 의도가 있기 때문이다.'

'범죄혐의자가 침묵하는 것은 범인이기 때문이다.'

이 모든 이야기는 진실이 아니다. 이 모든 이야기는 빗자루를 타고 다니는 마녀 이야기를 믿는 것처럼 오랫동안 사람들이 빠져 있는 환상 속의 믿음이다. 거짓은 환상이라는 마녀의 빗자루를 타고 사람들에게 전달된다. 거짓은 통념의 형태로도 작동한다. 진실에 대한 감각, 면역 능력을 상실한 사람들이 환상에 빠져서 거짓, 모방폭력에 전염된다.

개인의 문제에 대한 진실은 나열된 정보의 수학적 평균값이 아니다. 더구나 적대적 이해관계자가 만들어낸 이야기의 대부분은 진실이 아닐 가능성이 높다. 신화에도 일정한 사실을 담고 있다. 그러나 그 신화가 누구의 이야기를 담고 있는가에 따라서 사실들이 자의적으로 해석되고, 의도하는 목적에 따라서 사실들의 연관성이 만들어진다. 신화의 허구성은 신화가 폭력을 정당화하는 도구로 사용되는 것을 보여주고 있다.

진실은 사실들을 올바른 맥락 속에서 해석함으로써 접근 가능하다. 언어는 있는 그대로의 실체를 담아낼 수 없고 상징의 성격을 가지고 있기 때문에, 언어를 왜곡하여 상징을 조작하는 것이 용이하다. 진실을 전달하는 것은 매우 어렵지만, 거짓을 만드는 것은 아주 쉽다. 언어의 마술은 그것의 상징으로서의 자유로움 때문이다. 여기에 큰 함정이 있다. 박해자들은 언어의 마술을 이용하여 희생양을 조작하고 모방욕망을 자극하여 그것을 쉽게 퍼트릴 수 있다. 조국 사건에서 검찰과 언론의 조작은 사실의 조작, 사실의 삭제, 부분적 사실의 상징화, 사실들의 의도적 편집, 사실의 의미를 과장하거나 무시, 사실의 중복적 표현, 배경과 맥락의 생략, 가짜 전문가 또는 명망가의 의견을 동원하는 것으로 나타난다. 그리고 이러한 요소들을 부분적, 통합적으로 결합해서 거짓 뉴스를 만들어낸다. 무엇보다도 사실을 왜곡하는 제목을 만드는 것은 상징 조작의 예술적 수준을 보여준다.

박해 언론은 진실 보도보다도 신화 만들기에 매우 유능하다. K-Culture 컨텐츠 기획, 제작 수준에는 미치지 못하지만 역시 뛰어난 컨텐츠 제작 능력을 보유하고 있다. 그런데 조국 사건에서는 모방의 회오리에 지나치게 빠져서 적절한 은폐 능력을 보여주지 못하고 말았다.

희생양의 부활
― 서초동 십자가 (1)

　폭력의 역사는 끈질기다. 모방에 의해 움직이는 사람들은 그 모방을 잘 보지 못한다. 그래서 박해자들은 자기들이 사회를 구원하고, 정의를 실현하고 있다고 스스로 속인다. 박해자들은 스스로 속고 있으면서 남도 속인다. 거짓은 일상이 되어 분열과 폭력과 희생의 메커니즘이 사회의 평화와 진보를 막고 있다. 악마는 스스로 속이는 존재이다. 악마성, 즉 거짓과 비난은 스스로 속이고 남을 속임으로써 상대적으로 완벽함을 추구한다.

　본질적으로 대부분의 국민은 까닭 없이 노무현과 조국을 미워한다. 모방적 폭력의 태풍이 지나간 한참 후에 왜 그렇게까지 희생양을 미워했는지 잘 기억하지 못한다. 그러한 증오에 합리적인 동기나 진정한 감정이 별로 없는 것은 그것이 바이러스 감염처럼 모방적 전염의 결과이기 때문이다. 단지 남들이 그를 괴물이라고 믿고 그렇게 말하기 때문에 그렇게 한 것이다. 희생양 메커니즘은 거짓된 신화에 기초하고 있기 때문에 결국 박해자의 신화는 깨어질 것이다.

　신화와 대부분의 역사책은 박해자의 기록이다. 새롭게 쓰는 인간의 이야기는 희생양의 부활에 관한 것이다. 새로운 인간의 이야기는 박해와 희생의 진실, 무덤에서 일어난 희생양의 이야기이다. 이야기의 중심은 박해자로부터 희생양에게 옮겨진다. 새로운 역사는 희생양의 고난, 인내와 부활 그리고 거짓 비난으로부터 모든 희생양의 이름이 회복되는 이야기이다. 그 이야기는 계몽적 이성의 빛과 평화와 박애의 연대를 통해, 괴물이 되어 신화와 역사의 저편으로 사라졌던 희생양의 인간성을 복원하고, 오히려 박해자의 악마성을 폭로하기 위한 인류의 투쟁사이다. 또한 진정한 종교적 신앙의 관점에서, 정의롭고 자애로운 신이 인간을 구원하는 이야기이기도 하다.

희생양에 대한 폭력은 그를 인간으로 보지 않기 때문이다. 희생양을 인간으로 복원시키는 것이 모든 일의 출발점이다. 희생양에 대한 부당한 비난의 거짓을 폭로하고, 그에게 씌워진 괴물의 가면을 벗겨내어 인간의 얼굴을 보여주는 것이다. 희생양의 변호인들은 또 다른 희생양이 되는 위험을 무릅쓰면서 희생양에 대한 집단폭력의 부당함과 희생양의 무고함을 밝혀낸다.

조국의 무고함을 주장하는 깃발, 희생양을 대변하는 목소리가 서초동에 나타났다. 서초동에 모인 시민들의 저항은 보수카르텔에 대한 정치적 반격의 모습을 띠고 있지만, 본질적으로는 이제 더 이상 무고한 희생양이 박해자의 뜻대로 그냥 처형되는 것을 볼 수 없다는 시민들의 신성한 분노가 폭발한 사건이다. 시민들은 이제 희생양 메커니즘이 박해자들의 의도대로 반복되는 것을 더는 방관하지 않는다. 희생양이 부활하는 사건은 항상 박해자 집단에 대항하는 변호인 집단의 투쟁의 결과였다. 희생양을 변호하고 지지하는 무리들의 지치지 않는 저항과 항의, 박해 권력의 전복을 통해서 희생양의 진실은 땅에 묻히지 않았다.

노무현과 조국은 부활할 것이다. 이들의 희생을 통해서 한국 사회에는 일제 식민 지배와 분단으로부터 형성된 소수 지배 집단의 비밀이 폭로되고 있다. 노무현과 조국의 부활은 박해 집단의 신화, 지배 논리 그리고 기득권을 지키려는 보수카르텔의 형성과 지속을 보장해 준 모든 비밀을 밝히고, 또 이들을 전복하는 일을 완성시킨다. 사건의 진실은 한국 현대사의 모든 폭력과 거짓 논리에 대한 시민들의 각성을 가져온다. 한편으로는 깨어 있는 시민들이 자신의 역할과 책임을 더 잘 이해할 수 있도록 할 것이다. 희생자들의 부활을 위한 새로운 운명의 시간이 다가왔다. 새로운 운명의 개척자는 깨어 있는 시민들이다.

무고한 희생양은 진실이 밝혀지는 날, 박해자의 거짓이 폭로되는 날 부활할 것이다. 노무현과 조국의 부활은 알지 못하는 곳에서 희생 당하는 수많은 희생양의 부활과 뗄 수 없는 관계에 있다. 부활의 메타포는 진보적 개혁의 본질인 가난한 자들과 힘없는 사람들에 대한 동정과 관심을 포함하고 있다. 에페소의 거지처럼 불쌍하게 죽어간 수많은 무고한 희생양들과 지금도 죽음의 고통 속에 살아가는 희생양들은 본질적으로 동일한 메커니즘에 의해 우리 모두와 연결되어 있다. 진정한 의미의 정의와 평화 그리고 박애의 실천은 이 무시무시한 거짓의 감옥을 파괴하고 희생양과 인류를 해방시키는 것이다.

희생양의 부활은 거짓에서 진실로, 거짓 초월성에서 진정한 초월성으로, 신화에서 이성으로, 미움에서 사랑으로, 잘못된 믿음에서 참된 믿음으로 나아가는 것이다. 부활의 예언은 진실을 드러내는 힘이 진실을 감추는 힘을 이김으로써, 거짓의 왕국을 무너뜨리고 진실의 공동체를 세우는 인류의 꿈을 담고 있다.

희생양의 승리
― 서초동 십자가 (2)

희생양의 승리는 서초동에 새겨진 십자가의 메타포를 통해 확신할 수 있다. 일반적으로 십자가는 고난의 상징이다. 그러나 기독교에서 십자가는 고난과 동시에 승리의 상징이다. 신약성서에서 십자가 수난 사건은 박해자들의 무장을 해제시키고 그들을 구경거리로 만든 승리의 사건으로 기록되고 있다.

> 우리를 거스르고 불리하게 하는 법조문으로 쓴 증서를 지우시고 제하여 버리사 십자가에 못 박으시고 통치자들과 권세들을 무력화하여 드러내어 구경거리로 삼으시고 십자가로 그들을 이기셨느니라(신약성서 골로새서 2:14-15).

르네 지라르는 이천 년 전 기록된 성서의 복음서가 희생양 메커니즘을 폭로하고 있다고 말한다. 희생양에 대한 무고한 비난은 거짓이므로 무효화된다. 잘못된 계율로 희생양을 살해한 권력과 권세를 가진 자에게 모든 책임이 있다. 이들은 악마의 공범들로서 거짓말쟁이이자, 살인자들이다. 그들이 무고한 희생양을 십자가에 못 박았지만 그 십자가에 매달린 희생양은 예전의 비난이 허위라는 것과 무효라는 것을 폭로하고 진리는 결국 승리를 거둔다. 서초동 십자가는 보수카르텔의 속임수를 깨어버림으로써 그들이 거짓을 통해 누리던 권력의 허상을 만천하에 드러낸다.

　노무현 전 대통령과 조국 교수는 자신이 가진 권력의 행사를 절제하고, 폭력을 감내함으로써 보수카르텔의 폭력적 본질과 허구성을 상대적으로 부각하여 폭로함으로 최종적으로는 역사적 심판에서 승리할 것이다. 박해자들은 노무현 대통령과 조국 교수가 자신들과 같은 폭력을 행사하지 않을 것으로 생각하여, 그 분노가 자신에게 되돌아올지도 모른다는 걱정도 하지 않은 채 그들에게 정말 마음껏 폭력을 분출할 수 있었다. 박해자들은 모든 사건에는 평형을 이루는 두 가지 힘이 대립하고 있다는 것을 잊어버리고 있다. 밤이 있으면 아침이 있고, 거짓이 있으면 진실도 어딘가에 같이 있는 법이다.

　현상적으로는 박해자들이 득세하여 승리한 것처럼 보이지만, 결국은 패배할 수밖에 없다. 르네 지라르에 의하면, 역사는 실제의 역사와 서술의 역사로 나누어진다. 실제의 역사는 서술과 해석을 통한 의미로서 후세에 전달된다. 박해는 일시적으로 사람을 해치지만 그 사건에 대한 서술과 해석은 죽이지 못한다. 진실은 계속적으로 세계를 변화시킨다. 힘을 가진 자들은 자신의 권력과 영광을 알리지만, 희생양의 수난은 박해자들이 자신들의 체제와 권력을 유지하기 위해 은폐하는 더러운 폭력의 기원과 실체를 폭로하고 있다.

　르네 지라르가 묘사한 십자가 사건의 의미 비유를 그대로 빌려서 조국의 부활을 이야기할 수 있다.

　　박해자들은 평소 하던 대로 자신들의 통치를 위하여 하나의 희생양 메커니즘을 작동시키는 것이라고 믿었다. 그리고 폭로의 위험도 없을 것이라고 생각했다. 조국 교수를 처형함으로써 그들은 사람들을 결집시키고,

경쟁자들에게 공포를 심어줌으로써 개혁을 좌절시키고자 했다. 그러나 그들이 조국을 십자가에 못 박은 것이 궁극적으로는 정반대로 그들 자신의 완전한 종말을 촉진할 것임은 전혀 알지 못하였다. 그들은 조국의 수난이 진실을 폭로하는 힘을 가지고 있는 것을 미처 알지 못했다. 박해자들은 조국의 십자가에 자신을 못 박고 있었다(Satan, 142 참조).

희생양의 수난은 진실의 힘으로 희생양 메커니즘의 어둠을 걷어내고 박해자의 본질을 세계에 폭로한다. 박해자의 검은 세계가 밝혀지면 그들은 자신들의 폭력성을 억제하지 못하게 되어 결국 자신들의 왕국을 파괴하게 될 것이다.

조국 사건 이후 보수카르텔의 폭력은 완전히 노골적으로 행해진다. 노무현 박해 사건을 거치면서 조국 사건에 이르러 이미 폭로된 자신들의 본질을 더 이상 숨길 필요가 없게 되었다. 코로나19 위기 상황에도 불구하고 이들은 다시 윤미향 의원, 박원순 전 시장, 추미애 장관에 대한 노골적인 희생양 만들기에 나섰다. 모든 역량을 희생양 만들기에 쏟아부은 결과 그들은 더 이상 내부를 청소하고 정비할 여력을 상실하였다. 같은 집단의 일부를 추방하고 새로운 인재를 수혈함으로 체제를 유지해왔던 메커니즘이 깨져버리고 있다. 희생양 메커니즘의 본질이 밝혀지면 자기 정화작용이 무너진다. 이미 본질적 동일성을 모두가 알고 있는데 일부를 청소하는 것이 무슨 의미가 있겠는가? 반복되는 실패한 희생제의는 자신을 파괴하는 헛발질이다. 그러나 희생양 메커니즘의 회오리에서 빠져나올 수 없는 박해자들은 계속 희생양을 만들고 실패하는 모방의 사이클을 시도할 것이다.

박해자의 자멸

박해자들은 보이는 권력, 그것을 지키기 위한 물리적 승리에 집착한다. 그들은 잘 보이지 않는 의외의 것들에 의해 무너진다. 그들의 가장 근본적인 결점은 '거짓'이다. 궁극적으로 거짓은 진실의 힘 앞에 굴복한다. 이것이 역사적 진실을 끊임없이 규명하고 '거짓의 신'들을 박물관에 전시해야 하는 이유이다. 박해자들은 모방의 사이클에 갇혀 이러한 진실을 보지 못한다. 이들은 자만에 빠져 아직 신화적 세계관에서 벗어나지 못했다. 거짓의 체계에 갇힌 것이다.

거짓에 빠진 집단은 내재적 또는 자기완결적인 힘을 가질 수 없다. 의학적으로 질병과 약의 효능을 발견하기 위해서 음성대조군(negative control)뿐 아니라 양성대조군(positive control)이 필요한 것처럼, 진실과 거짓, 양면의 데이터를 기초로 참된 정보를 획득하는 것이 과학적인 능력이다. 진실을 마주 대할 수 있는 용기가 결여되어 편리한 거짓의 세계로 도피하는 사람들은 무능하다. 음성적인 거짓 정보를 토대로 만들어진 전략은 실패할 수밖에 없다. 전략적 무능은 사업과 정치, 더 나아가 국가 경영의 실패로 이어진다. 진정한 능력을 가지지 못한 박해자는 폭력적인 방법으로 능력을 보유한 숙주에 기생할 수밖에 없다. 정치적 박해자들이 권력을 욕망하고 집착하는 이유는 내재적 무능 때문이다. 이들은 자신의 능력에 비해서 욕망하지 않아야 할 것을 욕망하는 정신, 즉 탐욕에 빠져있다. 독립운동, 민주화운동, 산업현장의 희생, 기술적 혁신을 경험하지 못한 집단이 역사적 관성에 빠지면 무능할 수밖에 없다. 1970년대와 80년대, 한국의 경제성장은 유능한 경제관료뿐 아니라 모든 국민들이 피와 땀으로 이루어낸 성과이다. 한국의 보수카르텔은 4대강사업, 세월호 사건, 외교 및 남북관계 실패, 국정농단을 통해 무능을 증명하였다. 보수카르텔이 독점하던 성장의 신화는 사라지고 있다. 보수카르텔은 거짓과 무능, 탐욕과 폭력의 순환고리에 빠져있다. 이들은 폭력과 희생의 익숙한 논리로 탈출구를 찾고 있으나, 진정한 능력을 보유하고 있는 시민들은 더 이상 자신의 신체와 고귀한 삶을 그들에게 숙주로 내어줄 생각이 없다.

박해자들의 소멸과정은 희생양의 변호인들에 대한 박해를 통해 가속화된다. 거짓에 맞서서 용감하게 진실을 폭로하는 사람들도 용감하게 나서서 희생양과 같이 수난을 당한다. 역사는 많은 진실의 폭로자들이 오히려 폭력의 범인으로 몰리는 것을 보여준다. 보수카르텔은 상습적으로 진실을 폭로한 사람들을 범인으로 만들어 왔다. 사회 문제를 제기하는 사람들을 이데올로기 정치범으로 만드는 것뿐 아니라, 비리를 폭로한 사람은 그 과정을 문제 삼아 비난하며 진실을 호도하여 왔다. 이러한 철면피 같은 진실 호도의 이면에는 집단폭력을 은폐하기 위한 강력한 동기가 작용한다. 간단하게 정의하면, 폭력을 은폐하는 폭력이다. 이러한 뒤집어씌우기를 통하여 수많은 양심적인 예언자들과 선구자들이 역사의 희생제물이 되었다.

제5공화국 군부정권은 광주학살의 진실을 말하는 자들을 극심하게 탄압했다. 1981년 봄 대학가에서 광주의 진실과 박해자의 본질을 폭로하는 운동이 시작되었다. 이때로부터 민주 정부가 들어서기까지 수많은 학생과 시민들이 희생되었다. 그들은 고발자들을 침묵시키거나 그들의 신뢰성을 훼손하기 위한 모든 방법을 강구한다. 그러나 진실은 언젠가 다수의 소유물이 된다. 오지 않을 것 같던 민주주의가 다가오듯이 폭력으로부터 해방된 평화도 홀연히 다가올 것이다.

르네 지라르의 비유를 빌리자면, 역사의 신이 보수카르텔이라는 게걸스러운 고기를 잡기 위해 낚시꾼이 바늘에 단 미끼에 조국을 비유할 수 있다. 보수카르텔이 실패할 수밖에 없는 근본적 원인은 역사에 대한 무지에 있다. 그들은 역사를 움직이는 진정한 힘, 진실의 힘을 알지 못한다. 그들은 모방적 경쟁에 빠져 있기 때문에 자신 안에서는 진실한 실체를 가지지 못한다. 그들은 경쟁하고 박해하고 스캔들을 만드는 것에 유능했지만, 사람들과 진실을 나누고 진정으로 포용하는 방법을 알지 못한다. 왜냐하면 이들은 사람들에게 욕망을 부추기는 것 외에는 실제로 제공할만한 것을 가지고 있지 못하기 때문이다. 이들은 모방과 경쟁과 독점적 권력에 대해서는 유능하고 박식하지만, 인간에 대한 관용과 사랑, 사회적 정의, 역사적 진실에 대해서는 아는 것이 별로 없다. 보수카르텔의 실패는 은폐된 장막 뒤의 음모를 너무 쉽게 노출했고, 군중들의 무지를 너무 쉽게 이용했기 때문이다. 결정적으로 보수카르텔은 민중들이 각성을 통해 진실을 파악하는 힘을 과소평가했다. 그들은 몰락의 길로 가고 있다.

보수카르텔의 정신이 나갈 수 있는 한계점은 이데올로기나 과학의 숭배, 물신의 숭배이다. 보수카르텔에 대한 심판은 스스로 이루어지고 있다. 사람들이 더 이상 그들에게 속지 않으면 그들은 스스로 붕괴할 것이다. 민주적 공동체는 폭력을 통제하는 제도를 수립할 것이며, 박해자의 법률 위반 행위는 그들이 주장한 대로 법과 원칙에 따라 심판받을 것이다. 보수카르텔에 대한 진실의 반격은 한 개인의 추방만으로 이루어질 수 없다. 한 개인을 처벌하는 것에 그치면, 모든 거짓의 체계를 폭로하여 붕괴시킬 수 없다. 거짓이 백일하에 드러나는 날, 그들 모두가 무너진 왕국에서 끌려 나와 진실의 승리 행진에 포로로 전시될 것이다.

9장

희생양 전도(顚倒)와
돌무덤

희생양에 대한 관심 | 희생양의 신성화와 전도(顚倒),
또 다른 집단폭력 | 희생양을 이용하는 사람들 | 합리
적 차별과 가짜 희생양 | 극단적 페미니즘과 차이소
멸 | 피라미드의 기원, 봉하마을의 돌무덤 | 서울시장
의 돌무덤

노무현 대통령 묘(작가: 날개)

"박해자의 신격화만큼이나 희생양의 신격화도 위험하다. 신의 이름으로 벌어진 박해들, 정의와 이념의 이름으로 벌어지는 모든 박해는 부당하다."

"극단적 페미니즘의 이념이 여성 해방을 완전한 차이의 소멸로 이해한다면, 결국 페미니스트 운동은 집단폭력으로 귀결될 수밖에 없다."

"봉하마을에 있는 노무현 전 대통령의 무덤이 돌무덤인 것은 의도하지 않았지만 의외의 역사적 메타포로서 남을 것이다. 그 돌무덤은 격렬한 한국 현대사의 상징이자 희생양 박해의 상징으로 남을 것이다."

"서울시장의 돌무덤은 먼 훗날 피라미드의 전설과 같은 신화적 이야기가 될지도 모른다. 신화적이라는 말은 마지막까지 많은 의문이 남을 것이기 때문이다. 그 핵심적인 의문은 그에 대한 비난이 사실인지의 여부가 아니라, 죽은 사람에 대한 정치 사회적 공격에 대한 무감각과 반인륜성이다."

희생양에 대한 관심

이러한 변화는 시대를 초월한 도덕적 강제명령인 듯하다(*Satan*, 163).

인류의 역사는 희생양의 권리 회복의 역사이다. 희생양에 대한 집단박해의 기초 위에 형성된 문명에 존재하는 폭력을 걷어내고 인권과 평화의 질서를 만들기 위한 오랜 투쟁은 계속되고 있다. 역사의 커다란 방향성은 개인의 공적, 사적 권리의 확대, 무고한 희생양의 보호를 위한 각종 제도와 문화의 진화로 나아간다.

르네 지라르는 근대 및 현대에 들어서면서 인류가 희생양에 대한 관심에 기초한 역사적 진전을 이루어낸 것으로 보고 있다. 노예제도의 폐지, 어린이, 여성과 노인의 보호, 외국인의 보호, 장애인에 대한 보호, 저개발 국가에 대한 원조와 같은 진보는 광범위한 의미에서 희생양에 대한 보호를 위한 것이다. 또한 모든 개인의 인권을 존중하고 이를 보호하기 위한 제도와 문화가 장려되고 있다.

인권이라는 말의 개념은 누구도 무고한 희생양으로 전락하는 것을 막는 것을 포함하고 있다. 누구나, 언제든지 희생양이 될 수 있다는 것을 이해하는 것, 사회가 경각심을 가지고 모방폭력에 의해 희생양이 생기지 않도록 제도적, 문화적으로 대비하는 것이 인권을 보장하는 사회의 조건이다.

글로벌 시대에서 국가 간, 민족 간 경제적 장벽이 무너지듯이 문화의 장벽은 급속하게 허물어져 가고 있다. 세계화는 경제적 현상을 넘어서 문화적 현상으로 나타나고 있다. 이제 희생양 문제는 국가와 민족의 경계를 넘어선 세계인의 문제가 되고 있다. 희생양 메커니즘에 빠진 사회의 폐쇄적인 속성은 글로벌 시대에 적합하지 않다. 집단 폭력에 근거한 폐쇄 사회의 해체는 글로벌 시대의 문화적인 협력을 촉진하게 될 것이다.

르네지라르에 의하면, 지금 우리는 과거 어느 때보다 희생양에게 관심을 가지고 있고, 희생양에 대해 이야기하는 시대에 살고 있다. 그러나 현대 사회가 옛날보다 많은 희생양을 만들어내고 있다는 주장과 현대 사회는 희생양을 구제하고 보호함에 있어서 큰 진보를 이루어냈다는 주장이 양립하고 있다. 희생양을 둘러싼 논쟁과 사회적 갈등도 증가하고 있다. 희생양 문제는 폭력, 차별, 배제와 같이 사회에 광범위하게 존재하는 사회 문제의 핵심적 화두가 되었다.

그러나 문제의 역사적 근원과 구조적인 원인에 대한 공감이 이루어지지 않은 채 억압과 저항의 이분법이 작동하는 경우가 많이 있다. 문제에 대한 접근이 올바로 이루어지지 않을 경우, 기존 체제의 가치를 유지하려는 사람들과 그것을 전복하려는 사람들 간의 정파적 투쟁으로 변질될 가능성이 높다. 희생양 문제가 가지고 있는 인류적 보편성을 상실할 경우, 특정 집단의 당파적인 이해로 전락될 가능성도 배제할 수 없다.

수만 년 동안 지속되어 온 희생양 문제는 모든 역사적 개인의 의식 안에서부터 작동하고 있기 때문에 누구도 그것으로부터 자유로울 수 없다. 따라서 희생양에 대한 외적 관심은 자신이 가진 문제를 회피하고 본인의 욕망을 충족하기 위한 것이 될 수 있다. 즉, 희생양에 대한 관심이 전형적인 위선, 의식과 행위의 모순으로 빠질 수 있다. 더 나아가 희생양에 대한 관심이 박해자에 대한 일방적인 비난과 공격으로 전이되면 똑같은 모방폭력의 회오리에 빠지는 결과를 낳을 것이다.

희생양을 돕겠다는 많은 시도가 자신들의 경제적 이익과 명성을 위한 것으로 판명되는 것은 그것이 박해자들과 같은 휴브리스, 오만함에서 출발했기 때문이다. 스스로를 돌아보지 않는 사람들의 위선은 많은 사람을 희생양 문제로부터 멀어지게 한다. 따라서 냉정하고 객관적으로 희생양 문제의 본질을 탐구하는 것과 자신 스스로를 희생양의 시각으로 들여다보는 것이 문제해결의 필수조건이다.

현대 사회는 폭력에 대하여 끊임없이 자책하고 있다. 따라서 여러 형태의 갈등의 결과를 무고한 희생양이라고 정의하거나 주장하는 오류를 범할 수 있다. 사회의 많은 영역에서 자기들이 희생양이라고 주장하지만, 한편에서는 그러한 주장이 부당하거나 과장된 것이라고 반박하고 있다. 희생양이라는 말이 가지는 상징성을 누구나 손쉽게 사용할 수 있게 되면, 부작용과 다른 형태의 갈등이 발생한다. 희생양 문제의 본질에 접근하지 않으면, 사회는 진짜 희생양이 누구인지를 판단할 수 있는 올바른 기준을 가지지 못할 뿐 아니라, 긴급하게 사회적 관심을 집중할 필요가 있는 희생양을 알아차리기도 어렵다. 따라서 사회는 희생양 문제에 대하여 심도 있고 효과적인 의제 설정, 우선순위 설정을 하지 못하고 미궁에 빠진다.

희생양의 신성화와 전도(顚倒), 또 다른 집단폭력

희생양이라는 말은 이제 사회의 모든 분야에서 존속하고 있는 차별과 배제의 문제를 겨냥하고 있다. 사람들을 성^性, 인종, 종교, 민족, 국적, 지역이라는 정체성의 감옥에 가두려는 모든 시도나 정치적, 문화적 차별은 희생양 개념을 적용하여 비판할 수 있다. 역사적으로 뿌리 깊은 구조화된 차별문제에 더하여, 정치 경제적 이익을 위하여 새롭게 차별을 부추기는 시도가 나타나고 있다. 이러한 차별에 저항하고 제도적, 문화적 개선을 요구하는 운동은 광범위하게 퍼져 있는 희생양 문제의 본질에 더욱 다가서는 것이다. 그런데 이 운동의 방향이 인류사적 보편성, 희생양 메커니즘의 진정한 종식을 위한 진실성을 확보하지 못하면 희생양 박해의 악순환을 가져올 수도 있다.

희생양 문제를 제기하는 과정에서 희생양 전도^{顚倒}라는 현상이 나타난다. 희생양에 대한 변호 과정에서 집단적 박해에 의해 살해된 희생양의 신성화라는 요소가 살아나는 경우가 있다. 파르마코스와 카타르마 같은 희생제의에서 희생양의 신성화가 배제되고 불순한 폭력만 살아남듯이 희생양 변호가 희생양의 신성화 부분만을 차용하게 된다. 희생양 메커니즘에서 집단폭력과 희생양의 신성화, 두 가지 모두 비판의 대상이 된다. 희생양의 신성화는 인간이 신을 만들어내는 것, 다시 말하면 인간의 인간신에 대한 우상숭배라고 할 수 있다.

이것은 또 다른 종류의 변형된 희생제의가 된다. 희생양을 신성화하게 되면 희생양이 절대적 존재로 변하게 되어 그의 모든 주장은 진실이 된다. 따라서 희생양 문제를 둘러싼 모든 토론과 반론은 신성에 도전하는 것으로서 중지되어야 한다고 주장한다. 희생양 문제에 이의를 제기하거나, 방관하거나, 침묵하는 모든 사람은 박해자로 규정된다.

희생양이 신성불가침의 종교적 영역으로 들어가면, 박해 혐의자나 사실을 규명하고자 하는 사람과 문제를 제기하는 사람들은 악마로 간주된다. 희생자를 변호하는 운동이 신성화를 통하여 모방폭력으로 변질되면 박해 혐의자나 그의 동조자들은 악마적인 범죄자로 낙인찍혀서 추방된다.

이와 같은 희생자의 신성한 보복은 원형적인 집단폭력의 재현으로 나타난다. 즉, 거꾸로 나타나는 파르마코스, 카타르마와 같은 희생제의가 된다. 또한 희생양의 신성화와 새로운 희생양의 창조는 보복의 악순환, 폭력의 악순환을 가져온다. 특히 신성이 깃든 폭력은 일반적인 수준을 넘어선 잔인함을 보여준다. 종교적 박해자는 절대적 신념에 기초하기 때문에 종교전쟁이나 마녀사냥 같은 역사적 사례에서 상상을 뛰어넘는 학살과 고문을 자행하였다. 희생양이 박해자로 박해자가 희생양으로 전도된다. 정확하게 표현하면 추정적 희생양이 박해자로, 박해 혐의자가 희생양으로 거꾸로 바뀌어 버린다.

희생양의 신성화는 미투 사건 또는 각종 고발사건에서 피해고소인에 대한 신성화로 나타날 수 있다. 피해고소인의 신성화는 사건 자체가 신화화되어 사건의 실체와 관계없이 피고소인의 악마화가 진행된다. 윤미향 의원 사건에서도 위안부 할머니는 희생양의 지위로 인하여 신격화되는 경향을 보인다. 위안부 할머니 개인의 특수한 성격, 도덕적 수준, 동기는 사라지고 초월적 상징성이 여론을 지배한다.

이것을 교묘하게 이용하는 언론은 사실의 진실성과 관계없이 과거의 희생양을 윤미향 의원에 대한 비난에 이용하여 현재의 희생양으로 조작한다. 신격화된 희생양으로 인한 환상이 대중을 지배할 때, 희생양을 동원한 새로운 형태의 박해가 시작된다. 20세기에 광범위하게 자행된 이데올로기 차원의 박해들은 역사적 희생양을 대변한다는 명분으로 시작되었다.

박해자의 신격화만큼이나 희생양의 신격화도 위험하다. 신의 이름으로 벌어진 박해들, 정의와 이념의 이름으로 벌어지는 모든 박해는 부당하다. 정의와 이념의 신성화와 사건의 신화화는 위험하다. 헌법상의 인권은 어떤 명분보다 앞선다. 조국 교수와 윤미향 의원을 정의와 공정의 명분으로 산산조각낸 자들은 헌법의 파괴자들이다. 그러나 그들은 공정성을 실현하거나 희생양의 인권을 보호한다는 명분을 가지고 있다는 착각 속에 빠져 있다. 남의 눈의 티끌은 보면서 자기 눈에 박힌 나무 기둥은 보지 못하고 있다.

박해자는 영웅주의적 신격화의 유혹에 빠지기 쉽다. 따라서 박해자 또한 정치적 희생양이 되어 신격화되기를 원한다. 따라서 개혁세력이 보수카르텔, 특히 정치검찰에 대하여 직접적 보복의 유혹을 피한 것은 매우 현명하다. 정치검찰이 의도하는 것은 그들이 박해자임에도 불구하고 개혁의 희생양인 것처럼 위장하는 것이다. 이것은 박해자의 교활한 속성으로서, 희생양의 신성화를 통하여 또 다른 신화적 권력을 추구하는 전략이다.

희생양을 이용하는 사람들

　진정한 의미의 공감과 연대 그리고 행동이 없는 경우, 희생양 문제가 어느 편 당사자로 인하여 왜곡될 가능성이 크다. 특히 희생양의 존속으로 인해 이익을 향유하는 사람들과 아무리 그럴듯한 이유를 말하더라도 결국 희생양을 변호함으로써 자신의 이익을 추구하는 사람들은 희생양 문제를 이용하는 이익집단이기 때문에 문제해결의 걸림돌이다. 희생양 문제의 민감성을 고려할 때, 스스로에 대한 성찰과 절제된 행동이 절실하게 필요하다.

　희생양의 변호인을 자처하는 사람들이 자신의 정치적, 경제적, 사회적 목적을 은폐한 채 진실에 근거하여 희생양을 보호하기보다, 과장되고 왜곡된 정보를 가지고 박해 혐의자를 비난하는 것은 박해자의 방법을 사용함으로써 오히려 희생양 문제 해결에 가장 큰 걸림돌이 된다. 깨어 있는 시민들은 그들의 위선을 금방 눈치챌 수 있기 때문에 그 개인과 집단의 허구성은 결국 폭로된다. 희생양 보호를 명분으로 조직된 집단의 도덕성, 지성과 공감 능력은 비판의 시험대 위에 올려질 수밖에 없다. 그들의 잘못된 방식의 희생양 옹호는 남들 싸움에 끼어들어 한쪽 당사자를 더 심하게 때리는 몰지각한 행태와 큰 차이가 없다. 그들이 보호하고자 하는 희생양이 사실상 그들의 욕망과 명예를 위한 것임이 밝혀지는 순간, 그들 또한 부당한 비난에 대한 도덕적, 법적 처벌을 회피할 수 없게 된다. 많은 자선단체와 시민단체와 변호인들이 이러한 덫에 걸려있다.

우리는 사회 저변에서 말없이 신음하는 희생양에게 관심을 기울여야 한다. 사회적 박해의 두 가지 방법은 첫 번째는 명분을 만들어서 누군가를 비난하는 것이고, 두 번째는 누군가에게 불이익을 주는 부당한 사회를 만드는 것이다. 두 번째 방법은 구조적이며 장기적으로 희생양을 만든다. 이 두 번째 문제에 대한 추가적이고 체계적인 관심과 연구가 필요하다. 사회변혁과 진보를 만들어내는 힘은 혁명적인 폭력보다는 희생양의 보호를 통한 전반적인 인권의 신장으로부터 나온다. 진정으로 자유롭고 평화로운 사회는 무고한 희생양이 존재하지 않는 사회이다. 희생양 구조 위에 토대를 두고 있는 사회의 모든 양식을 정화하고 구조 자체를 해체시켜 나가는 것이 현대 사회에게 주어진 인류사적 임무이다.

희생을 통하여 이익을 향유하는 개인이나 집단은 희생양이 사라지는 것에 반대한다. 기득권 박해자의 저항은 역사의 법칙이다. 사회가 새로운 단계로 진보할 때마다 기득권층은 자신의 이익을 지키기 위해 강력하고 끈질기게 반발한다. 그들은 자신들이 사용할 수 있는 모든 방법을 동원한다. 특히 주목해야 할 역사적 사실은 기득권층은 개혁을 중지시키기 위해 그들의 익숙한 최종 무기인 희생양 집단박해를 통해 개혁 세력에게 역공을 취한다는 것이다. 개혁 세력에 대한 집단적 폭력을 통해, 개혁 세력의 명분을 훼손하고 공포를 조성함으로써 민중으로부터 이반시키는 것이 전형적인 방법이다.

또 하나의 아주 효과적인 방법은 희생양을 변호하거나 비판하는 사람들을 활용하는 것이다. '희생양을 이용하는 사람들'은 사람들에게 희생양 변호나 비판이 결국 이기적인 목적의 또 다른 탐욕에 불과하다는 착각을 불러일으킨다. 박해자들은 '희생양을 이용하는 사람들'의 모순과 위선을 이용하여 개혁의 정당성을 무력화시키고자 한다. 희생양 문제에 있어서 희생양을 이용하는 사이비 종파는 그들 스스로 박해자가 될 뿐 아니라, 본연의 개혁 명분을 치명적으로 훼손함으로써 결정적으로 박해자를 돕고 박해에 가담하게 된다. 조국 사건 및 다른 정치적 사건에서 소위 일부 진보정당, 시민단체, 상대적 진보 언론, 진보적 지식인이 이러한 함정에 빠져 희생양에게 결정타를 날렸다.

개혁은 이러한 역사적 반동을 이겨내고 묵묵하게 진보해왔다. 결과적으로 희생양이 사라지면 기존의 메커니즘이 붕괴되고, 거기에 의존했던 질서는 새롭게 개편된다. 박해자들이 다시는 사용할 수 없는 제도적 장치와 법률 체계, 의식의 변화가 필요하다.

군대에서 폭력이 제도적으로는 방지되었지만, 아직 폭력의 문화가 완전히 사라지지 않은 것처럼, 한꺼번에 모든 것이 사라지지 않을 것이다. 그러나 제도가 변하고 그것을 꾸준하게 경험한 세대들은 자연스럽게 의식의 변화로 정착된다. 르네 지라르는 희생양이라는 코드가 포유류의 영역 표시를 위한 분비물처럼 인간의 영역, 인간의 역사에 남아 있다고 비유한다. 호모 사피엔스의 분비물처럼 인간의 역사에 남아 있는, 집단폭력과 희생양의 흔적은 아주 서서히 지워지고 있다.

합리적 차별과 가짜 희생양

"합리적 차별과 독단적인 박해의 경계"는 때로 모호하다. 예를 들어 전염병으로 인한 격리는 합리적 차별대우라고 볼 수 있다. 또한 범죄를 저지른 사람의 자유를 제한하는 것도 합리적 차별이다. 엄격하게 정의하자면 여기서 말하는 합리적 차별은 '사회적 필요와 합의에 의해 차이를 강제적, 제도적으로 만드는 것'을 의미한다. 차별과 박해의 모호성으로 인해 희생양 문제의 본질이 흐려지고 혼란을 가중시킬 수 있다. 그러나 르네 지라르의 관점은 명확하다.

> 나의 유일한 관심은 모든 문화를 넘어서 집단적 폭력의 유형이 존재한다는 것과 손쉽게 그 윤곽을 그릴 수 있다는 것을 보여주는 것이다(*The Scapegoat*, 19).

일부 보수우파들은 박근혜 전 대통령의 탄핵을 마녀사냥에 의한 정치적 희생양으로 간주하고 싶은 욕망을 가질 수 있다. 르네 지라르에게 관심을 가진, 어떤 보수적 기독교 학자는 박근혜 전 대통령의 탄핵에 희생양 메커니즘이 개입되었다는 뉘앙스로 지라르의 이론을 적용하고 있다. 르네 지라르의 사상을 보수적 관점으로 왜곡하면, 마치 그가 보수 기독교에 경도된 것 같은 착각을 불러일으킬 수 있다. 르네 지라르의 사상은 직접적인 정치적 편향성의 날개를 가지고 있지 않으며 희생양 현상이 존재하는 모든 곳에 둥지를 틀 수 있다.

이 책의 중요한 목적 중 하나는 르네 지라르의 사상이 우파나 좌파의 정치적 전유물이 아니라 사회현상을 폭력과 희생의 관점에서 깊이 있게 조명하는 가장 유용한 이론이라는 것을 보여주는 것에 있다.

법적 또는 행정적 심판을 받은 모든 사람이 희생양이 아니듯이 박근혜 전 대통령도 희생양의 범주에 들 수 없다. 그녀는 법적 절차에 따라서 과오와 범죄사실이 밝혀지고 탄핵과 판결이 이루어졌기 때문에 일반 범죄자와 마찬가지로 희생양이라 부를 수 없다. 그런데 박근혜 전 대통령과 이전 정부의 불투명성에 기인하긴 하지만, 세월호 일곱 시간을 둘러싼 온갖 억측과 무서운 소문들은 희생양 메커니즘에서 나오는 터무니 없는 상투적 비난에 해당될 수 있다. 모든 큰 사건에서 희생양 메커니즘을 구성하는 부분적 요소들이 나타나는 것을 막을 수는 없지만, 사실로 확인되지 않은 소문으로 명예를 훼손하고 정신적 고통을 주는 것은 막아야 한다. 또한 터무니 없는 비난으로 법적 처벌의 정당성을 훼손하는 것도 바람직하지 않다.

극우 개신교가 탄압당하고 있다는 논리는 완전한 허구에 가깝다. 특히 최근 한국 사회에서 물의를 일으키고 있는 극우 개신교의 경우, 개신교의 풍부하고 다양한 정신적, 문화적 유산 위에서 나왔다고는 도저히 믿을 수 없는 단순한 논리에 빠져 있다. 이들은 고등종교라고 볼 수 없는 신학 체계, 미신 또는 신화적 사고에 의해 지배당하는 것으로 보인다. 이것은 현대 교회의 위기 상황으로부터 스스로를 방어하기 위한 일탈로서, 자기동일성을 유지하기 위한 몸부림이다. 극우 개신교는 신화적 교의의 동일성을 파괴하는 차이는 악마로 규정한다. 그들은 차이가 있는 모든 것을 공산주의, 악마로 간주한다.

따라서 민주개혁 세력, 더 포괄적으로는 민주주의를 지지하는 시민을 친북, 공산주의자로, 문재인 대통령을 북한의 간첩으로 공격하면서 스스로의 차별적 동일성을 방어한다. 극우 기독교의 환상은 폭력 모방으로 나타난다. 원시 기독교 또는 초대 기독교는 폭력과 차별로부터 인류를 구원하는 복음에 충실한 교회의 원형이었다. 극우 개신교의 폭력성은 종교 기득권 이데올로기의 산물인 마녀사냥의 야만성과 유사하다. 그들은 민주 정부와 시민을 현대판 마녀로 만들고 있다. 이들의 희생양 코스프레는 자신들의 폭력을 변명하고 방어하기 위한 억지에 불과하다.

한국의 극우개신교는 진리와 평화를 추구하는 기독교 정신에 정면으로 도전하고 있다. 이들은 보수카르텔의 한 축으로서, '폭력과 희생'의 논리를 종교적으로 포장하고 있다. 극우개신교의 반공이데올로기는 '희생제의적 종교양식'으로의 퇴행을 보여주고 있다. 우리는 복음서 어디에서도 극우 개신교의 극단적 주장을 뒷받침할 수 있는 메시지를 발견할 수 없다. 극우개신교는 종교 개혁의 기본정신인 '성서중심의 신앙'(sola scriptura, 오직 성경)을 위반하고, 20세기 정치적 냉전이데올로기의 노예가 되었다. 구약성서의 예언자는 거짓된 종교지도자에 대하여 경고하고 있다. "이 땅에 무섭고 놀라운 일이 있도다 선지자들은 거짓을 예언하며 제사장들은 자기 권력으로 다스리며 내 백성은 그것을 좋게 여기니 마지막에는 너희가 어찌하려느냐"(구약성서 예레미야 5:30-31) 한국교회의 총체적 위기를 넘기 위해서는 '진실의 벽' 앞에 겸손히 서서 새로운 비전과 영감을 구해야 한다. 그러나 극우개신교와 일부 동조자들은 비난의 화살을 외부로 돌리는 손쉬운 미봉책에 이끌리고 있다. 이들은 보수카르텔이 빠져 있는 동일한 함정에 빠졌다. 진정한 기독교의 관점에서 교회가 집단 폭력과 희생양 메커니즘에 빠지는 것은 희대의 아이러니라 할 수 있다. 왜냐하면 그 폭력의 화살은 궁극적으로 희생양 예수의 십자가를 겨냥하고 있기 때문이다. 이들은 교회의 위기 상황에서 어떠한 개혁도 할 수 없는 무능과 그럼에도 불구하고 기득권을 지켜야 하는 탐욕이라는 모순에 처해있다. 거짓과 무능, 탐욕과 폭력의 순환고리에 빠진 이들은 결국 희생양 박해라는 넓은 문을 찾아냈다.

극단적 페미니즘과 차이소멸

디오니소스를 숭배하는 여인들과 이들을 이끄는 여제관들은 처음으로 축제를 열었다. 아테네의 언덕에 모인 도시의 여인들은 처음에는 목가적인 분위기의 축제를 즐겼으나, 갑자기 흥분의 도가니에 빠져 남자들이나 짐승을 무차별적으로 공격하였다. 그들은 가장 폭력적인 남자처럼 변하여 황소를 잡아 갈갈이 찢어서 산채로 잡아먹었다(이 책 "2장_ 축제로서의 희생제의" 중에서).

여성 인권, 양성평등의 문제는 인류의 오랜 숙제로서 세계적 차원에서 많은 여성과 남성들의 투쟁과 헌신에 의해 해결되어 왔다. 한국 현대사에서 여성 인권의 신장은 80년대 이후 대학과 노동 현장에서 중요한 의제로 대두되었다. 민주화와 여성 인권은 뗄 수 없는 관계를 가지고 있다는 인식이 널리 공유되었다. 전반적으로 여성의 인권을 신장하기 위해서는 정치뿐 아니라, 교육과 경제의 영역에서 그 기반이 만들어져야 한다. 아직 미진한 부분이 많이 남아있지만 양성평등의 결정적 기초가 만들어진 것은 1990년대 이후에 태어난 여성들에 대한 평등한 교육이다. 흔히 말하는 586세대 부모는 교육에 있어서 딸과 아들을 구분하지 않았다. 이렇게 배출된 고학력 여성들은 남성들이 주로 차지하고 있던 전문직, 공무원, 학계로 진출하게 되었다.

물론, 사회 깊게 남아 있는 남성 중심의 체제와 문화는 아직 해결과제로 남아있다. 양성평등과 여성 인권 문제에는 여성뿐 아니라 많은 남성의 협력이 요청된다. 많은 남성은 어머니의 희생을 슬퍼하는 아들, 아내를 사랑하는 남편이자 딸을 끔찍하게 애지중지하는 아버지들이다. 그리고 그들은 태생적으로 여성과 같은 입장을 가질 수는 없지만 아직 약자인 여성에 대한 차별문제에 대해 진지하게 고민하는 사람들이다. 여성 인권은 보편적 인권의 발전과 궤를 같이한다. 여성의 인권은 인간의 인권 그 위에 있지도, 아래에 있지도 않다. 여성 인권은 헌법의 법적 평등을 초월한 개념이 아니다.

글로벌 시대에서 페미니즘이 보편성을 가지기 위해서는 인류 사회에 중첩되어 있는 차별의 구조를 이해하고, 에고이스트적인 시각을 벗어 던져야 한다. 팔천 오백만 명이 넘는 인도 달리트 여성들은 카스트계급으로서의 차별, 성적인 차별, 최하위 노동계급으로서의 차별과 함께 모성의 파괴라는 사중고를 짊어지고 있다. 많은 저개발 국가의 여성들은 성적 학대, 절대 빈곤 및 고된 노동의 굴레에서 벗어나지 못하고 있다. 흑인에 대한 인종차별은 가난과 범죄 문제로 연결되어 흑인 여성들에게 가족 부양의 무거운 짐을 지우고 있다. 여성차별의 문제는 억압 및 가난의 문제와 직결되어 있다. 고학력 여성에 대한 사회적 차별 문제는 국내 노동현장의 여성 노동자 문제 및 달리트 여성, 저개발국 여성들의 고난과 따로 떨어져 있지 않다. 페미니즘이 세계적 연대의 비전을 가지고, 고난 당해 온 여성 인류의 피눈물 위에서 숭고한 인류애적 가치를 가지기 위해서는 보편적 인권의 문제를 함께 고민하고 아우르지 않으면 안된다.

극단적 페미니즘은 성적인 차이의 소멸과 모방의 메커니즘이 작동하는 것으로 보인다. 모든 성적인 문제, 현상을 페미니즘의 잣대로 해석하면 사실들의 차이가 들어설 자리가 없어진다. 사실의 차이는 성 평등, 성적 박해와 관련된 실체적 진실을 규명할 수 있는 근거가 된다. 모든 사실을 성적 차별 문제로 환원해버리면 진실을 찾을 수 없고 억울한 피해자가 생길 수도 있다. 사실의 차이소멸에서 더 나아가면 남성 개인의 차이소멸이 이루어진다. 모든 남자 어린아이부터 할아버지에 이르기까지 모두 여성을 억압하는 집단으로 간주되어 남성에 대한 증오, 추방이 이루어진다. 이것을 극단적 페미니즘, 속칭 메갈리즘이라고 한다. 극단적 페미니즘은 극단적 남성우월주의에 대응하는 개념으로 볼 수도 있지만, 피해의식의 반작용으로 인해서 거꾸로 폭력적인 배제와 추방을 지지한다는 점에서, 여성의 존재를 전제로 하는 일반적인 남성우월주의에서 한 발 더 나간 것이다.

극단적 페미니즘은 여성에 대한 폭력과 마찬가지로 집단폭력의 메커니즘이 작동하고 있다. 페미니즘을 정치적으로 이용하게 되면 극단적인 방향으로 나갈 가능성이 매우 높다. 폭력에 대한 대책을 세우기 위해서는 폭력의 원인, 전개 방식, 결과, 은폐의 논리, 치유와 예방과 관련한 총체적인 인식과 통합적인 해석의 방법이 필요하다. 그러나 정의당 페미니즘 분파의 전략처럼 정치적인 기반 확대를 위하여 페미니즘을 이데올로기화하는 것은 여성운동의 왜곡, 다른 여성들에 대한 피해로 이어질 것이다.

극단적 페미니즘의 이념이 여성 해방을 완전한 차이의 소멸로 이해한다면, 결국 페미니스트 운동은 집단폭력으로 귀결될 수밖에 없다. 극단적 페미니즘을 이끄는 이념적 지도자들은 레닌주의 혁명론을 차용하여 여성 해방운동의 정치적 세력화를 기획하고 있는 것으로 보인다. 그들의 전략은 러시아 공산주의 전위조직인 볼셰비키와 유사하지만, 그 추종자들은 순진한 충동을 따르는 디오니소스의 추종자가 될 가능성이 아주 높다. 이들의 잔인한 정신적 박해 수법은 디오니소스 희생제의에 참가한 여인들과 유사하다. 희생양 보호라는 숭고한 전선에서 이단아가 탄생하고 있다. 일부 여성 인권 운동은 극단적 페미니즘으로 인하여 인간성 살육의 파티로 전락할 위기에 빠져 있다.

피라미드의 기원, 봉하마을의 돌무덤

피라미드의 기원은 희생양의 돌무덤이다. 원시 고대사회에서 희생양에 대한 투석 살해는 만장일치적 살해의 가장 좋은 방법이었다. 군중 속의 한 개인이 던지는 돌은 치명적인 살인의 직접적인 범인이 되는 것을 피하면서도 집단과 일체화되는 도구가 되었다. 모든 사람이 책임과 보복의 위험에서 벗어나면서 희생양 카타르마 살해의 카타르시스를 경험했다. 군중들이 에베소의 거지를 살해한 것과 같은 방식으로 무수하게 많은 사람이 살해되었다.

살해된 희생양의 시체를 덮은 돌은 자연스럽게 원뿔 모양의 무덤이 되었다. 돌무덤은 희생양 투석 살해 및 제의적인 돌 던지기의 부산물이다. 원뿔 모양의 돌무덤은 이집트 민족을 포함한 다양한 민족의 희생제의 특성에 따라 다양한 변형 과정을 거쳐서 하나의 건축양식으로 발전한다. 피라미드는 건축공학 및 공간 미학적인 변화를 통해 원뿔이 정사각뿔로 변한 것이다. 르네 지라르는 집단 투석으로 희생양을 살해하는 시대가 끝난 후, 일반인의 시체를 돌무덤에 장사지내는 문화가 정착되었다고 추정한다. 시대가 흘러 희생양의 돌무덤은 일반적인 무덤으로 변한 것이다.

희생양 숭배가 종교화되면 사원 또는 성전의 탑으로 계승된다. 불교 사원의 탑에 승려의 사리를 보관하는 것이나, 대부분의 뾰족한 형태를 가진 종교 건축물에 죽은 자의 시신을 안치하는 문화는 희생양의 무덤이 종교적 양식으로 진화한 증거라고 추측할 수 있다. 일반적인 장례문화의 무덤에서는 제사를 지내는 제의석이나 비석의 모습으로 남아있다고 추정된다. 희생양의 무덤으로서의 돌무덤은 이제 종교적, 문화적인 메타포로만 남아있다.

에베소의 거지에게 돌을 던지는 그리스 시민의 정신은 끈질기게 남아서 현대로 계승되고 있다. 희생양에 대한 투석은 살아있는 자뿐 아니라, 죽은 자에게도 미친다. 어떤 명분이든지 죽은 자도 희생양 메커니즘에 끌어들여 다시 심판하고자 하는 것은 돌무덤을 만드는 원시적 투석 본능이 발동하기 때문이다. 살아있는 자와 마찬가지로 죽은 자도 돌무덤에 매장하고 말겠다는 섬뜩한 집단 본능은 때를 가리지 않고 나타난다. 특히 더 이상 방어 능력이 없는 죽은 자를 다시 사회적으로 추방하고자 하는 박해 본능은 거짓과 폭력의 신에게 완전히 홀려있다고 볼 수밖에 없다.

봉하마을에 있는 노무현 전 대통령의 무덤이 돌무덤인 것은 의도하지 않았지만 의외의 역사적 메타포로 남을 것이다. 그 돌무덤은 격렬한 한국 현대사의 상징이자 희생양 박해의 상징으로 남을 것이다. 그는 수만 년 동안 돌무덤에 매장된 희생양의 역사를 따라서 박해의 돌무덤에 매장되었다. 한국 사회를 위한 그의 희생은 결코 잊히지 않을 것이다. 돌무덤은 박해와 희생의 상징인 것이다. 노무현 전 대통령은 왜 자신의 집이 보이는 따뜻한 양지에서, 무겁고 잔인한 역사의 돌 아래에 잠들어있는 것일까?

노무현 전 대통령의 돌무덤 저편에는 박해자들이 사저를 감시하던 사자바위가 여전히 자리를 지키고 있다. 폭력을 휘두르던 박해자들은 어떠한 반성도 없이 또 다른 희생양을 살해하고 있다. 돌무덤은 깨어지지 않는 거울이 되어 폭력의 역사를 비춘다. 폭력과 희생은 떼어낼 수 없는 짝이 되어 서로 비추고 있다. 문득, 노무현 전 대통령은 항상 희생의 좁은 길을 선택했다는 생각이 든다. 그는 안락한 변호사 생활을 포기하고 인권변호사의 길을 선택한 이래, 보수3당 합당에 반대하며 편안한 길을 포기했고, 서울의 지역구를 버리고 부산에서 5공화국 신군부 핵심인물인 허삼수에게 도전했다가 낙선했다. 그는 부산에서 3번이나 낙선했다. 잠시 대통령에 당선된 환호에도 불구하고, 결국 비극적 죽음에 이르기까지 그는 한국 사회 비주류가 가지는 숙명, 그 슬픔을 대변한다. 그의 죽음은 숨죽이며 순응하지 않으면 언제든지 희생될 수 있다는 박해자의 섬뜩한 경고를 보여준다. 그러나 폭력에 홀연히 맞서는 노무현의 용기는 그를 가슴 속에 기억하는 시민들의 촛불로 살아났다. 서초동 거리를 메웠던 시민들의 손에는 노무현 전 대통령, 문재인 대통령과 조국 교수의 캐리커처가 들려있었다. 노무현 전 대통령의 희생은 친구와 동지들의 운명을 묶어내어, 폭력과 희생의 정치를 종식시키는 사명을 이어가게 만들었다. 지속되는 폭력의 위협에도 불구하고 박해자의 총칼을 쟁기로 만들어서 인간을 보호하기 위한 개혁은 지속되고 있다. 미네르바의 부엉이는 황혼이 저물어야 그 날개를 펴는 것처럼, 노무현 전 대통령의 꿈은 그의 친구, 동지들과 시민들의 각성과 행동을 통해 생생한 현실로 나타날 것이다. 어둠 속에서도 깨어있는 부엉이처럼 노무현 전 대통령의 정신은 폭력의 어두운 밤을 몰아낼 때까지 우리 곁을 지켜줄 것이다.

서울시장의 돌무덤

　　박원순 전 시장의 죽음과 미투 사건에서 가장 놀라운 것은 인류가 오랫동안 지켜왔던 금기가 쉽게 깨져버렸다는 사실이다. 죽은 자에 대하여 공개적으로 과도하게 비난하는 것은 금기에 가깝다. 특히 아직 과실 또는 범죄가 확정되지 않은 '어떤 무엇'을 가지고 죽은 자를 비난하고 모욕하는 것은 금기의 위반 또는 윤리의 위반이다. 모든 문화에서 이미 죽은 사람에 대해서는 범죄를 추궁하지 않는다. 과거에는 예외적으로 반역과 같은 국가적 범죄, 극악무도한 살인의 경우, 부관참시를 시행하기도 하였다. 또한 히틀러나 스탈린 같은 학살자들은 사후에도 공개적으로 비판받지만, 범죄를 뉘우친 일반 사형수에 대해서는 동정을 표하기도 한다. 박원순 전 시장의 문제가 부관참시할만한 것이지는 논외로 하고, 죽은 자에 대한 비난은 인륜을 어긋나는 것, 오래된 금기를 어기는 것이다.

　　죽은 자를 모독하지 않는 이유는 그들이 미지의 세계로 갔기 때문이다. 인류는 그 세계를 두려움과 경외의 눈으로 보아왔으며, 그 세계에 속한 것을 이 세계의 잣대로 재단할 수 없다는 것을 알고 있었다. 그 세계로 돌아간 모든 사람은 더 이상 살아있는 사람의 잣대로 보지 않는다. 등산을 하다가 주인이 누구인지 모르는 무덤을 만나도 숙연한 몸가짐을 가지게 되는 것은 죽은 자에 대한 예우 때문이다. 예전에는 조상의 봉분을 훼손하는 것을 중범죄로 취급하였다. 박원순 전 시장은 자기를 변호할 수 없는 위치에 있다. 우리는 그가 없이는 진실을 알기 어렵다. 그에 대한 비난의 사실 여부를 떠나 그의 죽음은 이미 법적으로, 도덕적으로 모든 문제를 덮고도 남음이 있다.

그럼에도 그를 죽이는 것보다 더 증오하는 이 감정의 실체는 무엇일까? 그의 죽음이 2차 가해라고 주장하는 사람들의 해괴한 논리는 어디서 왔을까? 방송에서조차 그런 주장을 할 수 있는 그들의 정신세계는 도대체 어떻게 만들어진 것일까? 만약 그들 말대로 박원순 전 시장이 유죄라면 죽음보다 더 큰 형벌이 어디 있겠는가? 죽음조차도 범죄인가? 그들이 진정 원하는 것은 무엇인가? 이것은 일반적인 문화적 인간의 현상이라고 보이지 않는다. 인간의 금도를 너무 넘어간 충격적인 사태에 대하여 당연시하는 세태가 너무 잔인하고 두렵다.

상식적으로 이해할 수 없는 현상을 해석할 수 있는 방법은 두 가지뿐이다. 첫 번째 가설은 미투 운동이 정치적으로 이용되고 있다는 것이다. 보수 야당이 박원순 전 시장에 대한 전면공세에 함께 나서는 것을 보면 집권 여당의 서울시장을 공격함으로써 정치적 이익을 추구하고 있다고 추정할 수도 있다. 만약 그것이 사실이라면, 미투 운동의 정치적 이용은 여성 인권문제에 결정적인 장애물을 조성할 가능성이 크다. 그 이유는 여성 인권문제는 단지 정치적인 의제가 아니라, 정치, 경제, 문화를 포괄하는 범사회적인 의제로서 정치적인 차원에서만 해결될 수 없기 때문에 많은 사람의 지지와 공감이 필요하다. 여성 인권문제의 정치적 이용은 동료 여성들에 대한 배신이다.

특히 여성 문제에 대하여 가장 보수적인 입장을 견지해 온 정파와 연대하는 듯한 모습은 그 진실성을 의심하지 않을 수 없게 한다. 단기적인 정파적 이익을 추구함으로써 총체적인 변화를 위한 시민들의 노력에 찬물을 뿌리고 오히려 무관심으로 고개를 돌리게 할 수 있다. 보수 야당이 끊임없이 죽은 자를 불러내는 행위가 놀라운 것은 보수 집단이 보호하고 유지해야 하는 전통적 윤리를 내버렸다는 것이다. 이번 사건은 이들에게 보수정당이라는 호칭이 전혀 어울리지 않는다는 것을 보여주고 있다. 이러한 정치적 목적의 미투라는 가설이 실제로 타당한 측면이 있지만, 이것만으로 혼란한 상황을 모두 해석하기는 어려울 것이다.

두 번째는 박원순 전 시장에 대한 비난 현상의 이면에도 전도된 희생양 메커니즘이 작동한다는 가설이다. 이 메커니즘에서 미투 피해자 개인 또는 집단은 성적 폭력 희생양의 상징이 된다. 희생양 추정자가 희생양이 되면서 신성화되고 박해 추정자는 악마화된다. 사람들은 모방의 회오리에 빠지게 되며, 집단적 모방은 모든 차이를 소멸시킨다. 미투의 원인이 되는 사실들 간의 차이는 없어진다. 그 사건의 실체, 즉 상습적인 성착취인지, 그루밍 폭력인지, 성폭행인지, 성추행인지, 합의에 의한 불륜인지, 성적 관심에 대한 불쾌함인지, 시대착오적인 언행인지, 인간적 관심에 대한 오해인지, 질투에 의한 무고인지, 다른 목적으로 인한 무고인지는 알 수 없다. 모든 개별적 특성을 가진 사건들은 성범죄라는 하나의 범주 안에 무차별화 된다. 사실은 해명과 해석의 대상에서 사라진다.

신성화된 희생양의 주장이 절대적 진리이기 때문에 진실을 찾기 위한 의문은 2차 박해로 간주된다고 주장한다. 심지어 방관과 침묵, 변호인에 대한 비난도 2차 박해가 된다고 주장한다. 이러한 종교에 가까운 교리와 폭력의 모방은 집단의 만장일치를 만들어나가고, 가해자로 추정되는 인물에 대한 무차별적인 집단폭력으로 나아간다. 이것은 일반적인 집단폭력에 의한 희생양 살해와 똑같은 방식이다. 단지 박해자가 희생양이라고 주장하는 여성을 변호하는 군중으로 변한 것뿐이다.

신성한 교리에 따라서 희생양 추정자의 옹호자들이 가진 박해 혐의자에 대한 증오, 혐오는 일반적인 분쟁에서 나타나는 증오의 수준을 넘어선다. 따라서 죽은 자에 대한 부관참시도 거리낌없이 이루어지는 것이다. 박원순 전 시장의 무덤에 돌을 던지는 자들은 박해자의 정신을 가지고 있는 것이다. 집단살해의 기억이 작동하는 것이다. 이 현상에 대하여 일반적으로는 극단적 피해자주의라고 말하지만, 희생양 메커니즘이 아니면 현상의 기괴함을 설명하기 어렵다.

분명한 것은 박원순 전 시장이 서울시장으로서의 공적뿐 아니라 여성과 외국인과 해외동포의 인권을 위해 많은 업적을 남긴 선구자라는 점이다. 그의 여성과 약자들을 위한 노력이 미투의 신비한 마력 앞에 무너지는 것을 보면서 진정으로 정의롭고 공정한 사회가 무엇인지 진지하게 돌아볼 때가 왔다는 것을 느낀다. 그가 홀연히 세상을 떠난 이유는 누구도 쉽게 알 수 없다. 그러나 우울한 추론은 박원순 전 시장의 죽음이 노무현 사건, 조국 사건과 유사한 맥락으로 연결되어 있을 것이라는 점이다. 앞선 희생양의 죽음은 다른 죽음의 전조였다고 볼 수 있다. 조심스럽지만, 박원순 전 시장은 '앞서 간 희생양들에게 가해진 집단폭력의 압박으로부터 해방되는 길, 배반감과 자책감을 넘어선 영원한 자유의 나라를 선택하지 않았을까'라고 추정해 본다. 죽은 서울시장의 시체 위를 덮은 돌무덤을 보면서 또 한 명의 희생양이 생겨났다는 것을 예감할 수 있다.

서울시장의 돌무덤은 먼 훗날 피라미드의 전설과 같은 신화적 이야기가 될지도 모른다. 신화적이라는 말은 마지막까지 많은 의문이 남을 것이기 때문이다. 그 핵심적인 의문은 그에 대한 비난이 사실인지의 여부가 아니라, 죽은 사람에 대한 정치 사회적 공격에 대한 무감각과 반인륜성이다. 사람들은 등산하다가 돌무더기에 돌을 하나 보태는 자연스러운 행동으로 죽은 자에 대한 비난에 동참한다. 마치 당연한 것처럼 죽은 자에 대한 일방적인 비난의 기자회견과 기사와 댓글들이 난무하는 것을 보면서 절망하게 된다. 과연 우리가 누리는 문명이 무엇을 위한 것인가? 피라미드에 얽힌 비밀처럼 우리가 사는 사회도 유사한 비밀에 싸여있다. 이 비밀의 문을 여는 것은 누구의 몫일까?

돌무덤이 상징하는 것은 한국 현대사를 관통하는 폭력이 만들어낸 비인간적인 군상의 모습이다. 폭력과 희생은 인간을 비인간화한다. 박해자는 희생양의 동의 없이 박해자 그들 자신이 원하는 괴물의 모습으로 변화시킨다. 희생양의 생명과 인격은 위기에 빠진 박해자의 일그러진 신화에 의해 강제되고 가공된다. 희생양만이 비인간화되는 것이 아니다. 괴물이 된 희생양의 얼굴은 박해자의 모습을 투영하고 있기 때문에, 다시 박해자에게 확증되어 각인된다. 따라서 박해자의 비인간화도 가속화한다. 박해와 희생에 관여한 모든 당사자들은 폭력의 연극배우가 되어 '비인간화의 굴레'에서 벗어날 수 없다. 집단폭력은 모방경쟁으로 인하여 그 모든 당사자들의 인간성을 왜곡한다. 박해자와 희생양뿐 아니라, 희생양에게 공감하는 사람들도 분노와 좌절이라는 감정의 이면에서 인간성에 대한 깊은 회의가 일어난다. 이들에게도 희생은 트라우마로 남는다. 한편, 불순한 집단 폭력이 초래하는 정신적, 문화적인 충격과 정치적, 사회경제적 손실은 계산하기 어려울 정도로 크다. 조국 사건은 '악화가 양화를 구축'하는 정치경제적 팬데믹의 전형을 보여주고 있다. 집단폭력은 반공동체적인 범죄이다.

집단폭력과 희생양 메커니즘은 모방폭력에 의한 집단적인 인간성 상실의 이야기이다. 폭력과 희생의 비밀을 폭로하고 희생양을 변호하는 것은 인간성을 회복하기 위한 실존적인 결단이다. 희생양의 인간성을 회복하는 것이 모든 문제해결의 출발점이다. 그렇게 하기 위해서는 희생양의 무고함과 박해자의 모략이 밝혀져야 하며, 강압적으로 씌워진 가면을 벗겨내야 한다. 무고한 희생양의 돌무덤은 우리에게 사회적 인간으로서의 최소한의 조건들, 즉 기본적인 공감능력과 합리적 이성과 상식적인 윤리의식에 대하여 질문하고 있다.

맺 는 말

결국 폭력과 희생의 본질은 폭로되어야 한다. 거짓의 신화는 사람들을 죽음에 이르게 한다. 박해자의 의식은 폭력에 기원을 두고 있는 희생제의적 성격을 가지고 있기 때문에 아주 끈질기다. 희생양 제의의 메커니즘은 희생양의 인격살인에 그치지 않고 결국 실제적인 죽음으로 귀결되기를 바라고 있다. 봉하마을을 비추던 카메라, 조국 교수의 집과 딸의 집을 비추던 카메라는 죽음을 기다리고 있었다. 윤미향 의원이 의원실 앞의 카메라를 향해 "나 죽는 거 찍으러 왔냐"라고 외친 것은 그런 의미를 가지고 있다. 사실 박해자는 무의식적으로 노무현의 죽음, 조국의 죽음, 정경심의 죽음, 윤미향의 죽음으로 막이 내리기를 의도하고 있었다. 비극의 카타르시스를 위한 절정은 희생양의 처형인 것이다. 박해자들은 감시 카메라로 비극의 절정, 죽음을 촬영하는 영화제작자들이다. 시나리오의 결말은 의도하지 않더라도 죽음으로 막을 내려야 하는 것이다. 이것은 한 개인의 의도가 아니라 거대한 폭력의 신이 지배하는 구조화된 의식의 살인극이다.

폭력은 스스로 죽는 자살과 중독의 원인이다. 그러나 자살과 중독은 스스로 죽는 것처럼 위장한 타살이다. 사람들은 원인과 결과가 뒤엉킨 환상의 이야기에 농락당하고 있다. 이 환상의 이야기를 해부하지 않으면, 환상이 다시 우리를 죽음으로 이끌고 갈 것이다. 폭력의 신화를 해체하기 위해서는 폭력에게 에너지를 공급하는 뿌리를 잘라내야 한다. 거짓 정보를 생산하여 환상을 만들고 거짓 신화를 창조하는 박해의 공장, 거짓 미디어를 사회에서 격리해야 한다. 사회는 배가 고파서 망하는 것이 아니라, 거짓에 의한 분열로 망한다. 사회가 거짓과 싸우지 않으면, 그들은 결국 거짓의 노예가 될 것이다. 거짓 뉴스에 대한 보다 강력한 정치적, 제도적, 문화적, 교육적 규제조치가 만들어져야 한다. 특히 조직적, 집단적으로 희생양을 만들어내는 것을 방지하고 처벌할 수 있는 특별한 대책이 절실하다. 민주주의는 거짓 선동으로 타인을 살해하는 자유를 준 적이 없다. 민주주의 언론의 자유는 전체주의적 거짓 선동과 뿌리를 공유하지 않는다. 국민은 검찰과 사법부에 무고한 희생양을 살해하거나 박해를 정당화하는 권력을 위임하지 않았다.

만약 우리가 인류의 기원으로부터 함께 살아온 폭력의 본질을 깨닫지 못하고, 오만에 빠져 있으면, 폭력은 언제든지 민주사회를 전복할 수 있다. 한국의 민주주의는 무고한 희생양, 광주시민들에게 빚을 지고 있다. 민주개혁세력은 희생양을 살해한 박해의 뿌리를 끊어냄으로써 민주주의를 완성해야 할 의무를 가지고 있다. 만약 일시적인 권력에 안주하고, 정치공학에 빠져서 타협적, 부분적인 개혁에 머무른다면, 괴물은 타협의 생명수를 마시고 변종이 되어 나타나게 된다. 부분적 언론개혁, 부분적 검찰개혁, 부분적 사법개혁은 폭력의 씨앗에게 면죄부와 동시에 면역을 제공하여, 폭력은 더욱 세련된 모습으로 나타나 가장 먼저 엉성한 법률을 만든 자들을 추방할 것이다. 폭력이 밑바닥부터 공동체 전체를 위기로 몰아갈 때, 궁극적으로 그 책임은 그것을 막지 못한 집권 세력에게로 돌아갈 것이다. 개혁을 위한 기회를 상실한 집단이 몰락하는 것은 역사의 법칙이다. 따라서 개혁의 기회가 왔을 때 신속하고 지혜롭게 개혁을 완수하는 것이 가장 중요한 역사적 책무이다.

이 글을 쓰는 이유는 폭력과 희생의 진실을 밝히는 것을 포기할수 없기 때문이다. 르네지라르의 말처럼 어떤 사건에 대한 해석이 절대적인 진실이라고 주장할 수는 없는 것과 마찬가지로 진실은 찾을 수 없다고, 모든 것은 상대적인 것이라고 주장하는 것도 옳지 않다. 진실의 상대화를 당연시하는 모든 시도에는 기득권을 지키려는 속셈이 관여되어 있다. 조국 사건을 상대적인 정치투쟁으로 당연시하는 것은 사건의 제의적 본질, 폭력적 본질을 볼 수 없게 한다. 우리가 포기할 수 없는 것은 거짓의 신이 준 환상을 벗어나 문제의 본질에 접근하는 것이다. 폭력에 맞서 진실을 지키기 위해서는 조국 교수의 가족이 자포자기하지 않은 것처럼, 추미애 장관이 당당하게 거짓에 맞서는 것처럼 겸손하지만 단호한 의지가 필요하다.

보수카르텔은 폭력을 어느 한 사람의 탓으로 돌리는 것에 익숙하다. 그들은 도마뱀이 꼬리를 잘라 재생하듯이, 자신의 일부를 희생함으로써 모두를 속이고 폭력의 체제를 유지한다. 여기에 속지 않아야한다. 사람을 보지 말고 시스템이 사람을 움직이는 원리, 진정한 동기를 보아야 한다. 최근 반복되는 거짓 선동을 보면, 박해자가 폭력에 대한 진정한 반성을 하는 것은 거의 불가능해 보인다. 이러한 상황에서 점진적인 개혁, 부분적 개혁은 도마뱀의 꼬리자르기와 같은 함정이 될 가능성이 높다. 근본적인 성찰이 필요한 것은 단호하고 엄밀한 개혁의 정신을 다잡기 위해서이다. 만약 개혁이 미온적으로 끝난다면 조국 사건은 계속 재현될 것이다. 보수카르텔에게 지목된 누구라도 또 다른 조국이 될 수밖에 없다. 손혜원 의원이 민주당을 탈당하고 억울한 재판을 받을 수밖에 없었던 일은 국회의원 누구에게라도 일어날 것이다. 단언컨대, 지금 정치인 중에 보수카르텔이 마음만 먹으면, 희생양 메커니즘의 칼날을 피할 수 있는 사람은 단 한 명도 없다. 우선순위만 있을 뿐이다. 단지 예외가 있다면, 보수카르텔이 보기에 어느 정도 이용가치가 존재하는 사람들이 제외될 뿐이다.

이 책은 우리가 믿고 있는 합리성의 범주를 넘어서, 무고한 희생양에 대한 박해의 원리가 작동하고 있다는 것을 주장하고 있다. 카오스의 폭풍은 누구라도 집어삼킬 수 있다. 과연 언제까지 정치인과 국민의 사회적 생명을 운에 맡겨둘 것인가? 이제 살로메의 춤판을 끝낼 때가 왔다.

흔히 역사는 승자의 역사라고 말한다. 오랜 역사 속에서 승자는 대부분 박해자이기에, 역사는 박해자의 역사이기도 했다. 희생양의 인류문명사적인 중요성은 일반적으로 잘 알려져 있지 않다. 희생양의 부활은 인간의 권리, 자유와 평등과 박애의 정신으로 살아났다. 폭력과 희생의 관점에서 역사는 재해석 되어야 한다. 현대에 이르러 희생양은 종교, 정치, 경제, 문화에서 역설적인 승자가 되어 가고 있다. 그러나 정치적 희생양을 포함한 대부분의 희생양은 무관심 속에서 그 존재의 의미를 상실한 채, 역사의 땅속에 묻혀가고 있다.

그 땅에서 지금의 사회를 먹여 살리는 나무가 자라나고 있음에도, 그것을 먹고 사는 사람들은 깊은 땅속을 들여다볼 생각을 하지 못하고 있다. 아직도 그 땅속을 보지 못하게 막는 박해자의 문화체계 속에서 태어나 살고 있는 사람들은 땅 위의 것만 보고 살도록 거짓 신화에 의해 지배되고 있다. 희생양의 역사를 복원하는 것, 더 이상 희생양이 생기지 않도록 모든 지성과 힘을 모으는 것이 시대의 과제이다. "서초동 십자가"에 매달린 희생양은 역사적 진실로 부활할 것이다.

참 고 문 헌

Rene Girard/Translated by Patrick Gregory. *Vioence & The Sacred*.
Johns Hopkins University Press, 1977.

Rene Girard/Translated by Yvonne Freccero. *The Scapegoat*.
Johns Hopkins University Press, 1989.

Rene Girard/Translated by James G. Williams. *I See Satan Fall Like Lightening*, Orbis Books, 2001.

대니얼 카너먼/이창신 옮김. 생각에 관한 생각, 김영사, 2018.

르네 지라르/김진식 옮김. 문화의 기원. 에크리, 2004.

르네 지라르/김진식 옮김. 희생양. 민음사, 2007.

르네 지라르/김진식 옮김. 나는 사탄이 번개처럼 떨어지는 것을 본다.
문학과지성사, 2000.

르네 지라르/박무호 · 김진식 옮김. 폭력과 성스러움. 민음사, 2000.

빅터 프랭클/이시형 옮김. 죽음의 수용소에서. 청아출판사, 2020.

성서(개역개정). 대한성서공회, 2014.

스티븐 핑거/김명남 옮김. 우리 본성의 선한 천사 — 인간은 폭력성과 어떻게
싸워 왔는가. 사이언스 클래식 24. 사이언스북스, 2014.

야마다쇼지/이진희 옮김. 관동대지진 조선인 학살에 대한 일본국가와 민중의
책임. 논형, 2008.

양태자. 중세의 잔혹사 마녀사냥. 이랑, 2015.

유시민. 나의 한국현대사. 돌베게, 2014.

조국백서추진위원회. 검찰개혁과 촛불시민. 오마이북, 2020.

한병철/김태환 옮김. 폭력의 위상학. 김영사, 2020.

조국수호 검찰개혁 집회
2019년 10월
서울시 서초동

희생양 박해와 서초동 십자가
: 조국 사건, 집단폭력과 희생양 메커니즘

2020년 10월 12일 초판 1쇄 인쇄
2020년 10월 19일 초판 1쇄 발행

지은이 | 이범우
펴낸이 | 김영호
펴낸곳 | 도서출판 동연
등 록 | 제1-1383호(1992. 6. 12)
주 소 | 서울시 마포구 월드컵로 163-3
전 화 | (02)335-2630
전 송 | (02)335-2640
이메일 | yh4321@gmail.com

Copyright ⓒ 이범우, 2020

ISBN 978-89-6447-615-4 03340